D1697630

congena · Die lernende Bankorganisation

congena (Hrsg.)

Die lernende Bankorganisation

Strategien für die Jahrtausendwende

GABLER

Die Deutsche Bibliothek – CIP-Einheitsaufnahme

Die lernende Bankorganisation : Strategien für die Jahrtausendwende / congena (Hrsg.). – Wiesbaden : Gabler, 1995
ISBN 3-409-14167-7
NE: congena, Gesellschaft für Planung, Training und Organisation <München>

Der Gabler Verlag ist ein Unternehmen der Bertelsmann Fachinformation.

© Betriebswirtschaftlicher Verlag Dr. Th. Gabler GmbH, Wiesbaden 1995
Lektorat: Silke Strauß und Iris Mallmann

Das Werk einschließlich aller seiner Teile ist urheberrechtlich geschützt. Jeder Verwertung außerhalb der engen Grenzen des Urheberrechtsgesetzes ist ohne Zustimmung des Verlages unzulässig und strafbar. Das gilt insbesondere für Vervielfältigungen, Übersetzungen, Mikroverfilmungen und die Einspeicherung und Verarbeitung in elektronischen Systemen.

Höchste inhaltliche und technische Qualität unserer Produkte ist unser Ziel. Bei der Produktion und Verarbeitung unserer Bücher wollen wir die Umwelt schonen: Dieses Buch ist auf säurefreiem und chlorarm gebleichten Papier gedruckt. Die Einschweißfolie besteht aus Polyäthylen und damit aus organischen Grundstoffen, die weder bei der Herstellung noch bei der Verbrennung Schadstoffe freisetzen.

Die Wiedergabe von Gebrauchsnamen, Handelsnamen, Warenbezeichnungen usw. in diesem Werk berechtigt auch ohne besondere Kennzeichnung nicht zu der Annahme, daß solche Namen im Sinne der Warenzeichen- und Markenschutz-Gesetzgebung als frei zu betrachten wären und daher von jedermann benutzt werden dürfen.

Umschlaggestaltung: Schrimpf und Partner, Wiesbaden
Satz: FROMM Verlagsservice GmbH, Idstein
Druck : Wilhelm & Adam, Heusenstamm
Bindung: Osswald & Co., Neustadt
Printed in Germany

ISBN 3-409-14167-7

Zum Geleit

Banken und Sparkassen sind direkter als andere Branchen mit der gesamtwirtschaftlichen Entwicklung eines Landes verbunden. Trends in den Volkswirtschaften schlagen über die Geld- und Finanzströme unmittelbar auf die Entwicklung der Banken und Sparkassen durch. Die Aussage von Kritikern des Kreditsektors: „Ganz gleich, ob die Konjunktur bergab oder bergauf geht, die Banken verdienen immer!“ ist eine volkstümliche Verzerrung der Zusammenhänge.

Von den Schwankungen werden die einzelnen Sektoren der Geldinstitute mit ihren spezifischen Zielgruppen unterschiedlich berührt: Großbanken, Regionalbanken, Genossenschaftsbanken, Sparkassen, Hypothekeninstitute und Bausparkassen.

In diesem Buch kommen Vertreter der obersten Führungsebenen vieler Sektoren sowie spezialisierte Bankberater zu Wort. Ihnen ist zumindest eines gemeinsam: Sie alle unterziehen die derzeitige Situation einer kritischen Betrachtung und beschäftigen sich mit der langfristigen Entwicklung. Seit Jahrzehnten werden den Kreditinstituten – zwar unterschiedlich nach Sektoren – schwere Zeiten prophezeit. Diese Kassandra-Rufer haben insofern eine positive Wirkung auf die Bankenlandschaft ausgeübt, als alte Routinen in Frage gestellt und Verhaltensänderungen eingeleitet wurden. Man denke an die Umorientierung auf einen Käufermarkt, die Kundenorientierung innerhalb und außerhalb der Institute, das Kostenbewußtsein sowie das Wettbewerbsverhalten, z. B. in der Konditionenpolitik.

Gerade die bevorstehende Jahrtausendwende ist Gelegenheit, innezuhalten und sowohl Standort als auch Strategie zu reflektieren und gegebenfalls neu auszurichten. Dies geschieht in diesem Buch. Die Autoren setzen sich mit Herausforderungen auseinander, die noch vor der Jahrtausendwende Handlungsbedarf erzeugen. Diese Herausforderungen kommen zum Teil aus dem Umfeld, zum Teil aus den Organisationen selbst.

Zu den exogenen Herausforderungen gehören der mehrstufige Integrationsprozeß in der Europäischen Union und den Reformländern, die globale Umweltentwicklung und der Wettbewerb zwischen den Sektoren der Kreditwirtschaft. Zu den endogenen Entwicklungen zählen die Fragen des Aufbrechens verkrusteter Organisationsstrukturen und die Frage, wie Veränderungsprozesse eingeleitet und gefördert werden können, um die Banken an die Erfordernisse des Marktes anzupassen.

Diesen Herausforderungen müssen sich die Entscheidungsträger in den nächsten Jahren verstärkt stellen. Die Beiträge werden nicht nur die Probleme an praktischen Beispielen aufzeigen, sondern auch Möglichkeiten aufzeigen, wie man sie lösen sollte.

Es wäre zu wünschen, wenn die Lektüre dieses Buches Anstoß für eigene Überlegungen und Strategien geben könnte.

Helmut Geiger
Vorsitzender des Vorstandes
der Sparkassenstiftung
für Internationale
Kooperation e.V.

Inhaltsverzeichnis

Teil II Die Strategien zur Umweltförderung

Teil III Die Strategien des Lean Banking

Teil IV Die Bank als lernende Organisation

Autorenverzeichnis

Dr. Herbert Durstberger, Geschäftsführender Gesellschafter der congena, Gesellschaft für Planung, Training und Organisation, München

Dr. Willibald Folz, Präsident des Bayrischen Genossenschaftsverbandes, München

Wolfram Fuchs, Gesellschafter der congena, Gesellschaft für Planung, Training und Organisation, München

Dr. h.c. Helmut Geiger, Vorsitzender des Vorstands der Sparkassenstiftung, Bonn

Karl-Heinz Große-Peclum, bis 1994 Leiter der Personal- und Organisationsentwicklung der Bayrischen Vereinsbank, München

Karl-Peter Hasenkamp, Vorsitzender Prima Klima – weltweit – e.V., Düsseldorf

Dr. Karsten Hofmann, Lehrstuhl für Arbeits- und Organisationspsychologie, Universität Mannheim

Dr. Hans-Dieter Krönung, Leiter der Organisation der DG Bank, Frankfurt

Eckhard Miketta, Geschäftsführender Gesellschafter der congena, Gesellschaft für Planung, Training und Organisation, München

Ulrich Ramm, Generalbevollmächtigter der Commerzbank AG, Frankfurt am Main

Gustav Adolf Schröder, Vorsitzender des Vorstandes der Stadtsparkasse Köln, Köln

Dr. Walter Schwarz, Unternehmensberater, Wien

Peter Seibold, Berater der congena, Gesellschaft für Planung, Training und Organisation, München

Victoria Steinhoff, Selbständige Beraterin, Mannheim

Dr. Jürgen Stübner, Unternehmensberater, München

Dr. Pavel Uttitz, Sparkassenstiftung für Internationale Kooperation, Prag

Otto S. Wilkening, Gesellschafter der congena, Gesellschaft für Planung, Training und Organisation, München

Herbert Durstberger

Schlüsselentwicklungen und Strategien um und in Kreditinstituten

Schlüsselentwicklungen und Strategien um und in Kreditinstituten

Die Schlüsselentwicklungen für Banken gibt es ebensowenig wie die richtige Strategie. Was es gibt, sind Entwicklungen im Umfeld von Banken, auf die es gilt, sich einzustellen. Je rascher dies gelingt, umso erfolgreicher die Bank. Laut den Erkenntnissen der Systemtheorie gelingt dies sogenannten offenen Systemen leichter als geschlossenen Systemen. Einige entscheidende Unterschiede zwischen offenen gegenüber geschlossenen Systemen sind:

- Offene Systeme zeigen ein dynamisches Gleichgewicht mit einem kontinuierlichen Zufluß von Energie und Informationen, das langfristig zu einem höheren und differenzierteren Entwicklungsstand der Organisation führt. Demgegenüber weisen geschlossene Systeme ein statisches Gleichgewicht auf. Dieses führt langfristig – überläßt man diese Systeme sich selbst – im Sinne der Entropie zur Leblosigkeit und zur Auflösung des Systems.
- Die Abhängigkeiten von Entwicklungen innerhalb eines offenen Systems und zwischen Systemen sind mehrfache und gegenseitige, z. B. zwischen Bank und Umwelt. Demgegenüber stehen monokausale Abhängigkeiten geschlossener Systeme, wo eine Ursache nur eine Wirkung hat, wie z. B. in der Mechanik.
- Der Wirkungsgrad eines offenen Systems besteht im Ausmaß seines langfristigen Beitrages zu einem höheren System, wie z. B. bei einer Bank zu dem System der Wirtschaft oder dem der Gesellschaft insgesamt. Die Effizienz eines geschlossenen Systems hingegen wird am kurzfristigen Erreichungsgrad seines operationalen Ziels gemessen.

Diese Unterschiede zwischen offenen und geschlossenen Systemen lassen es Strategen und Entscheidungsträger erstrebenswert erscheinen, Kreditinstitute zu offenen Systemen zu entwickeln. Die Zusammenhänge sind zwar schwerer zu durchschauen und die Entwicklung kaum zentral zu steuern, weil beispielsweise offene Systeme ihren Subsystemen eigene Willens- und damit Zielbildung zugestehen. Aber die Überlegenheit offener Systeme zeigt sich in größerer Überlebenschance, Anpassungsgeschwindigkeit und in einem höheren Wirkungsgrad des Systems.

Wie kann sich eine Bank zu einem offenen System hinentwickeln? In erster Linie durch Einpflanzung selbststeuernder Kräfte, die die Anpassungsfähigkeit an Umfeldveränderungen stärken: Die „lernende Bankorganisation" ist eine Vision für die Jahrtausendwende.

1. Entwicklungen im Umfeld der Banken und Sparkassen

Wenn wir davon ausgehen, daß es allgemeingültige Schlüsselentwicklungen nicht gibt, muß jedes Institut für die Zwecke seiner Zukunftsgestaltung, wie z. B. der strategischen Planung, jene Entwicklungen definieren, die relevant für seinen Fortbestand und Erfolg sind. Was relevant ist, dafür bildet das eigene Selbstverständnis im Sinne des Leitbildes das geeignete Auswahlkriterium.

Für die Strategieerarbeitung sind quantitative Prognosen von Umfeldentwicklungen eine wichtige Ausgangsbasis. Mindestens ebenso bedeutend für die aktive Zukunftsgestaltung eines Unternehmens sind aber auch qualitative Entwicklungen im Umfeld, die meist die Erwartungshaltung der Planer und Entscheidungsträger widerspiegeln. Beide Prognosen, nämlich die quantitativen und qualitativen sollten in einem Szenario zusammengefaßt und für die Startegieerarbeitung aufbereitet werden.

Aus den letzten etwa 30 strategischen Planungsprojekten in deutschen und österreichischen Banken und Sparkassen haben sich die nachfolgend aufgeführten 11 Umfelder herauskristallisiert, die von den Entscheidungsträgern für relevant befunden wurden.

Innerhalb dieser 11 Umfelder sind Einflußfaktoren zu bestimmen. Beispiele der häufigsten ausgewählten Einflußfaktoren sind ebenfalls hier angeführt. In der weiteren Folge der Erarbeitung von Szenarien sind pro Einflußfaktor die zu erwartende Entwicklung in einer sogenannten Projektion darzustellen. Diese Projektionen sind als Ergebnis multisubjektiver Einschätzungen der am Planungsprozeß Beteiligten die Basis für die Strategieerarbeitung.

Umfeldbereich:	Bevölkerung
Einflußfaktoren:	– Einwohnerzahl im Einzugsgebiet Bevölkerungsstruktur – Haushaltsgrößen – Ausländeranteil – Land-/Stadtflucht
Umfeldbereich:	**Wirtschaftsentwicklung**
Einflußfaktoren:	– Bruttoinlandsprodukt/Bruttoregionalprodukt – Einkommensentwicklung – Kaufkraft/Inflation – Zinsniveau – Arbeitslose – Vermögensübertragung/Erbfälle – Anzahl der Unternehmen im Einzugsgebiet – Branchenentwicklung im Einzugsgebiet – Kommunale investive Maßnahmen – Wohnungsmarkt – Kapitalstruktur der Unternehmen
Umfeldbereich:	**Gesellschafts- und Wirtschaftspolitik**
Einflußfaktoren:	– Europäische Integration – Einfluß kommunaler Kräfte – Arbeitszeitverkürzung – Ausbildungsniveau – Soziale Absicherung – Öffentliche Wirtschaftsförderung – Steuern und Abgaben – Tarifpolitik
Umfeldbereich:	**Gesetzgebung**
Einflußfaktoren:	– Verschärfte Einstellung zum Risiko: Finanzinnovationen, Umweltrisiken, Eigenkapitalerfordernisse, – sektorenspezifische Rahmenbedingungen, z. B. Sparkassengeschäfte, Homologisierung in Europa und in westlichen Industriestaaten
Umfeldbereich:	**Wertewandel**
Einflußfaktoren:	– Einstellung zur Technik – Kommunikationsverhalten

Abbildung 1: Die relevanten Umfeldbereiche und Einflußfaktoren für Banken und Sparkassen

Umfeldbereich:	Wertewandel
	– Anspruchsdenken – Umweltbewußtsein – Freizeit und Arbeit – Individualität und Gruppenverhalten – Frau und Mann in der Emanzipation – Mobilität und Arbeitsplatz
Umfeldbereich:	**Kundenbedürfnisse und -verhalten**
Einflußfaktoren:	– Sicherheit – Verfügbarkeit von Leistungen (z. B. Finanzmittel) – Ertrag – Preis-Leistungsbewußtsein – Qualitätsbewußtsein – Bequemlichkeit
Umfeldbereich:	**Wettbewerb**
Einflußfaktoren:	– Anzahl, Struktur, Betriebsgrößen – Marktverhalten – eingesetztes absatzpolitisches Instrumentarium – erkennbare Basisstrategien – Spezialisierungstendenzen
Umfeldbereich:	**Rolle und Funktion der Sektoren und Verbände**
Einflußfaktoren:	– zentrale Funktionen – Gemeinschaftsaktionen
Umfeldbereich:	**Stellung der Banken in der Öffentlichkeit**
Einflußfaktoren:	– Image von Institutionen – Image von Institutsgruppen und Sektoren
Umfeldbereich:	**Verhältnis zur öffentlichen Hand**
Einflußfaktoren:	– Rolle der Kommunen (Bund, Länder, Gemeinden) – Art der gegenseitigen Einflußnahme
Umfeldbereich:	**Technik**
Einflußfaktoren:	– Informationstechnologie – Unterstützung von Arbeitsabläufen – Gebäude, Raum, Arbeitsplatz

Abbildung 1: Fortsetzung

Während die oben angeführten Umfeldbereiche und Einflußfaktoren Entwicklungen darstellen, die in der Regel von Einzelinstituten nicht unmittelbar beeinflußbar sind, zeigen jene Reaktionen auf Umfeldentwicklungen, die Institute als funktionale Politiken bzw. konkrete Maßnahmen planen und realisieren.

2. Die Entwicklungen in Banken und Sparkassen

In diesem Abschnitt beschreiben wir anhand der congena-Planfeldsystematik Entwicklungen, die auf Basis unserer Erfahrungen aus ca. 15 Projekten der beiden letzten Jahre deutsche und österreichische Banken und Sparkassen als Teil ihrer langfristigen strategischen Konzepte anstreben.

Kosten- und Erlösentwicklung

„Wird sich in der Kostenstruktur der Universalbanken mit Filialnetz eine entscheidende Trendumkehr ergeben?" – ist die strategisch relevante Frage.

Der Anteil der Personalkosten am Bankaufwand in Höhe von etwa zwei Drittel müßte langfristig unter anderem durch folgende Strategien und Maßnahmen zu drücken sein: durch effizienteren Einsatz personeller Ressourcen, Ausschöpfung des Rationalisierungspotentials z. B. durch schlankere Arbeitsabläufe und Outsourcing, durch intensiveren Technikeinsatz, Straffung und Standardisierung des Leistungsangebots.

Die Sachkosten werden langfristig strukturell steigen, und zwar durch die erforderlichen Rationalisierungsinvestitionen in Technik, aber zum Teil kompensiert durch geringere Raumkosten infolge Straffung des Filialnetzes, Forcieren des Home-banking und des Außendienstes.

Die in Zukunft konsequentere Anwendung des Verursacherprinzips in der Preispolitik wird die Teilbetriebsergebnisse langfristig entlasten. Der Anteil des nicht bilanzwirksamen Geschäfts mit entsprechenden Provisionserträgen wird sich allgemein, und das nicht nur bei Instituten, die sich auf bestimmte Produktgruppen spezialisiert haben, langfristig auf etwa 50 Prozent der Ertragsspanne erhöhen.

Die Zinsspanne wird sich strukturell weiter verschlechtern. Vergleicht man hier die langfristige Entwicklung in Deutschland und Österreich, so müssen die Banken und Sparkassen in der Alpenrepublik mit knapperen Margen auskommen. Der Wettbewerb hat sich dort nicht zuletzt deswegen verschärft, weil die Sparkassen längst als Universalbanken bundesweit agieren, also ohne die Schranke des Regionalprinzips und sonstiger Spezifika, die in Deutschland für Sparkassen gelten. Trotzdem wäre falsch zu glauben, daß dadurch der Zwang zur Rationalisierung allgemein rascher als in Deutschland durchgegriffen hätte. Vielmehr haben die letzten Jahrzehnte gezeigt, daß in Österreich mehr Bereitschaft zur Sozialisierung des Risikos besteht, indem der Staat großen Banken, die in Eigenkapitalsschwierigkeiten geraten, finanzielle Unterstützung angedeihen läßt. So konnte in Österreich der Ausleseprozeß des Wettbewerbs, der zur Rationalisierung, zu behutsamer Risikopolitik und zu Wachstumspolitik mit Augenmaß zwingt, nicht wirksam werden.

Risikokosten werden aber langfristig, unter Vernachlässigung konjunktureller Schwankungen, steigen; dies unter der Annahme, daß sich Banken mehr als bisher an der Finanzierung von Forschung und Entwicklung, von Innovationen der Industrie und des Dienstleistungssektors sowie an der Entwicklung neuer Energieformen und der Dritten Welt insgesamt beteiligen.

Die Entwicklungen im Bereich der Produkte und des Leistungsangebotes

Die rasante Weiterentwicklung der Kostensteuerungsinstrumente hat bei vielen Banken zu folgenden Produktstrategien geführt:

- Straffung der Produktpalette unter Kostengesichtspunkten,
- modulare Produktpalette und Schnüren von Produktpaketen,
- Standardisierung von Mengenprodukten,
- Preis- und Gebührenpolitik nach dem Verursacherprinzip,
- Einführung von Mindestvolumina (Depots, Festgelder ...),
- Finanzinnovationen zur besseren Marktausschöpfung und Schaffung von Wettbewerbsvorteilen,
- größere Sortimentstiefe bei Spezialbanken.

Die Zielgruppenpolitik der Banken

Die meisten jener Institutsgruppen, die sich als Universalbanken bezeichnen konzentrieren sich auf folgende Kundensegmente, weil sie dort entweder durch ihre eigenerstellte Kostenrechnung oder durch Hörensagen über andere Institute Ertrags- und Wachstumspotentiale erwarten:

- vermögende Private (Erbengeneration),
- ausgewählte Gruppen von Freiberuflern sowie die
- mittelständische Wirtschaft.

Die Vertriebspolitik

Zweigstellen-Netze werden unter Kostengesichtspunkten weiter gestrafft. Dabei werden Sparkassen weiterhin laut Gesetz die Versorgung der Region mit geldwirtschaftlichen Einrichtungen sicherzustellen haben. Dies bedeutet ein Forcieren der Selbstbedienungseinrichtungen für möglichst viele Standardleistungen. Nach dem Grundsatz, nicht alle Leistungen an jedem Ort zum selben Preis, wird das Leistungsprofil des Zweigstellennetzes entsprechend dem jeweiligen Marktpotential hinsichtlich Zielgruppen und Produktnachfrage weiter abzustufen sein.

Multifunktionale Gruppen übernehmen ganzheitlich die Kundenbetreuung und auch die damit zusammenhängenden Marktfolgearbeiten. Die Funktion des sogenannten Back-office sollen nur jene Aufgaben umfassen, die nicht unmittelbar mit dem einzelnen Geschäftsvorfall zu tun haben, und aus kundendienstlichen Gründen besser in (dezentralen) Zentraleinheiten außerhalb des Marktbereiches wahrgenommen werden können; z. B. Verwaltungsarbeiten.

Die jahrelangen Diskussionen über 1-, 2- und 3-Punktlösungen im Bereich der Kundenhallen reduziert sich daher nur mehr auf die Frage, ob trotz der AKTs in den multifunktionalen Gruppen noch separate Kassen zu installieren sind. Hier wird man in Zukunft aus Kostengründen sehr restriktiv vorgehen müssen. Nicht zuletzt sprechen Cross-selling-Aspekte für eine möglichst umfassende Kundenbetreuung von der Multifunktionalen Gruppe aus.

Diese anzustrebende ganzheitliche Kundenbetreuung widerspricht meist dem Arbeitsteilungsprinzip. Die Kundenbetreuer lehnen häufig die Marktfolgearbeiten mit dem Argument ihrer Überqualifizierung für solche Arbeiten ab. Es wird noch stärker Aufgabe der Technik sein, diese Arbeiten dem Kundenbetreuer zu erleichtern, sie aber nicht auf andere Organisationseinheiten zu verlagern.

Dieses Prinzip erfordert Front-Office-Eingabe unter anderem im Wertpapier-, Kredit- und Auslandsgeschäft.

Die Konkurrenz durch Versicherungen macht Forcieren von Außendienst erforderlich, der technisch mit Note-Books ausgestattet ist und über aktuelle Kunden- und Produktdaten auch am Wohnsitz des Kunden verfügt.

Das Prinzip des entsprechend dem Marktpotential abgestuften Leistungsangebots erfordert für die Firmenkunden separate Betreuungs-Center. Dabei ist räumliche Nähe durch die ausgebaute Informationstechnologie einerseits und die Kundenberatung am Sitz des Kunden andererseits nicht mehr ausschlaggebend. Vielmehr wird der Aufbau und die Konzentration von personellen Ressourcen für die qualifizierte Beratung von Firmenkunden sowie die Nutzung dieser Kapazitäten unter Kosten- und Risikoaspekten ausschlaggebend sein.

Die Selbstbedienungseinrichtungen werden in den nächsten Jahren weiter ausgebaut, und zwar zunächst für: Bar-Aus-und Einzahlungen, Überweisungen, Daueraufträge, Kontostandsauskünfte, evtl. auch Wertpapier-Verkaufsorders für Festverzinsliche.

Über die Jahrtausendwende werden die SB-Einnrichtungen zugunsten des Home-Bankings wieder zurückgehen. Die Smart Card, die von zuhause aus über das Telefonnetz zu Lasten des eigenen Kontos „aufladbar" ist, wird Bargeld verdrängen. Auch Standardprodukte können von zuhause aus in Anspruch genommen werden.

Das Telefonbanking wird aber vor allem im höchsten Privatkundensegment, dem gegenwärtig meist als „vermögende Private" bezeichneten, der Hauptvertriebsweg sein. Dadurch werden sich die Wettbewerbsverhältnisse im Bankensektor radikal verschieben. Filiallose Banken werden erfolgreich in das Retailbanking einsteigen.

Dabei werden sich Discounter in ausgewählten Produktbereichen herauskristallisieren; z. B.Wertpapiergeschäft, Auslandsgeschäft, Kreditbereich.

Tendenzen in der Imagepolitik

Die Sparkassen stehen im Dilemma zwischen Regionalität versus Bank-Image. Auf der einen Seite sind sie verbunden mit der Region, stark im Zahlungsverkehr und in Standardanlageformen, für den Mittelstand, vor allem im Kreditbereich kompetent und leistungsstark, auf der anderen Seite haben sie Image-Defizite in der Kompetenz bezüglich internationaler Kontakte, Auslandsgeschäfte, Erfahrungen im anspruchsvolleren Wertpapiergeschäft, wie Aktien und Finanzinnovationen, kein Gesprächspartner für Finanzmanager großer Konzerne oder Vermögensverwaltung für Individualkunden. Eher bürokratisch und kreditfeindlich, auch wenn Werbeslogans versuchen, das Gegenteil bei den Zielgruppen zu verankern. Über den Verbundgedanken mit den großen Landesbanken werden die Sparkassen noch intensiver versuchen, ihre Imagedefizite bei den interessanten Zielgruppen zu beseitigen.

Die Großbanken tragen in vielen Meinungsforschungsergebnissen das Image von hoher Kompetenz im anspruchsvollen Anlage- und Vermögensverwaltungsgeschäft. Ihnen schreibt man hervorragende Kontakte zu ausländischen Korrespondenzbanken zu. Allerdings haben sie meist mit dem Image von arrogant, glatt, unpersönlich, zentral und langen Entscheidungswegen zu kämpfen. In der Imagepolitik werden die Großbanken ihren Mangel an Ideologie durch Aufbau von Social-responsibility auf den publikumswirksamsten Bereichen zu beseitigen versuchen. Umweltbewußtsein, Freizeit und gesellschaftspolitische Werte werden in den PR-Strategien stärker als bisher eingesetzt werden.

Den Genossenschaftsbanken schreibt man von Zielgruppenseite her meist kurze Entscheidungswege, gute Kenntnisse der lokalen Wirtschaftssituation, genaue Kenntnis der Kundenbedürfnisse im mittelständischen Wirtschaftbereich zu. Die Defizite sind ähnlich jenen der Sparkassen. Auch die Genossenschaftsbanken werden wie die Sparkassen versuchen, durch Herausstreichen ihrer 3-Stufigkeit, die Kompetenz für die höheren Marktsegmente aufzubauen.

Trends in der Personal- und Personalentwicklungspolitik

In den meisten Leitbildern für das Jahr 2000 aller Institutsgruppen findet man die Aussage, daß die Mitarbeiter der wichtigste Erfolgsfaktor der Zukunft sei. Über diesen werde sich auch der Wettbewerb auf dem Markt langfristig entscheiden. Trotzdem werden Investitionen in das Humankapital, nämlich die Qualifikation und Leistungsbereitschaft von Mitarbeitern, weiterhin nur unter kurzfristigen betriebswirtschaftlichen Aspekten getätigt werden. Der Kostendruck als Folge der Wettbewerbssituation wird strategisch in die falsche Richtung weitergegeben werden. Die Anstrengungen, das Bildungscontrolling weiter zu verfeinern, werden verstärkt. Erst ab der Jahrtausendwende ist mit einem langsamen Umdenken zu rechnen.

Die jahrzehntelangen Diskussionen über den Primat vom Generalisten- oder Spezialistentyp werden durch pragmatische Kombinationen im Zuge der Aufbauorganisationen gelöst. Spezialistenwissen wird infolge der stärkeren

Sortimentstiefe der Produktpalette stärker gefragt. Auch in der Kundenbetreuung wird dem Spezialwissen größere Bedeutung zukommen. Allerdings wird die technische Unterstützung mit jederzeit und überall verfügbaren Informationen auch den Generalisten die Möglichkeit bieten, dieses Knowhow abzurufen. Die Kenntnisse zur Nutzung der zukünftigen Informationstechnologie wird in allen Fachbereichen und Ebenen eine selbstverständliche Notwendigkeit werden. Auch das Verkaufswissen wird nicht nur in den marktnahen Unternehmensbereichen sondern im gesamten Institut Grundvoraussetzung sein. Auch interne Serviceleistungen werden innerhalb des Institutes „verkauft" werden müssen.

Die soziale Kompetenz, mit Techniken zur Steuerung von Teams und Gruppen, zur Projektarbeit und Präsentation von Arbeitsergebnissen, zur Konfliktbearbeitung, zur Gesprächsführung mit Mitarbeitern, Kunden und Kolleg/Innen sowie zu Verhandlungen wird immer stärker gefragt und daher auch aufgebaut werden. Selbststeuerungs- und Eigenmotivationstechniken werden eingebettet in die Behandlung von Fragen über die Sinnhaftigkeit der eigenen Tätigkeit innerhalb und außerhalb des Unternehmens und gegebenenfalls im Spannungsfeld zum Unternehmensleitbild.

Derzeit werden bei Banken aber vor allem auch bei Sparkassen Religionskriege über den Einsatz von erfolgsabhängigen Entlohnungssystemen geführt. Mit einem neidvollen Seitenblick auf die anderen Finanzdienstleister, z. B. Versicherungen, Bausparkassen, wird versucht die dort üblichen Systeme zu kopieren. Es bleibt bei Banken immer eine zwiespältige Sache. Meine Prognose ist, daß bis zur Jahrtausendwende vielleicht Großbanken unter dem Einfluß internationaler Konkurrenz materielle Entlohnungssysteme weiter ausbauen und einsetzen werden. Wollen Sparkassen ihre Ideologie als Instanz der privaten Haushalte ernst nehmen, dann darf der absatzoder deckungsbeitragsabhängigen Entlohnung nur eine marginale Bedeutung zukommen. Dies schon allein deswegen, um die Kundenbedürfnisse uneingeschränkt ernst nehmen zu können und langfristig der Kundenbindung Vorrang gegenüber der Deckungsbeitragserzielung einzuräumen. Gegenüber den Mitarbeitern sollte dieser Art von Entlohnung nur symbolische Bedeutung, nämlich als ein Ausdruck für Anerkennnung beigemessen werden. Hauptmotivator muß ein partizipativer Führungsstil mit zeitnaher Anerkennung von Leistung, herausfordernder Aufgabe und Verantwortung bleiben bzw. werden.

Was die Quantität an Personal anbelangt, wird die Produktivität ständig steigen müssen. Das Verhältnis Geschäftsumfang pro Mitarbeiter wird ständig auf Basis eines Konkurrenzvergleiches angehoben werden. Der effiziente Einsatz des Produktionsfaktors Qualifikation wird im Bankensektor die Zukunft entscheiden.

Tendenzen in der Aufbauorganisation

Die Stab-/ Linienorganisation wurde abgelöst. Das funktionale Organisationsprinzip wird innerhalb der Divisionalisierung angewandt. Die Bildung strategischer Geschäftseinheiten ist meist die aufbauorganisatorische Konsequenz der Einführung der Portfolio Methode in der Strategischen Planung.

Die Matrixorganisation wird verteufelt. Das Prinzip, wie man konfligierende Zielsetzungen aufbauorganisatorisch abbildet, bleibt bestehen. Hilfskonstruktionen sind Matrixsurrogate, Matrixsubstitute, z. B. Projektorganisation, oder ablauforganisatorische Regelungen. Querschnittsfunktionen werden in die Divisionen (Strategischen Geschäftseinheiten) verlegt. Hier treten dann Kapazitätsnutzungsprobleme und Stabswissensdefizite auf. Unserer Auffassung nach sollte der Stab dort die Linie mit Spezialwissen unterstützen, wo relativ selten Problemlösungsbedarf entsteht, damit die Linienmanager ihre eigentliche Führungs- und Fachfunktion noch besser wahrnehmen können.

Im Zuge des Lean-Banking sollen alle Stäbe bis auf drei abgeschafft werden. Diese drei sind: Revision, Personalverwaltung und Rechnungswesen. Alle übrigen Stabsfunktionen sollen von der Linie dezentral wahrgenommen werden. Für die Zeit nach der Jahrtausendwende prognostizieren wir eine Renaissance aber keine Barockzeit der Stäbe. Die Wirtschaftlichkeit aufgrund interner Leistungsverrechnung auf Basis einer vollautomatisierten Deckungsbeitragsrechnung mit Marktpreisvergleichen werden über die Existenz von Stäben entscheiden.

Tendenzen in der Ablauforganisation

Funktionsanalysen, aber noch stärker werden Geschäftsprozeßanalysen eingesetzt, um die Arbeitsabläufe in Banken schlanker zu gestalten. Dabei werden stärker die Erfahrung der Mitarbeiter genutzt. Künftig wird weniger mit Zeitmessungen und vorgefertigten Zeitplanungsmethoden (z. B. MCD oder MTM) gearbeitet werden. Im Vordergrund wird die Erschließung des Kreativ- und Motivationspotentials der Mitarbeiter sein, um nachhaltige Verbesserungen zu erzielen. Ähnlich wie es das japanische KAIZEN fordert.

Tendenzen in der Informationsverarbeitung

PC-Netzwerke werden statt oder neben zentralen Hostrechnern aufgebaut. Rechenzentren gelangen noch stärker ins Kreuzfeuer der Kritik, weil sie die unterschiedlichen Anforderungen der angeschlossenen Institute an papierlose Sachbearbeitung vor allem im Kreditgeschäft nicht in den gewünschten Zeiträumen erfüllen können. Das Dilemma, das sich für die Institute auftut, ist: kurzfristige Eigenlösung über vernetzte PC's unter Verzicht auf die viel Rationalisierungspotential erschließende Möglichkeit, die Kundendaten vom Hostrechner zu verwenden, oder Warten auf zentrale Lösungen der Rechenzentren mit einer Wartezeit von durchschnittlich zwei Jahren.

Aufgabe für die Jahrtausendwende wird hier sein, darüber nachzudenken, wie man für kleinere und mittlere Institute Flexibilität bieten, institutsspezifische Lösungen kurzfristig entwickeln und die zentralen Daten dennoch nutzen kann.

Tendenzen bei Bankgebäuden, Raum und Arbeitsplatz

Weder Zellen- noch Großraumbüro allein werden die Anforderungen an den Arbeitsplatz der Zukunft erfüllen können. Das „Kombi-Büro" wird sich durch Kombination der Vorteile aus beiden Raumkonzepten als Lösung für die Arbeitsplatzgestaltung etablieren.

Die zeitliche und räumliche Flexibilität des Arbeitseinsatzes wird Konsequenzen für das Bankgebäude der Zukunft erzwingen. Dies vor allem unter dem Druck der Raumkosten als größte Kostenposition unter den Sachkosten. Mischformen von Büro- und Hausarbeit, Arbeit vor Ort beim Kunden sowie die Unterstützung durch Informationstechnologie wird von der Büro-"Kratie" zum „Business-Club" hinführen (siehe Wolfram Fuchs, Handelszeitung vom 1.9.94). Das heißt, das Büro der Zukunft wird verstärkt die Kommunikationsfunktion der Mitarbeiter und Führungskräfte untereinander wahrnehmen. Electronic Mail über Note-Books übernimmt den fachlichen Informationsfluß zwischen jedem beliebigen Ort auf der Erde mit Telefonanschluß. Die Mitarbeiter haben keinen angestammten räumlichen Arbeitsplatz mehr, sondern holen zu Beginn ihres Arbeitstages ihren Container mit wenigen Utensilien ab, um sich an einen freien Anschlußplatz für ihr Informationssystem zu begeben.

Die Büromöbelhersteller werden auf diese Verschiebungen Rücksicht zu nehmen haben. Sie werden zu Mitgestaltern einer angenehmen Atmosphäre, die mehr Kommunikation, besseres Zusammenwirken, Begegnung, Kreativität und Motivation ermöglichen soll.

Vor allem in großen Instituten werden sämtliche Steuerungs- und Verwaltungstätigkeiten im Zusammenhang mit Bankgebäuden, Räumen, Arbeitsplätzen und technischen Einrichtungen mit integrierten computerunterstützten „Facility-management"-Systemen erfolgen, um durch ein solches Objekt-Management die Raumkosten zu minimieren.

Ökologische Anforderungen werden beim Bau neuer Bankgebäude als entscheidende Kriterien herangezogen. Im ersten Kapitel haben wir die allgemeinen Entwicklungen im Umfeld der Banken dargestellt, die von außen die Kreditinstitute beeinflussen und die in strategischen Planungen üblicherweise einzubeziehen sind. Das zweite Kapitel zeigt jene Tendenzen und funktionalen Politiken, die derzeit als Reaktion auf die Einflußfaktoren in den Strategischen Konzepten einer Reihe von deutschen und österreichischen Banken zu finden sind.

Im nächsten Kapitel kommen nun Entscheidungsträger von Banken, Sparkassen und Verbänden sowie Bankberater zu Wort, die sich sowohl mit den Entwicklungen im Umfeld der Institute als auch mit den Tendenzen und Strategien in den Instituten auseinandersetzen und daraus ihre Konsequenzen ziehen. Die Autoren geben nicht unbedingt in allen Belangen die Meinung des Herausgebers wieder.

3. Ausgewählte Schlüsselentwicklungen und Strategien

Bei diesen Themen handelt es sich um ausgewählte Schlüsselentwicklungen und Strategien mit denen sich die Entscheidungsträger und Strategen vieler Institute bis zur und über die Jahrtausendwende hinaus auseinandersetzen werden müssen. Wir haben diese Themen, die strategische Konsequenzen bzw. operativen Handlungsbedarf nach sich ziehen, unter den vier folgenden Gesichtspunkten zusammengefaßt:

- Europäische Integration,
- Umweltförderung,
- „Lean-Banking" und
- Bank als Lernende Organisation.

3.1 Die Strategien im Lichte der Europäischen Integration

Zunächst ist die Integration West- und Mitteleuropas ins Auge zu fassen. Das Jahr 1993, als lange angekündigte Wende in der Entwicklung des europäischen Bank- und Sparkassenwesens, blieb ohne Sensationen. Außer dem Inkrafttreten einiger gesetzlicher, für das Kreditwesen relevanter Bestimmungen verliefen die Geschäfte, insbesondere die Ertragslage im allgemeinen sehr erfreulich.

Trotzdem bahnt sich vor allem auch mit dem Zuwachs der EU durch Österreich und die Skandinavischen Länder eine neue Wettbewerbslandschaft an. Fragen, die sich auftun, werden sein:

Werden die einzelnen Sektoren des Kreditgewerbes ihre bisherigen Rollen in Deutschland weiterspielen können? Wie steht es um den öffentlichen Auftrag der Sparkassen in Deutschland und Österreich? Wird es den auch nach fortschreitender Integration noch geben können? Ist diese Sparkassen- aber auch die Genossenschaftsideologie im internationalen Wettbewerb ein Hindernis oder ein Vorteil? Werden nur mehr global tätige Universalbanken im europäischen Wettbewerb des „whole-sale", aber auch des Retailbanking eine Chance haben, oder wird es genügend Nischen für nationale oder gar regionale Banken haben?

Auf diese Fragen werden im nachfolgenden Kapitel

- *Gustav Adolf Schröder,* Vorstandsvorsitzender der Stadtsparkasse Köln, und
- *Willibald Folz,* Präsident des Bayerischen Genossenschaftsverbands,

auf Basis ihrer profunden und langjährigen Erfahrung als Entscheidungsträger von großen Kreditinstituten als auch aus Sicht ihrer Funktionen in Verbänden eine Antwort geben.

Die europäische Integration in Mittel- und Osteuropa steht im Mittelpunkt des dritten Beitrags in diesem Kapitel.

- *Pavel Uttitz,* Kenner der Bankensituation in der Tschechischen Republik, aber auch jener der Slowakei, Polens und Ungarns schildert hier die Aufgaben und Probleme der Banken auf ihrem Weg zur Marktwirtschaft. Interessant ist auch der Aspekt, welchen Beitrag dazu westliche Banken leisten können und welche positiven Rückwirkungen für diese Banken und Wirtschaften aus diesem Engagement zu erwarten sind.

3.2 Ökologiebewegungen und Strategien zur Umweltförderung

Der zweite Themenkreis, der zu den Schlüsselentwicklungen für die Kreditinstitute um die Jahrtausendwende von großer Bedeutung sein wird, sind die Strategien zur Umweltförderung. Im Mai 1992 haben sich im Rahmen des Umweltgipfels in Rio de Janeiro 30 große, international tätige Kreditinstitute mit der Unterzeichnung der UN-Bankendeklaration verpflichtet, aktive Umweltschutzpolitik zu betreiben. Ob das nur ein Lippenbekenntnis geblieben ist, ob Ökologie nur als PR-wirksames Aushängeschild benutzt oder aber von den Entscheidungsträgern dieser Institute als aufrichtiges Anliegen praktiziert wird, damit beschäftigen sich die Artikel von

- *Karl-Peter Hasenkamp,* Kenner der deutschen Landschaft öffentlich rechtlicher Institute sowie der Betätigungsmöglichkeiten von Banken im Spannungsfeld von Ökologie und Ökonomie.
- *Ulrich Ramm,* Generalbevollmächtigter der Commerzbank, präsentiert Strategien und Maßnahmen zur Umweltförderung am Beispiel seines Institutes. Vom Unternehmensleitbild und der Unternehmensstrategie über die Kreditvergabepolitik und PR-Strategien bis hin zum Umweltmanagement wird ein geschlossenes Konzept der Umweltförderung glaubwürdig dargestellt.
- *Wolfram Fuchs,* organisatorischer Planer und Projektsteuerer für Verwaltungs- und Bankgebäude der congena, München, weist einen Weg zum ökologischen Handeln beim Bauen. Mit dem leicht handhabbaren Instrument „Öko-Maßnahmenkatalog“ lassen sich Ökoziele für Gebäude definieren, planen und die Ergebnisse nach ökologischen und betriebswirtschaftlichen Kriterien messen. Keine Ökobilanz zwar, aber 10 Jahre nach Tschernobyl ein überfälliges Hilfsmittel, um guten Willen in Taten münden zu lassen – zumindest in solche, die sich rechnen.

3.3 Die Strategien des Lean-Banking

Wie Modewellen in der Textilbranche, nur mit etwas längeren Zyklen, wechseln Trends in der Organisationsentwicklungstheorie und -praxis. Über Lean-Production, Lean-Management zum Lean-Banking hat dieses Gedankengut aus der Industrie auch in die Welt der Banken Eingang gefunden.

Schließlich haben die Hypertrophie der Stäbe, der Overkill an Regelungen und Steuerungssystemen sowie betriebswirtschaftliches Fachexpertentum dazu eingeladen. Die Folge ist ein back-lash, der alle Stäbe, alle organisatorischen Regelungen und Strukturen abschaffen will. Chaos ist der neue anzustrebende Zustand, aber geplantes Chaos. Diese Auseinandersetzung mit der Philosophie der Lean-Production wird sich bis zur Jahrtausendwende fortsetzen. Während die einen Institute sich bemühen werden, die Organisation im Aufbau und Ablauf schlanker zu machen, werden einige Institute um die Jahrtausendwende schon wieder darüber nachdenken, wie man Querschnittsfunktionen doch ökonomischer in zentralen Organisationseinheiten wahrnehmen könnte.

Jedenfalls bleibt bis zur Jahrtausendwende noch viel zu tun, um die Strategien des Lean-Banking in die Tat umzusetzen. Im Kapitel 3 dieses Buches sind solche Strategien des Lean-Banking dargestellt, die unserer Meinung nach auch über die „Lean-Mode" hinaus langfristig Geltung haben werden.

Dazu gehören Strategien und Maßnahmen der Personalentwicklung zur Stärkung der Teamarbeit und Produktivität, die uns

- *Karl-Heinz Große-Peclum* am Beispiel der Bayerischen Vereinsbank, München näherbringt.
- *Karsten Hofmann und Victoria Steinhoff* haben sich im Rahmen ihrer beratenden Tätigkeit von akademischem Boden aus „Auf die Suche nach der Teamfähigkeit" begeben. Sie befassen sich mit der für Personalstrategen zukunftsrelevanten Frage, ob Teamfähigkeit als ein wichtiges Element der sozialen Kompetenz mit wissenschaftlichen Methoden eruierbar und trainierbar ist. Für den Praktiker ist es interessant zu erfahren, ob ein Zusammenhang zwischen Persönlichkeitsfaktoren und der Vorhersagbarkeit des Gruppenerfolgs besteht.
- *Hans-Dieter Krönung,* von der Deutschen Genossenschaftsbank in Frankfurt, zeigt Trends in der Bankenorganisation auf. Für ihn ist kaum ein Unterschied zwischen dem Bankwesen und industrieller Produktion im Sinne der Lean-Production. Die Konzentration auf die Effizienzproblematik und die Übertragung industrieller Normen auf den Bankensektor sei das Verdienst von Lean-Banking. Diese Ziele werden auch nach der Ablösung des Lean-Banking durch ein neues Konzept nach der Jahrtausendwende für Banken und Sparkassen Bedeutung haben.

- *Walter Schwarz,* nach vielen Jahren als Personalchef bedeutender österreichischer Banken und nun Unternehmensberater in Wien, behandelt die Problematik der erfolgsabhängigen Entlohnung in Kreditinstituten aus der Sicht eines Praktikers mit Ergebniserfahrung. Diese Frage ist im Zuge der Lean-Idee sowie im Zuge von 1993 entstandenen Konzepten im deutschen Sparkassensektor und aufgrund von Veröffentlichungen über Motivationstheorien wieder virulent geworden. Diese Frage kann aber nicht allgemeingültig und ein für alle mal entschieden werden, sondern wird sich langfristig an den Werthaltungen der Entscheidungsträger des jeweiligen Institutes orientieren müssen. Der Leser wird hier anhand eines Erfahrungsberichtes interessante Ansätze finden.
- Was kommt nach Lean-Management? Mit dieser Frage beschäftigt sich *Jürgen Stübner* als Berater für Unternehmensentwicklung mit industriellem Background. Er kommt zu dem Schluß, daß als reifste Form der Unternehmensentwicklung für die Jahrtausendwende die Integration von Veränderungsprozessen verschiedenster Art im Unternehmen gelingen muß. Die Führung eines Unternehmens wird im Management von Veränderungsprozessen bestehen. Funktionen werden als Prozesse in Regelkreisen verstanden werden müssen. Dabei werden zweckgerichtete Informationsverarbeitung und Systemlösung statt Problemlösung eine entscheidende Rolle spielen.

3.4 Die Bank als Lernende Organisation

Selbst wenn nach strenger Auslegung des Lean-Banking Konzeptes sämtliche Stäbe aufgelöst und die Bank zur lernenden Organisation werden sollte, bleibt laut

- *Peter Seibold* von der congena, München, für Organisatoren genug zu tun. Er sieht die Rolle des Organisators nicht als Konservator von Regeln sondern als Change Agent, Organisator des Prozesses der Strategieentwicklung sowie als Coach für den Umsetzungsprozeß geplanter und beschlossener Maßnahmen. Diese Aufgaben neben seiner Hauptfunktion als Führungskraft eines Fachbereiches zu leisten, dafür sieht Seibold langfristig wenig Chance, auch nicht in der weiterentwickelten Kultur einer lernenden Bank. Vielleicht kommt es nach der Jahrtausendwende doch wieder zu einer Wiederentdeckung der Stäbe.

Die teilautonomen Gruppen wurden als idealtypische Forderung der Organisationsentwicklungsbewegung und werden heute von Seiten des Lean-Banking gefordert und gefördert. Warum sollten sie nicht auch in der lernenden Organisation die Säule und Triebfeder der Weiterentwicklung von Banken und Sparkassen sein.

- *Otto S. Wilkening,* Personal- und Organisationsentwickler der congena, München, analysiert die Haupt-Leistungsbehinderer der Teamarbeit in Banken aus congena-Veränderungsprojekten. Er geht als Personalentwickler die konseqenten Schritte in die Zukunft und detailliert für Hochleistungsteams die notwendigen Voraussetzungen und Konsequenzen: Die Rolle der künftigen Teamleiter muß sich in der Lernenden Bank deutlich ändern. Auch Vorstände haben Teamstruktur und Qualifizierung als Entscheider wieder in die Hand zu nehmen, um Ressourcenverschwendung zu vermeiden. Sein deutliches Votum: Nur dort, wo wirklich Teamarbeit notwendig ist, sollte investiert werden; der Grad zwischen Ressourcenverschwendung und ungenutzten Mitarbeiterpotentialen ist schmal!

- *Eckhard Miketta* als Strategischer Planer, Organisations- und Personalentwickler zeigt die Entwicklungslinien strategischen, organisatorischen und individuellen Lernens auf. Im Vergleich zu japanischen Organisationsphilosophien analysiert er die Ursachen für häufiges Scheitern von strategischer und visionärer Führung. Aus diesen Überlegungen leitet er die Anforderungen an Führungskräfte und Berater ab. Er definiert ein neues Rollenverständnis für jene Persönlichkeiten, die ein Unternehmen zur lernenden Organisation werden lassen, seien es nun interne oder externe Berater.

Bis zur Jahrtausendwende werden sicher noch etliche weitere Schlüsselentwicklungen auf die Kreditinstitute zukommen. Sie vorwegzunehmen, bleibt Spekulation. Ein wesentliches Merkmal von Entscheidungen ist die Wahl aus Alternativen unter Unsicherheit. Diese ist bekanntlich die einzige Sicherheit in der Zukunft. Wenn es einem Unternehmen gelingt, sich so zu organisieren und zu konditionieren, daß es sich auf alle neuen Situationen einstellen kann, ist das die beste Voraussetzung, die Zukunft erfolgreich zu bewältigen.

Die „Lernende Bankorganisation" geht von der Vision der Bank als offenes System aus. Wie eingangs aufgezeigt, bedeutet dies u. a., den Zufluß von Energien und Informationen zu fördern und zielgerichtet zu nutzen, mehrfache und reziproke Ursache-Wirkung -Zusammenhänge zu erkennen sowie Willens- und Zielbildung auch den Subsystemen des Gesamtsystems zuzugestehen.

Für die Praxis einer Bank oder Sparkasse heißt das im Zusammenhang mit der Steuerung des Gesamtunternehmens, daß sich Führungskräfte und Mitarbeiter in allen Bereichen und Ebenen mit Fragen und Entwicklungen im Umfeld des Institutes auseinandersetzen sollten, um diese Entwicklungen in die aktive und selbständige Gestaltung ihres Arbeits- und Wirkungsbereiches miteinbeziehen zu können. Erst dann wird die Vision der „Lernenden Bank“ als eine sich selbststeuernde Organisation Wirklichkeit werden.

TEIL I

Die Strategien im Lichte der Europäischen Integration

Gustav Adolf Schröder

Die Sparkassenideologie – Hindernis im Wettbewerb der Universalbanken in Europa?

Die Sparkassenideologie – Hindernis im Wettbewerb der Universalbanken in Europa?

1. Sparkassenideologie – Sparkassenidee

Die traditionellen Merkmale der Sparkassen, die Kernelemente

- Öffentlicher Auftrag,
- Regionalprinzip und
- Verbundprinzip,

haben in den vergangenen Jahren immer wieder Diskussionen in und außerhalb der Sparkassenorganisation ausgelöst. Dies ist nur zu verständlich für eine Institution, die an der Schnittstelle zwischen Markt und kommunaler Selbstverwaltung angesiedelt ist. In dem ständigen Prozeß der politischen Auseinandersetzung über das „richtige" ordnungspolitische Konzept einerseits und den sich wandelnden Marktverhältnissen andererseits, stellt sich entsprechend auch immer die Frage der Positionierung der Sparkassen. So wurden die Sparkassen auf ihrem Weg stets mit kritischen Auseinandersetzungen über ihre Wesensmerkmale begleitet.

Zu Beginn der 60er Jahre wurden den Sparkassen ungerechtfertigte Privilegien im Wettbewerb vorgeworfen. Die daraufhin von der Bundesregierung auf Antrag des Parlaments eingeleitete Wettbewerbsenquête hat in ihrem Abschlußbericht 1968 sowohl den öffentlichen Auftrag als auch die öffentliche Rechtsform der Sparkassen bestätigt. Die Steuerprivilegien, die seinerzeit bestanden, wurden sukzessive bis 1981 abgebaut.

Auch das den Radius für die Eröffnung von Zweigstellen und die Geschäftstätigkeit grundsätzlich auf das Gewährträgergebiet begrenzende Regionalprinzip, ist häufig Gegenstand kritischer Auseinandersetzungen. So wird argumentiert, bei Sparkassen handele es sich um ein Gebietskartell – unlängst wurde in einem Bericht im Handelsblatt sogar eine Parallele zu den Stromversorgungsgesellschaften gezogen. Dabei wird jedoch verkannt, daß die Sparkassen in ihrem jeweiligen Geschäftsgebiet keine Monopolstellung haben. Vielmehr beleben die Sparkassen gerade den Wettbewerb. Aber auch aus den eigenen Reihen wurde und wird von Einzelnen die Aufhebung des Regionalprinzips gefordert, um so außerhalb des eigenen Geschäftsgebietes akquirieren und die eigenen Kunden in andere Regionen begleiten zu können. In den Jahren 1979 und zuletzt 1992 haben sich die Gremien des Deutschen Sparkassen- und Giroverbandes jedoch mit großer Mehrheit für die Beibehaltung des Regionalprinzips ausgesprochen.

Der Verbund – als weiteres Strukturmerkmal – ist die logische Folge des Regionalprinzips – die überregionale und nationale Ergänzung der lokal verankerten Sparkassen. Die Zusammenarbeit insbesondere mit den Landesbanken basiert auf dem Subsidiaritätsprinzip, wonach der jeweils untersten Stufe die volle Zuständigkeit zukommt. Erst wenn diese die ihr gestellten Aufgaben nicht vollständig erfüllen kann, wird die nächst höhere Ebene tätig. Das Verbundprinzip wird vor dem Hintergrund der Heterogenität unserer Organisation zur Zeit intensiv diskutiert. Im Vordergrund steht dabei die Frage, ob es sich um einen Zwangsverbund, organisiert nach dem genossenschaftlichen Prinzip, oder einen Einsichtsverbund mit einer an marktwirtschaftlichen Prinzipien orientierten Preisstellung für Verbundleistungen handelt.

Meine Ausführungen, die nur einen kurzen Abriß der tragenden Grundsätze unserer Organisation geben, zeigen, daß das heute gestellte Thema nicht neu ist. Die Sparkassen haben sich in den letzten Jahren immer wieder – sei es auf Druck von außen oder aber auch aufgrund von Kritik und Anregungen aus den eigenen Reihen – damit beschäftigen müssen.

Besonders kontrovers geführte Debatten, die bis heute andauern, hat das 1989 von der Unternehmensberatungsgesellschaft McKinsey erarbeitete Gutachten über die Ausrichtung der Sparkassenorganisation auf den EG-Binnenmarkt und der damit verbundenen Maßnahmen ausgelöst.

Mit dem im Juli 1992 von der Monopolkommission vorgelegten 9. Hauptgutachten 1990/1991, in dem unter anderem die Privatisierung der öffentlich-rechtlichen Sparkassen gefordert wird, sind die Sparkassen dann auch wieder zum Gegenstand einer grundsätzlichen Auseinandersetzung im politischen Raum und in der Öffentlichkeit geworden. Dem Charme, mit einem Erlös aus der materiellen Privatisierung der Sparkassen die öffentlichen Haushalte zu sanieren, wie es von der Monopolkommission – jenseits ihrer eigentlichen Aufgabe – in Aussicht gestellt wurde, kann man sich bei den derzeitigen wirtschaftlichen und finanzpolitischen Rahmenbedingungen nur schwer entziehen. Zumal dann, wenn dieser Vorschlag auch mit einer undifferenzierten Favorisierung der privaten Rechtsform im Konzept des „mehr Markt – weniger Staat“ sowie der These, die Sparkassen seien in ihrer jetzigen Ausgestaltung nicht in der Lage, den betriebswirtschaftlichen Anforderungen der Zukunft Rechnung zu tragen, untermauert wird.

Die Formulierung in dem mir gestellten Thema zielt genau auf diesen Zusammenhang. Der Begriff „Ideologie“ erweckt den Eindruck der Starrheit, einer in sich geschlossenen Gedankenwelt mit dem Anspruch auf absolute und dauerhafte Wahrheit – unfähig zum Wandel.

Dies trifft auf Sparkassen jedoch gerade nicht zu! Die Geschichte der Sparkassen ist vielmehr geprägt durch einen langen Entwicklungsprozeß und die ständige Anpassung an sich verändernde Rahmenbedingungen.

Ausgehend von kleinen Instituten, gegründet aus einer philanthropischen Grundstimmung heraus als wohltätige Einrichtungen ohne hauptamtliches Personal haben sich die Sparkassen zu Universalkreditinstituten entwickelt.

Die 703 Sparkassen weisen zum Ende des Jahres 1993 eine konsolidierte Bilanzsumme von 1.320 Mrd. DM aus. Kein Verbund von selbständigen Instituten auf der Welt ist größer. Sie sind Marktführer in der Bundesrepublik bei den Einlagen von Nichtbanken und den Krediten an mittelständische Unternehmen. Mit rund 280.000 Mitarbeitern sind die Sparkassen der größte Arbeitgeber in der Kreditwirtschaft. Und – die Sparkassen sind der größte Steuerzahler der Kreditwirtschaft.

Vor diesem Hintergrund sollte man nicht von einer Ideologie sprechen, sondern von einer Idee – einem Leitgedanken, der unverändert Gültigkeit hat, dessen Inhalte aber ständig überprüft, interpretiert und fortentwickelt werden müssen.

2. Wandel der Rahmenbedingungen

Bis heute war die Sparkassenidee mit den damit verknüpften Strukturmerkmalen eine Erfolgsstory. Es stellt sich jedoch die Frage, ob diese Grundwerte vor dem Hintergrund der fundamentalen Veränderungen der Rahmenbedingungen an den Finanzmärkten auch zukünftig noch eine angemessene Positionierung der Sparkassen zulassen. Reaktionen, wie „es ist noch immer gutgegangen“ oder der Hinweis „die Sparkassen bestehen seit über hundert Jahren – sie werden auch in Zukunft überleben“ erinnern angesichts der nun anstehenden Herausforderungen, für die es keinen geschichtlichen Vergleich gibt, eher an das berühmte Pfeifen im Wald.

Die Entwicklungen, die schlagwortartig mit

- Globalisierung des Wettbewerbs,
- Trend zum Wertpapier,
- Neue Kommunikationstechnologien,
- Veränderte Kundenstrukturen und -bedürfnisse,
- Veränderte Angebotsstrukturen

skizziert werden können, haben keine vergleichbare Parallele in der Vergangenheit.

Überlagert und verstärkt werden diese Veränderungen durch den Europäischen Binnenmarkt mit seinen vier Freiheiten und vier Kernprinzipien für die Liberalisierung des Bankbinnenmarktes (Herkunftlandzulassung, Herkunftlandkontrolle, Mindestharmonisierung und gegenseitige Anerkennung).

Die Konsequenzen für die Kreditwirtschaft sind

- steigender Wettbewerb auf den Märkten mit sinkenden Margen,
- ein Wettbewerb der Systeme und Regulierungen,
- schärfere Eigenkapitalanforderungen,
- der Trend zur tendenziellen Reduzierung der Vermittlungsfunktion zwischen Kapitalmarkt und Kunden sowie
- sich wandelnde Kundenbedürfnisse.

Darüber hinaus scheint sich das Universalbanksystem in Europa als die dem Trennbankprinzip überlegene Alternative durchzusetzen.

3. Strategische Konsequenzen für die Sparkassen

Trotz der langjährigen und guten Erfahrungen mit dem Universalbanksystem in der Bundesrepublik erfordern die beschriebenen Veränderungen umfangreiche Anpassung bei allen Kreditinstituten. Zu den künftigen Erfolgsfaktoren im Wettbewerb gehören die Fähigkeiten,

- schnell und flexibel auf Veränderungen der Märkte zu reagieren,
- hochmotivierte und qualifizierte Führungskräfte und Mitarbeiter an sich zu binden,
- Kosten optimal steuern zu können und die im internationalen Vergleich bestehenden Produktivitätslücken zu schließen sowie
- eine unverwechselbare Unternehmensidentität mit einem vom Markt positiv bewerteten Image aufzubauen.

Nicht nur für Sparkassen, sondern für alle Banken stellen sich angesichts dieser Veränderungen für die langfristige Existenzsicherung drei Schlüsselfragen:

1. Wer sind unsere Kunden und welche Ansprüche haben sie zukünftig?
2. In welcher organisatorisch-institutionellen Form wollen wir mit unseren Kunden zukünftig kommunizieren und im Markt agieren?
3. Auf welchen (räumlichen) Märkten wollen wir präsent sein?

Nachdem in der Wachstumseuphorie der 70er Jahre die traditionelle Arbeitsteilung zwischen den unterschiedlichen Kreditinstituten immer mehr verwischte, läßt sich heute konstatieren, daß Privatbanken, Kreditgenossenschaften und auch Sparkassen, wenn auch mit unterschiedlichen Schwerpunkten, aber im wesentlichen auf die gleichen Kundenkreise ausgerichtet sind.

Steigende Ansprüche und zunehmende Rendite-Orientierung der Kunden sowie – im langfristigen Trend unter Eleminierung von windfall profits – sinkende Margen erfordern nun ein Umdenken. Interne Analysen in unserem Haus haben gezeigt, daß mit 20 – 25 % der Kunden rund 70 – 80 % des Ertrages erzielt werden. Ein ähnliches Verhältnis ergibt sich bei Betrachtung der abgewickelten Volumina. Diese Ergebnisse gelten in der Tendenz für die meisten Kreditinstitute.

Die daraus abzuleitende Quersubventionierung des Mengengeschäftes – eine permanente Vermögensumschichtung – ist zukünftig nicht mehr durchsetzbar, weil die Hauptergebnisträger auch am stärksten umworben werden und abwanderungsgefährdet sind.

Im Zentrum des Wettbewerbs stehen einerseits die vermögenden Privatkunden, mit denen sich sinkende Zinsspannen durch die Abwicklung großer Volumina („günstige Losgrößen“) und die Erzielung hoher Provisionserträge kompensieren lassen.

Bei den Firmenkunden werden insbesondere die mittelständischen Unternehmen umworben, weil hier im Vergleich zu den multinationalen Adressen noch gute Margen im Kreditgeschäft zu erzielen sind.

Da die Sparkassen traditionell die Hausbanken des Mittelstandes sind und durch den in den letzten 30 Jahren gestiegenen Wohlstand breiter Bevölkerungskreise auch zu vielen heute vermögenden Kunden eine Verbindung besteht, haben sie in beiden Segmenten große Potentiale, die für die Wettbewerber eine attraktive Angriffsfläche bieten. Diese Potentiale gilt es künftig noch intensiver auszuschöpfen und gegen die Konkurrenz zu verteidigen. Deshalb werden die knappen Ressourcen zukünftig auf die profitabelsten Zielgruppen konzentriert werden müssen, ohne das Mengengeschäft zu vernachlässigen. Die Stadtsparkasse Köln unterscheidet daher grundsätzlich sechs strategische Geschäftsfelder:

Segment 1	Private Individualkunden und vermögende Privatkunden
Segment 2	Private Standardkunden
Segment 3	Private Mengenkunden
Segment 4	Gewerbliche Großkunden
Segment 5	Gewerblicher Mittelstand
Segment 6	Gewerbliche Standardkunden

Die künftigen Schwerpunkte der Geschäftstätigkeit werden im Bereich der Privatkunden die Vermögensberatung und die Vermögensverwaltung bilden. Im Firmenkundengeschäft werden Liquiditätsmanagement, Unternehmensfinanzierung und das Auslandsgeschäft dominieren. Darüber hinaus werden auch weiterhin die Wohnungsbaufinanzierung und – insbesondere zur Abwicklung des Mengengeschäftes – der kartengesteuerte Zahlungsverkehr von Bedeutung sein.

Aus der Beantwortung der ersten strategischen Fragestellung ergeben sich zwangsläufig entsprechende Konsequenzen für den künftigen Marktauftritt. Bisher erfolgt der Vertrieb im wesentlichen über ein engmaschiges Geschäftsstellennetz. Das Leistungsangebot dieses stationären Vertriebes ist allerdings einheitlich auf rund 90 % der Kunden zugeschnitten.

Und trotz der zu beobachtenden Verstärkung der Verkaufsaktivitäten ist mit den traditionellen Geschäftsstellen noch immer ein Hauch von Passivität verbunden.

Zukünftig werden wir aus den beschriebenen Gründen (sinkende Margen, unterschiedliche Deckungsbeiträge und komplexere Bedürfnisse der Kunden etc.) nicht mehr allen Kunden überall sämtliche Leistungen zum gleichen Preis mit der gleichen Qualität anbieten können. Vielmehr müssen mit einer stärkeren Kundendifferenzierung klar abgegrenzte, auf die jeweiligen Segmente ausgerichtete Vertriebskanäle mit abgestuftem Leistungsangebot einhergehen. So lassen sich beispielsweise Selbstbedienung, Servicestellen,

Geschäftsstellen mit Full-Service-Angebot und Schwerpunktgeschäftsstellen oder Beratungscenter mit individueller Kundenbetreuung neben zentralen Vertriebsstellen unterscheiden. Ergänzt wird dieses stationäre Leistungsangebot durch alternative Vertriebsformen wie Homebanking und direct mail. Das Geschäftsstellennetz wird dabei auf absehbare Zeit auch weiterhin den Hauptvertriebsweg bilden. Allerdings werden wir die rund 20.000 Geschäftsstellen unserer Organisation einer Kosten/Nutzen-Analyse unterziehen und hinsichtlich ihres Leistungsangebotes stärker nach den Bedürfnissen der jeweiligen Mikromärkte differenzieren müssen. Hinzu kommt, daß durch die fortschreitende Entwicklung im Bereich der Technologie sich die Schnittstelle im Mengengeschäft immer stärker in die Sphäre des Kunden verschieben wird. Die daraus resultierenden Freiräume müssen gezielt zum Aufbau von Beratungskompetenz, insbesondere in den Bereichen Wertpapier- und Auslandsgeschäft und einer Verstärkung der Vertriebsaktivitäten genutzt werden. Dafür bedarf es noch weiterer interner Voraussetzungen.

Begriffe wie „Redesign von Abläufen“, „Reengineering“ oder „Outsourcing“ beschreiben Maßnahmen, deren Zielsetzungen identisch sind:

- Beschleunigung von Abläufen,
- Reduzierung der Kosten,
- Konzentration auf Kernbereiche und dadurch
- Erhöhung des Kundennutzens.

Die Ausgangsposition der Sparkassen ist gut. Im Vergleich zu den Instituten des Genossenschaftssektors und den Großbanken haben die Sparkassen noch die günstigsten Kostenstrukturen gemessen am ordentlichen Aufwand im Verhältnis zum durchschnittlichen Geschäftsvolumen.

Weitere Anstrengungen sind jedoch erforderlich. So müssen wir überprüfen, ob wir wirklich alle Leistungen selbst mit eigenen Mitarbeitern erstellen müssen, oder, ob es nicht günstiger ist, diese zusammen mit anderen Sparkassen gemeinsam zu produzieren bzw. bei externen Dritten einzukaufen. Desweiteren müssen wir unsere Kapazitäten – und das betrifft unsere Mitarbeiter – durch eine Flexibilisierung der Arbeitszeit gezielter an den Beschäftigungsschwankungen und den Bedürfnissen unserer Kunden ausrichten. Hierfür notwendig ist dann auch eine Erhöhung des Produktivitätsbewußtseins bei den Mitarbeitern durch eine gezielte Kostensteuerung und Budgetierung sowie durch leistungsorientierte Anreizsysteme bei der Vergütung.

Die Antworten auf die ersten zwei strategischen Fragestellungen lauten damit zusammenfassend:

- Konzentration auf Zielgruppen,
- Differenzierung des Vertriebsnetzes,
- Verbesserung der Kompetenz,
- Stärkung der Verkaufsaktivitäten und
- Erhöhung der Produktivität.

Die für eine solche Neuausrichtung erforderlichen Umstrukturierungsmaßnahmen müssen nun vor dem Hintergrund der sparkassenspezifischen Besonderheiten gewertet werden.

Zunächst ist festzuhalten, daß die von den Kunden nachgefragten Leistungen und die an den Finanzmärkten üblichen Geschäfte von den Sparkassen im Rahmen der für sie geltenden Bestimmungen trotz der im Vergleich zum KWG noch bestehenden Einschränkungen problemlos abgewickelt werden können. In Nordrhein-Westfalen ist zum 1. Januar 1995 ein neues Sparkassenrecht in Kraft getreten, mit dem das bisher geltenden Enumerationsprinzip durch ein „eingeschränktes Universalbankprinzip" abgelöst wird. In Anpassung an die sich verändernden Rahmenbedingungen werden damit die Geschäftsmöglichkeiten der Sparkassen noch einmal erweitert.

Mit den dann noch bestehenden Restriktionen – insbesondere für sehr risikobehaftete Geschäfte – können wir uns im Wettbewerb gut behaupten. Dem stehen auch keine ideologischen Denkmuster entgegen.

Daran schließt sich die Frage an, ob eine Konzentration auf Zielgruppen, mit einem differenzierten Beratungs- und Betreuungsangebot, vereinbar ist mit dem öffentlichen Auftrag. Sollen sich die Sparkassen auf Segmente konzentrieren, die doch sowieso schon von den Privatbanken abgedeckt werden und dafür Teile der Bevölkerung vernachlässigen, um die sich auch die Mitbewerber nicht kümmern?

Ich glaube, daß sich diese Frage mit dieser Schärfe so nicht stellt. Traditionell waren die Sparkassen die Bank der „kleinen Leute". Dieses Klientel bildete in der Vergangenheit auch den Großteil der Bevölkerung. Mit dem gestiegenen Wohlstand der letzten 30 Jahre hat sich dies geändert.

Wenn die Sparkassen auch heute noch in allen Kundensegmenten ein kompetenter und ernstzunehmender Konkurrent sein sollen, der für entsprechenden Wettbewerb sorgt – und so interpretiere ich den öffentlichen Auftrag –, dann kommen wir um die beschriebene Differenzierung nicht herum. Nur so ist der Spagat zwischen Individualkunden und Mengengeschäft möglich.

Allerdings sehe ich die Sparkassen auch weiterhin in der besonderen Verantwortung, für die Kunden mit geringeren Einkommen eine optimale Grundversorgung flächendeckend sicherzustellen. Ich glaube daher, daß eine differenzierte Marktbearbeitung keinen Widerspruch zum öffentlichen Auftrag bildet, sondern eine entsprechende Fortentwicklung ist.

Hinzu kommt noch, daß die Sparkassen sich in ihren Regionen auf vielfältige Weise engagieren.

Neben der gemeinnützigen Zwecken zukommenden Gewinnausschüttung, sowie Spenden in beachtlichem Umfang, sichern die Sparkassen gerade auch in der Fläche ausgewogene Wirtschaftsstrukturen und begleiten aktiv Neuansiedlungen von Betrieben und Modernisierungsmaßnahmen. Dies zeigt, daß der öffentliche Auftrag auch heute noch von den Sparkassen erfüllt wird.

Ein weiteres Thema, das im Zusammenhang mit einer notwendigen Neuausrichtung der Sparkassen intensiv diskutiert wird und die Grundsätze unserer Organisation betrifft, ist der Verbund. Dieses Prinzip hat in der Vergangenheit in der Presse häufig für negative Schlagzeilen gesorgt, als für die Organisation so strategisch wichtige Vorhaben wie der Ankauf der Volksfürsorge oder die Bildung eines Spitzeninstituts bei den Landesbanken nicht realisiert werden konnten.

Weniger öffentlichkeitswirksam, jedoch für den künftigen Weg der Sparkassen von zentraler Bedeutung, ist die Frage, auf welcher Basis die Zusammenarbeit mit den Landesbanken, Verbänden, Rechenzentren und Sparkassen erfolgen soll. Das bisherige Genossenschaftsprinzip, nach dem jede Sparkasse in den verschiedenen Gremien eine Stimme hat und mit den Kosten unabhängig der bei den Verbundeinrichtungen abgeforderten Leistung entsprechend der jeweiligen Größe belastet wird, scheint für die Zukunft nicht mehr zu tragen. Zu unterschiedlich sind die Interessen von großen und kleinen Sparkassen sowie Flächen- und Stadtsparkassen. Deutlich wird dies insbesondere bei den Prioritätenlisten für die Gemeinschaftsrechenzentren. Da zeigt sich, daß kleine Sparkassen bei der technischen Unterstützung – einem Schlüsselfaktor im Wettbewerb – ganz andere Probleme gelöst sehen wollen, als große Häuser.

Verschärfend kommt hinzu, daß gerade die großen Sparkassen über die Umlagen viel stärker belastet werden als die kleineren Sparkassen, in den Entscheidungsgremien jedoch auch nur eine Stimme haben. Überspitzt könnte dies dazu führen, daß die Großsparkassen die Entwicklung von Systemen und Anwendungen im wesentlichen finanzieren, die die Probleme der kleinen Sparkassen lösen.

Dies gilt analog für die Zusammenarbeit mit den Landesbanken, die beispielsweise im Wertpapierbereich und im Geldhandel Kapazitäten bereitstellen, deren Kosten unabhängig von den in Anspruch genommenen Mengengerüsten gleichmäßig auf alle Sparkassen verteilt werden.

Hier wird man aufgrund der enger werdenden Margen sowie des gestiegenen Kostenbewußtseins in einem gewissen Rahmen zu marktwirtschaftlichen Prinzipien kommen müssen, wonach die einzelnen Sparkassen mit den jeweils für die abgeforderten Leistungen anfallenden Kosten belastet werden. Eng verbunden mit diesem Thema ist die Frage der Betriebsgröße der Sparkassen. Zerbricht der Verbund an den individuellen Interessen der Großsparkassen oder der mangelnden Fähigkeit der kleinen Sparkassen in angemessene Betriebsgrößen hineinzuwachsen? Ich bin der Meinung, dieses Problem stellt sich nicht so pointiert. Optimale Betriebsgrößen gibt es nicht – die örtliche Situation ist entscheidend. Auch große Sparkassen, die bisher sehr viel im eigenen Haus produzieren, werden unter Kosten/Nutzen-Aspekten zu der Einsicht gelangen, daß sich bestimmte Leistungen günstiger und besser im Verbund erstellen lassen. Andererseits sind wir auch noch nicht am Ende des Prozesses der steigenden Betriebsgrößen angelangt.

Die Zahl der Sparkassen wird sich wohl noch weiter reduzieren. Größe und Erfolgsrezepte wie „die Kleinen fressen die Großen" oder „economy of speed" bedeuten für mich keinen Gegensatz. Die Frage der Betriebsgröße ist sicherlich kein Selbstzweck; aber die Tatsache, daß bereitgestellte Ressourcen eine bestimmte Mindestauslastung benötigen und diese Ressourcen im Vergleich zu früher höherwertig sind, steht nicht im Widerspruch zu dem Postulat, schnell, flexibel und effizient zu agieren. Dies ist letztlich nur eine Frage, wie man Größe organisiert; so dezentral wie möglich – so zentral wie nötig. Deshalb gefällt mir die Formulierung „economy of excellence" am besten, womit letztlich ausgedrückt ist, daß es nicht auf einzelne Attribute wie Schnelligkeit, Größe oder Schönheit ankommt, sondern auf hervorragende Leistung.

Die Eigenkapital-Ausstattung der Sparkassen kann entgegen den Befürchtungen einiger Bedenkenträger auch vor dem Hintergrund der verschärften Eigenkapitalanforderungen im europäischen Kontext als gut bezeichnet werden. Nach einer Mitte 1993 durchgeführten Umfrage des Deutschen Sparkassen- und Giroverbandes liegt der durchschnittliche Solvabilitätskoeffizient bei 8,8 % und übersteigt damit die geforderte Untergrenze um 0,8 %. Knapp die Hälfte aller Institute weist sogar einen Koeffizienten von über 9 % aus. Auch im Vergleich mit den Mitbewerbern schneiden die Sparkassen gut ab. Die in eine Stichprobe der Deutschen Bundesbank zum 31.12.1992 einbezogenen 269 Institute weisen einen durchschnittlichen Solvabilitätskoeffizienten von 8,2 % aus; ohne Berücksichtigung der beteiligten Sparkassen beträgt dieser Wert 8 %. Die 85 einbezogenen Sparkassen weisen jedoch einen Wert von 9,2 % aus. Im Vergleich zum Vorjahr haben sie ihr Eigenkapital um 30 % erhöht. Mit der Möglichkeit, Genußscheinkapital und nachrangiges Haftkapital als ergänzende Eigenmittel aufzunehmen, stehen den Sparkassen neben der üblichen Selbstfinanzierung aus der Thesaurierung von Gewinnen auch die erforderlichen Instrumente zur Sicherung einer angemessenen Eigenkapitalausstattung für die Zukunft zur Verfügung.

Die strategische Frage der räumlichen Präsenz behandle ich bewußt zuletzt, obwohl die Themenstellung mit dem Hinweis auf Europa vielleicht eine vorgezogene Betrachtung verlangt hätte. Nach der Verabschiedung der einheitlichen Europäischen Akte im Februar 1987 mit dem Beschluß, einen gemeinsamen Binnenmarkt zu errichten, haben sich viele Strategen Gedanken über die zukünftige Positionierung ihrer Häuser in einem zunehmend globalisierten Wettbewerb gemacht.

Die anfängliche Euphorie ist inzwischen einer nüchternen Zurückhaltung gewichen. In den letzten Jahren wurde deutlich, daß es eine „Europabank" – ein deutsches Kreditinstitut, das in mehreren Ländern mit dem gleichen Leistungsspektrum, der gleichen Kultur und Mentalität wie im Heimatland vertreten ist, – auf absehbare Zeit nicht geben wird. Dies zeigt das Beispiel der Deutschen Bank, die in Spanien und Italien jeweils einheimische, etablierte Banken übernommen hat und diese auch in ihrer eigenen Kultur weitgehend belassen hat. Letztlich bedeuten die Positionen „Global player" einerseits und „all banking is local" keinen Widerspruch. Die strategische Frage lautet, auf wievielen Märkten mit ihren kulturellen, sprachlichen, nachfrage- und angebotsspezifischen Besonderheiten will man präsent sein.

Das im Zusammenhang mit dem Europäischen Integrationsprozeß formulierte „Europa der Vaterländer" der Politik kristallisiert sich im Bereich der Wirtschaft immer mehr als ein „Europa der Regionen" heraus. Die zunehmend geforderte Dezentralität der Entscheidungsprozesse, Subsidiarität und das Denken in Regionen sind Entwicklungen, die traditionell zu den Merkmalen der Sparkassenidee gehören. Regionale Verankerung, dezentrales

Unternehmertum, Kundennähe und die Kompetenz vor Ort sind entscheidende Stärken der Sparkassen im Wettbewerb mit den Universalbanken.

Die Beibehaltung des Regionalprinzips auch im Europäischen Binnenmarkt ist daher auch kein Nachteil. Für die Sparkassen wurde sehr schnell deutlich, daß sie im Inland mehr zu verlieren haben, als sie im Ausland hinzugewinnen können. Deshalb steht die Sicherung und der Ausbau der Marktstellung auf den Heimatmärkten im Vordergrund. Hier müssen wir unsere Hausaufgaben machen – wir müssen uns den ersten bei den strategischen Fragen stellen und die richtigen Antworten finden. Andererseits – und hier zeigt sich die Dialektik des Themas – werden die Sparkassen „zu Hause“ bei den im Mittelpunkt stehenden Kundensegmenten nur stark sein können, wenn sie diese auch auf ausländische Märkte begleiten können. Die Sparkassen haben dafür mit den Landesbanken und deren Infrastruktur starke Partner, die künftig im Rahmen des Verbundes noch intensiver eingebunden werden müssen. Zu erwähnen ist hier insbesondere die WestLB (Europa) AG mit ihrer europaweiten Präsenz und den internationalen Verbindungen. Darüberhinaus gilt es, die zahlreichen Kooperationsabkommen, die mit den Sparkassenorganisationen in den Europäischen Nachbarländern abgeschlossen wurden, mit Leben zu erfüllen.

4. Fazit

Resümierend kann man festhalten, daß die Sparkassenidee auch heute noch modern ist. Daß Tradition und Wandel keinen unüberwindbaren Gegensatz darstellen müssen, zeigt die erfolgreiche Entwicklungsgeschichte der Sparkasse. Wir waren in der Vergangenheit und sind auch in der Zukunft bereit, unsere Strukturen im Sinne unserer Kunden an die sich verändernden Rahmenbedingungen anzupassen. Dazu müssen wir zum Teil Bewährtes aufgeben und uns auf Neues einlassen. Die Forderungen nach einer Privatisierung halte ich in der vorgetragenen Form noch eher für eine zyklische politische Erscheinung, denn als ordnungspolitisch sinnvolle oder betriebswirtschaftlich erforderliche Alternative. Im übrigen würde eine materielle Privatisierung die jetzt notwendigen Strukturanpassungen nicht obsolet machen. Vor dem Hintergrund der bestehenden Rahmenbedingungen und der absehbaren Veränderungen bin ich jedenfalls der festen Überzeugung, daß unsere Organisation auch künftig eine gewichtige Rolle spielen wird und ihrem öffentlichen Auftrag in öffentlicher Rechtsform gerecht wird.

Willibald Folz

Die Wettbewerbsposition und Strategie der deutschen Genossenschaftsbanken im Vereinten Europa ab 1993

Die Wettbewerbsposition und Strategie der deutschen Genossenschaftsbanken im Vereinten Europa ab 1993

1. Der Genossenschaftsverband Bayern

Der Genossenschaftsverband Bayern zählt Ende 1993 etwa 1.750 Mitgliedsunternehmen, davon sind rund 1.700 Ortsgenossenschaften, der Rest Unternehmen in anderer Rechtsform. Von den Ortsgenossenschaften wiederum sind 717 Kreditgenossenschaften, 840 ländliche Waren- und Dienstleistungsgenossenschaften und 130 gewerbliche.

Die größte Gruppe, nicht der Zahl nach, aber der Bedeutung nach, ist die der Volks- und Raiffeisenbanken. Sie erreichen 1993 eine Bilanzsumme von 142 Mrd. DM. Insgesamt haben unsere Volks- und Raiffeisenbanken in Bayern 2,1 Mio. Mitglieder, die wir als Teilhaber verstehen. Ungefähr die Hälfte davon sind Arbeitnehmer. Diese Banken haben über 7 Mio. Kunden und 4.600 Bankstellen, das sind 50 % der bayerischen Bankstellen.

34.300 Menschen, davon 3.600 Auszubildende (das ist rund $^1/_3$ aller Auszubildender bei Banken in Bayern) arbeiten in den bayerischen Volks- und Raiffeisenbanken (70.000 in Genossenschaften und Unternehmen).

Wir kommen bei der Bilanzsumme in Bayern auf einen Marktanteil von 14 %, bei den Kundeneinlagen auf 24 % und bei den Ausleihungen auf 13 %. Mit diesen Zahlen liegen wir leicht über dem bundesdeutschen Durchschnitt.

Im genossenschaftlichen Bankenbereich ist in Bayern die früher jahrzehntelang bewährte Dreistufigkeit nicht ganz freiwillig aufgegeben worden. Die DG Bank in Frankfurt mit ihren Niederlassungen in München und in Nürnberg, firmierend als DG Bank Bayern, ist inzwischen unsere bayerische Zentralbank. Die frühere Bayerische Raiffeisenzentralbank und die Volksbanken AG haben ihr Geschäft auf die DG Bank übertragen. Sie bestehen als Holdings weiter. Unsere Spezialinstitute haben zum Teil eine ganz herausragende Marktbedeutung, z.B. die Bausparkasse Schwäbisch Hall, die größte deutsche Bausparkasse, auch die beiden Hypothekenbanken des Verbundes, die DG Hyp in Hamburg, eine 100%-ige Tochter der DG Bank und die Münchener Hypothekenbank eG, die einzige Hypothekenbank, die in der Rechtsform einer Genossenschaft geführt wird, dann die R+V Versicherung. Wir arbeiten in Bayern allerdings auch seit Jahrzehnten sehr erfolgreich mit der Allianz und Bayern-Versicherung zusammen. Letztere wurde vom Raiffeisenverband in den zwanziger Jahren sogar mitgegründet. Noch heute sind wir mit einem Viertel an der Bayern-Versicherung, einer öffentlich-rechtlichen Lebensversicherungsanstalt beteiligt (Partner ist der Sparkassenverband). Und auch an der Bayrischen Allianz, Tochter der Allianz-Gruppe und der Münchener Rück, sind wir beteiligt.

2. Europa nach dem Urteil des Bundesverfassungsgerichts zum Vertrag von Maastricht

Nach dem Karlsruher Urteil zu Maastricht: Neue Schubkraft für Europa. Seit Anfang 1993 ist der Europäische Binnenmarkt - eher unbemerkt - Realität. Nach dem Urteil des Bundesverfassungsgerichts über den Vertrag von Maastricht kann die Europäische Gemeinschaft nunmehr wieder neue Hoffnung schöpfen, aus der Stagnationsphase herauszukommen. Es ist aber auch eine Entscheidung mit einigen Vorbehalten, insbesondere mit Bezug auf die Währungsunion, das Kernstück des Vertragswerkes.

Das „Ja“ der Karlsruher Richter wird nämlich unübersehbar überdeckt von einem massiven „Wenn und Aber“. Oder wie es ein Kommentator der Süddeutschen Zeitung tags darauf treffend formulierte: „Die Richter verhalten sich wie Radio Eriwan.“ Auf die Frage „Sind Sie für die Europäische Union?“, antworten sie: „Im Prinzip ja, aber nur dann, wenn diese Union sich so benimmt, wie wir uns das vorstellen.“

Das bedeutet konkret für die Wirtschafts- und Währungsunion Europas: Im Vertrag von Maastricht (der Inhalt des deutschen Zustimmungsgesetzes vom Dezember 1992 ist) sind die Konvergenzkriterien, die den Fortschritt in eine wirklich, stabile Währungsgemeinschaft bedeuten, verbindlich festgeschrieben. Es ist aber schon jetzt abzusehen, daß eine größere Zahl von Staaten mit der Einhaltung dieser Kriterien überfordert sein wird, übrigens zur Zeit auch die Bundesrepublik Deutschland. Das weitverbreitete Unbehagen an Maastricht erwächst wohl vor allem aus der Befürchtung, daß die Regierungen unter sich diese Kriterien noch ändern und das Ziel Stabilitätsgemeinschaft damit aufgeben könnten. Das Bundesverfassungsgericht hat solcher Furcht nunmehr den Boden entzogen: In dem Urteil heißt es, daß eine Abweichung von den Konvergenzkriterien ohne deutsche Zustimmung und ohne Legitimation durch den Deutschen Bundestag nicht möglich ist.

3. Genossenschaften sind der Stabilität verpflichtet

Aus genossenschaftlicher Sicht kann man diesem Urteilstenor eines „Ja – aber" nur zustimmen. Denn die Bedeutung der Karlsruher Entscheidung liegt gerade in der stabiltätsorientierten Interpretation des Maastrichter Vertrages und seiner jetzt rechtsverbindlich festgelegten Umsetzung in die Praxis. (Ähnlich wie das BVerfG schon früher deutschland- und ostpolitische Interpretationen der Ostverträge vorgenommen hatte.) Denn nur so besteht u. E. die Chance, in einer Europäischen Währungsunion künftig – auch bei Aufgabe der D-Mark – den Wert des neuen Geldes zu sichern.

Stabilität hat nach unserer Überzeugung absoluten Vorrang vor der Einhaltung starrer Terminpläne. Nach wie vor sind aber die Zweifel groß, ob Europa in absehbarer Zeit für eine Wirtschafts- und Währungsunion reif sein wird. Eine Lehre aus den letzten EWS-Turbulenzen kann nur sein:

Die Mitgliedsländer der Europäischen Gemeinschaft brauchen mehr Konvergenz in ihrer Wirtschaftspolitik. Die ehrgeizigen Zeitpläne von Maastricht müssen hinter die Konvergenzkriterien zurücktreten. Dabei verkenne ich nicht den wohltätigen Handlungszwang, den enge zeitliche Vorgaben auf europäische Entscheidungen auszuüben vermögen. So wäre der Binnenmarkt – aufbauend auf dem Weißbuch von 1985 mit mehreren hundert Gesetzen als Voraussetzung – ohne den damals der als unmöglich eng empfundenen Zeitplan niemals bis 1. Januar 1993 zustande gekommen. Die Kriterien müssen ohne Wenn und Aber erfüllt werden. Darüber hinaus kommt es darauf an, daß die geldpolitische Philosophie der handelnden Personen stimmt.

Nur wenn bei den Mitgliedern des künftigen Europäischen Zentralbankrates die Einsicht in die Notwendigkeit einer auf Stabilität gerichteten Geldpolitik vorhanden ist und diese auch Kraft und Autorität besitzen, eine solche Politik gegen politische Widerstände durchzusetzen, kann die Währungsunion eine Stabilitätsgemeinschaft werden. **Wegen der heilsamen Einflüsse des Genius Loci ist daher die Entscheidung für Frankfurt als Sitz des Währungsinstituts uneingeschränkt zu begrüßen.**

Es war Ludwig Erhard, der schon vor einigen Jahrzehnten feststellte: „Unstabilität zerstört die gesellschaftlichen und sozialen Grundlagen jeder freien staatlichen Ordnung." Und nicht ohne Grund stand der vorletzte Bayerische Genossenschaftstag unter dem Motto: „Stabiles Geld – stabile Wirtschaft" und wie ich die Kausalitätskette festsetzen darf – „Stabile Gesellschaft – stabiler Staat".

Genossenschaften sind der Stabilität verpflichtet. Sie hängen ab von der Stabilität und sind Stützen dieser Stabilität. Und Genossenschaften beleben den Wettbewerb, schaffen ihn in vielen Bereichen überhaupt erst. Wettbewerb stabilisiert die Marktwirtschaft. So sind Genossenschaften schon durch ihre Existenz ein Stabilisierungsfaktor.

4. Auswirkungen des Binnenmarktes

Der Binnenmarkt ist zwar rechtlich Realität, aber praktisch wird er sich in den nächsten Jahren erst richtig entfalten – wenn auch zunächst noch ohne die gemeinsame Währung.

Was wird sich für uns ändern?

1. Zunächst einmal für unsere Kunden:

a) Beginnen wir mit den Großunternehmen: Hier wird sich wenig ändern, da diese ohnehin auf den Weltmarkt ausgerichtet sind. Allerdings wird auch – vor allen Dingen durch das Herkunftslandprinzip – für sie künftig manches einfacher und billiger. Wenn am Ende des Jahrhunderts die Währungsunion Realität werden sollte, werden sich ganz erhebliche weitere Verbilligungen ergeben, die mit dem bisher erforderlichen Schutz gegen Währungsschwankungen, mit den Umtauschkosten etc. zusammenhängen. Allerdings wird selbst dann auch für die Großunternehmen der Unterschied der Sprache, der Usancen, der nationalen Gewohnheiten und Vorlieben, der Abneigungen, erhalten bleiben.

b) Ähnlich sieht es am anderen Ende der Unternehmensskala aus, bei Handwerk, Kleingewerbe und Kleinhandel: Diese sind vor allem lokal ausgerichtet, hier wird sich nur in Grenznähe ein stärkerer Einfluß ergeben. Was Kosten (insbes. Lohnunterschiede) bedeuten, lernen wir eben schon ohne Binnenmarkt an der deutsch/tschechischen Grenze.

c) Anders wird es sich bei den Mittelstandsunternehmen verhalten. Hier finden wir Unternehmen, die vor allem im Zulieferbereich oder ansonsten in der Nischenproduktion erfolgreich sind. Sie sind hochspezialisiert. Diese Unternehmen finden künftig neue erweiterte Chancen. Gerade die dynamischen unter ihnen werden ähnliche Nischen in allen zwölf Staaten und in denen, die noch dazu kommen, vorfinden. Sie werden daher besondere Wachstumschancen haben. Andere natürlich werden unter Druck vom Ausland in ernste Schwierigkeiten geraten. Eines ist ja klar: Größere Chancen, Gewinne bei dem einen bedeutet auch größere Risiken, Verluste bei anderen.

2. Welche Auswirkungen wird das auf die Banken haben?

a) Der globale Wettbewerb wird sich kaum verändern. Die Großbanken stehen jetzt schon in einem harten internationalen Wettbewerb, der sich ohnehin weiter verschärfen wird. Das ist ein andauernder, noch nicht abgeschlossener Prozeß.

b) Im Massengeschäft und überhaupt im Geschäft mit dem Privatkunden sowie mit dem kleineren Gewerbe und Handwerk wird sich höchstens im grenzüberschreitenden Bankgeschäft ein meßbarer Wandel ergeben. Es ist nicht damit zu rechnen, daß ausländische Großbanken nun im Retail-Banking tätig werden. Deutschland gilt ohnehin mit einer Bankstelle auf 1.400 Einwohner als overbanked (europäischer Durchschnitt: 1 : 1.800). Die Kosten für einen Aufbau oder Erwerb eines im Massengeschäft tätigen Instituts sind enorm.

c) Die deutschen Privatkunden sind jedoch ein interessanter Markt mit 240 Mrd. DM jährlichem Sparaufkommen 1992 und 1993, mit einem beachtlichen Geldvermögen, das in den Jahrzehnten seit der Währungsreform 1948 durch die privaten Haushalte gebildet worden ist. Man rechnet, daß in dem Jahrzehnt bis zum Jahre 2000 1,8 Mio. Erbfälle eintreten, in denen insgesamt 800 Mrd. DM Geldvermögen, 650 Mrd. DM am Grundbesitz vererbt werden. Außerdem werden in dieser Zeit noch ca. 300 Mrd. DM an Lebensversicherungen ausbezahlt. Es lohnt sich also, sich um ein Stück von diesem Kuchen zu kümmern. Finanzdienstleister aller Art, auch aus dem Nichtbankenbereich oder den Banken benachbarten Sektoren bemühen sich denn auch mit zunehmendem Erfolg um dieses Geld. So ist vor allem der Anteil der Versicherungen am Sparaufkommen in den letzten Jahrzehnten kräftig gewachsen. Versandhäuser u.ä. kundenstarke Institutionen bemühen sich um den Aufbau und den Vertrieb von Finanzdienstleistungen. Makler, Broker-Häuser aller Art, nehmen sich besonders der vermögenden Privatkunden an mit modernem Marketing (Direktmarketing, Telefonmarketing etc.). Künftig werden vor allem ausländische Angebote, die zum Teil preisgünstiger auf den Markt kommen, angeboten werden. Das gilt für manche Bankleistungen, vor allem aber auch im Versicherungsbereich. Allerdings besteht nach dem Herkunftslandprinzip ein erhebliches Risiko, da die totale Absicherung, wie sie bei uns üblich ist, im Ausland eher die Ausnahme darstellt. Derartige Angebote werden sich also mehr für größere Kunden empfehlen, für die auch diese aufwendigen Direktmarketing-Aktionen eher geeignet sind. Fazit: Der vermögende Privatkunde wird also noch mehr als bisher ins Zentrum der Aufmerksamkeit rücken.

d) Das gleiche gilt für den gewerblichen Mittelstand. Schon seit Jahren wirkt sich der härtere Wettbewerb im internationalen Geschäft auf das Firmenkundengeschäft, vor allem im Kreditbereich, aus (um den vermögenden Privatkunden kümmern sich unsere Großbanken unter dem Gesichtspunkt der Einlagenakquisition schon seit Jahrzehnten). Jetzt aber, da sie in härteren Wettbewerb im internationalen Geschäft geraten sind und sich gezeigt hat, daß mancher sicher geglaubte Grundsatz, wie z. B. der, daß „sovereign risk is no risk" oder die berühmte Schirmtheorie (Ostblock, USA etc.) sich als frommes Märchen entpuppte, haben sie wieder den Grundsatz entdeckt, daß es vor allem wichtig ist, im heimischen Markt stark zu sein. Hier wird das Geld verdient, das man braucht, um z. B. die ganzen Ostblockrisiken, oder die Entwicklungsländerrisiken oder die Südamerikarisiken mit entsprechenden Rückstellungen abzufedern. Wobei es allerdings sehr hilfreich ist, daß mehr als die Hälfte dieses Buchverlustes der Steuerzahler über geringere Ertragssteuern zu bezahlen hat.

Die mittlere Position ist attraktiv

Ein harter Wettbewerb hat vor allem um den gewerblichen Mittelstand eingesetzt. Es ist genauso wie in der Politik, jeder möchte die mittlere Position besitzen.

Von unten her drängen die Sparkassen in diesen Markt, die früher nur für die kleinen Leute da waren, von oben her die Großbanken, die sich einstens nur mit der Großindustrie oder den ganz Reichen abgegeben hatten.

In der Mitte, da sind aber schon die Genossenschaftsbanken und die verbliebenen Privatbankiers.

5. Chancen für Genossenschaftsbanken

Haben nun in dem europäischen Markt oder überhaupt in der Zukunft nur noch die Institute eine Chance, die zugleich am Weltmarkt aktiv sein können? Und warum soll das eigentlich so sein? Gilt nicht auch in diesem Bereich der berühmte Grundsatz „all business is local"? Oder aber ist die Bankindustrie in den 90er Jahren das, was früher einmal die Stahlindustrie war? Sind die Volksbanken und Raiffeisenbanken die Tante-Emma-Läden unserer Zeit? Haben kleinere Banken nur noch in Nischen eine Chance und müssen sie das Massengeschäft der Großen oder den Spezialisten für home-banking etc. überlassen? Meines Erachtens muß man das sehr differenziert sehen.

- **Für das Geschäft mit den Weltkonzernen** und für deren Cash-Management sind sicher weltumspannende Bankorganisationen erforderlich, die überall dort ihre Niederlassungen haben, wo auch ihre Kunden sitzen. Für diese Art weltumspannendes Geschäft werden nur ganz wenige Banken in Frage kommen. Hier ist eine große Finanzkraft, ein umfassendes weltweites know-how und eine Präsenz an den wichtigsten internationalen Märkten erforderlich, die über eine Repräsentation hinausgeht. Wenn man Geld, das heute in München einbezahlt wird, real-time in Tokio verbucht haben will, dann braucht man wirklich eine weltumspannende Organisation mit einer entsprechenden EDV-Ausstattung.

- **Die Begleitung deutscher Großfirmen:** Dazu wird auch die zweite Garnitur unserer Banken in der Lage sein. Sie muß sich eben in wichtigen Bereichen auf Korrespondenzbanken und auf gute strategische Allianzen verlassen und abstützen.

- **Für das Geschäft mit dem Privatkunden und dem gewerblichen Mittelstand** ist das allerdings nicht erforderlich. Natürlich müssen sich auch unsere Banken an die neuen bankrechtlichen und bankpolitischen Rahmen anpassen und an die sich abzuzeichnenden Marktentwicklungen.

6. Strategien der bayerischen Volks- und Raiffeisenbanken

Was tun wir, die bayerischen Raiffeisen-und Volksbanken?

In erster Linie konzentrieren wir uns auf unsere Stärken und versuchen, sie in konkretes Geschäft umzusetzen.

- Da sind die Ortsnähe, die Beweglichkeit, die kurzen Entscheidungswege, die Entscheidung vor Ort und durch diejenigen, die die örtlichen Verhältnisse genau kennen und die sich nicht auf große schriftliche Berichte verlassen müssen.
- Dennoch aber verfügen diese Einheiten vor Ort über alle Instrumente aus dem Reservoir des modernen Bankgeschäfts, über alle Bankprodukte und Bankdienstleistungen. Dafür sorgt der umfassende Finanzverbund.

Der Finanzverbund ermöglicht die Produktion und die Bereitstellung durch Spezialisten, also entsprechend kostengünstig, und die Präsentation vor Ort durch die kundennahen Einheiten. Also wohl unter modernen Gesichtspunkten die zweckmäßigste Organisationsform.

Wenn Sie sehen, daß in der Industrie immer mehr unter dem Gesichtspunkt einer lean-production ausgelagert und zugekauft wird, dann sehen Sie erst, wie weit wir in diesem genossenschaftlichen Finanzverbund schon seit Jahrzehnten gekommen sind. Was andere fordern, sich vornehmen, Schritt für Schritt verwirklichen, das alles haben wir schon realisiert.

Unsere Banken sind also prinzipiell bestens gerüstet. Mit dem Grundsatz der optimalen Dezentralität, den wir seit langem leben, sind die Voraussetzungen dafür geschaffen, daß die bayerischen Volksbanken und Raiffeisenbanken sich im zunehmenden Wettbewerb behaupten können.

Dezentrales Standardangebot

Natürlich muß ständig neu überprüft werden, was erforderlich ist, um diesen Grundsatz auch zeitgemäß zu realisieren.

Um die vorhandenen Produkte und Finanzdienstleistungen sachgerecht und den Kundenbedürfnissen entsprechend einsetzen zu können, muß ein bestimmtes know-how und ein gewisser Spezialisierungsgrad vor Ort erreicht werden. Wir kümmern uns deshalb seit einiger Zeit intensiv um eine darauf ausgerichtete Organisationsstruktur unserer Banken, also eine klare Trennung in Markt und Marktfolgebereiche, um eine Kundensegmentierung

z. B. im Standardkundengeschäft (Privatkundengeschäft) nach einer Lebensaltereinteilung, bei gewerblichen Kunden nach einer Phaseneinteilung der normalen „Lebenszyklen“ eines Unternehmens. Diese Konzepte sollen unseren Mitarbeitern helfen, den Bedarf unserer Kunden und Mitglieder genau zu erfassen und unser Angebot darauf abzustellen. So sollen die erforderlichen standardisierten und damit bewährten und erprobten Instrumente und Verfahrensweisen für den jeweiligen „Normalfall“ bereitgestellt werden. Die Kunst des Beraters vor Ort besteht vor allem in der richtigen Diagnose des Kundenbedarfs und im Entscheiden darüber, ob ein „Normalfall“ gegeben ist oder ob Spezialangebote erforderlich sind.

Das gilt zum Beispiel für das Gebiet der Anlageberatung, aber auch für das Firmenkundenkreditgeschäft oder den weiten Bereich der elektronischen Bankleistungen, auf dem wir Beispielhaftes vorzuweisen haben (die moderne EDV-Entwicklung mit ihren preiswerten leistungsfähigen PC's und intelligenten Workstations kommt einem dezentralen Bankensystem besonders entgegen). Unter europäischen Gesichtspunkten haben wir einige Sonderprogramme auf EDV realisiert, die gebündelt werden in unserer GEBI, einer genossenschaftlichen Informationszentrale. In Bayern arbeitet auch eine 100%-ige Beratungstochter für den Mittelstand, Geno-Consult, die Bankkunden berät – aber auch für die Banken selbst, z. B. Personalberatung und -suche übernimmt.

Mehr als 50 % unserer Zweigstellen sind im Augenblick noch Ein- und Zweimannzweigstellen. Hier wird genau untersucht werden müssen, welcher Bedarf im Einzelfall durch solche Zweigstellen gedeckt wird und ob ihm nicht künftig besser durch andere Einrichtungen, wie z. B. Geldausgabeautomaten, Auszugdrucker und weitere Selbstbedienungsgeräte entsprochen werden kann. Dabei müssen wir einerseits der Mobilität der Kunden Rechnung tragen, die heute viel größer ist als etwa vor zwanzig Jahren, andererseits aber auch bedenken, daß die nötige Differenzierung, Spezialisierung und damit die intensive gezieltere Betreuung unserer Mitglieder und Kunden nur in größeren Zweigstellen möglich ist – oder durch mobile Außendienste. Letzteres steckt aber für die eigentlichen Bankprodukte noch in den Kinderschuhen.

Zentrales Spezialangebot

Will eine Bank entsprechende Spezialisten beschäftigen, dann setzt das voraus, daß man eine bestimmte Mindestmenge an Kunden für das entsprechende Spezialgebiet in der eigenen Bank hat oder doch zumindest ein entsprechendes Kundenpotential, im eigenen Einzugsgebiet realistischerweise für sich erhoffen kann. Nur dann wird man den Spezialisten auslasten können und nur dann wird auch die Rentabilität dieses Bereichs gewährleistet sein. Dabei darf man ja nicht nur an die Personalkosten denken, sondern man muß auch die nicht unerheblichen Sachkosten ins Auge fassen, die für die moderne Ausstattung eines solchen Arbeitsplatzes, die erforderliche Hardware und die aufwendige Software eingesetzt werden muß. Es ist auch zu bedenken, daß Spezialisten nur gehalten werden können, wenn sie in ihrem Spezialgebiet ausreichend beschäftigt sind.

Mitarbeiterqualifikation

In vielen Fällen müssen wir die entsprechenden Mitarbeiter erst ausbilden oder von der Konkurrenz abwerben. In noch mehr Fällen ergibt allerdings die genaue Analyse des Kundenbedarfs, daß die Bank allein nicht groß genug ist. Die Durchschnittsgröße unserer Genossenschaftsbanken beträgt 1993 rund 200 Mio. DM, wobei etwa $^2/_3$ der Banken unter dieser Größenordnung liegen. Allein 280 Banken haben noch nicht 100 Mio. Bilanzsumme. In diesen Banken wird es normalerweise nicht möglich sein z. B. einen qualifizierten Anlageberater oder gar qualifizierte Kundenberater für das Firmenkundengeschäft einzustellen und entsprechend zu beschäftigen. Wenn die Bank das Problem trotzdem lösen will, dann kann sie etwa diese wenigen Kunden, die z. B. für das Auslandsgeschäft in Frage kommen auch zur Konkurrenz weggehen lassen, wobei sie, wenn sie Glück hat, nur das Auslandsgeschäft verliert. In vielen Fällen ist dann aber auch die gesamte Geschäftsverbindung bedroht, weil immer die Gefahr besteht, daß jene Bank, die das Auslandsgeschäft abwickelt, Wert darauf legt, auch andere Geschäftsbereiche mit zu akquirieren.

Künftig werden wir noch mehr differenzieren müssen. Wir werden mehr hochqualifizierte Spezialisten und mehr Mitarbeiter für einfache Bankdienste haben – vielleicht ohne Banklehre – während im Augenblick noch viel zu viele Mitarbeiter den mittleren Qualitätsbereichen angehören: Gute allgemeine umfassende Bankausbildung, ohne allzu tiefe Spezialisierung: Zuviel für Schalterroutine, zu wenig für qualifizierte Spezialberatung.

Große Bedeutung wird für uns künftig der Einsatz von Akademikern haben. Während bisher bei den Bayerischen Raiffeisen- und Volksbanken noch sehr wenige Akademiker und die ausschließlich in den großen Banken und für bestimmte Spezialaufgaben tätig sind, werden wir künftig Absolventen von Hoch- und Fachschulen auf breiter Front einsetzen. Dabei denke ich nicht nur an Vorstandspositionen, Vorstandsassistenten, Controller u. ä., sondern generell an die zweite Führungsebene. Auch als Spezialisten, z. B. im Firmenkundengeschäft oder in der Anlageberatung werden derart qualifizierte Mitarbeiter eingesetzt werden.

Trotzdem werden manche Banken zu dem Ergebnis kommen, daß es sich nicht lohnt, für hochspezialisierte Geschäfte eigene Fachleute zu halten. Sie können dann die Hilfe der Zentralbank in Anspruch nehmen oder auch ihre Kunden für die speziellen Geschäfte an eine benachbarte größere Genossenschaftsbank verweisen. Letzteres ist allerdings bisher eher noch die Ausnahme.

Niemand läßt gerne Kunden weggehen und außerdem stellt sich natürlich auch für unsere Banken die Frage des Förderauftrags. Dieser beinhaltet im modernen Verständnis ja nicht mehr die Abwendung einer zwingenden Notlage, sondern bedeutet, daß die Mitglieder einer Bank einen Anspruch darauf haben, daß ihre Bank ihnen alle Bankdienstleistungen anbietet, die sie brauchen und die am Markt verfügbar sind. Grundsätzlich ist alles bei uns vorhanden. Fraglich ist nur, ob jede Bank in der Lage ist, den Kunden entsprechend zu beraten und ihm aus dem reichhaltigen Angebot das Richtige zu empfehlen.

Konzentration

Aus diesen Gründen hat sich in Bayern in den letzten drei Jahren mehr und mehr die Ansicht durchgesetzt, daß in vielen Fällen größere Einheiten dringend erforderlich sind, um dem sich wandelnden Kundenbedarf Rechnung tragen zu können. Daher haben wir sehr viele Fusionen. In den letzten vier Jahren war ungefähr jede dritte Bank aus unserem Verbandsgebiet an einer Fusion beteiligt.

Internationale Kooperation

Der Binnenmarkt Europa und die wachsende Auslandsorientierung gerade unserer mittelständischen Kunden fordern uns aber auch heraus, mit den Genossenschaftsbanken im Ausland noch sehr viel enger zu kooperieren, als das bisher der Fall ist. Wir haben in der EG 58.000 genossenschaftliche Bankstellen mit 327.000 Mitarbeitern, die insgesamt 23 Mio. Mitglieder betreuen. Sehr gute, wenn auch sehr unterschiedliche Marktanteile haben Genossenschaftsbanken in den einzelnen Ländern. Die höchsten Marktanteile bestehen in Ländern, die für uns als Handelspartner besonders interessant sind, so z. B. Frankreich mit nahe 30 %, in Österreich mit 30 %, in den Niederlanden und Italien mit je 23 %.

7. Europäische Zusammenarbeit der Genossenschaftsbanken

Volksbanken und Raiffeisenbanken überbrücken Grenzen

Schon seit langem arbeiten europäische Genossenschaften bzw. Genossenschaftsbanken in der EG in verschiedenen Kooperationen zusammen. So haben wir gemeinsame Büros in Brüssel für eine Vertretung unserer Interessen vor Ort. Wir haben einen Zusammenschluß der Zentralbanken. Verschiedene deutsche Landesverbände kooperieren ebenfalls mit Nachbarverbänden jenseits der Grenzen.

Traditionell eng arbeitet der bayerische Genossenschaftsverband mit den Österreichischen Volksbanken und den Raiffeisenbanken zusammen, ebenso mit den Südtiroler Raiffeisenbanken.

Mit Blick auf ein zusammenwachsendes Europa wollen auch die Volksbanken und Raiffeisenbanken in Bayern, Tirol und Südtirol künftig noch enger zusammenarbeiten – quasi in einer genossenschaftlichen Arge Alp – und sich grenzüberschreitend unterstützen. Das sehen Kooperationsverträge vor, die der Raiffeisenverband Südtirol (Bozen) und der Raiffeisenverband Tirol (Innsbruck) wie der österreichische Genossenschaftsverband (Wien) mit dem Genossenschaftsverband Bayern unterzeichnet haben.

Diese Kooperationsabkommen haben u. a. zum Ziel, die Bankstellennetze und Serviceleistungen der Mitgliedsinstitute den jeweiligen Partnerverbänden nutzbar zu machen. So wollen wir uns gegenseitig bei der Mitglieder- und Kundenbetreuung unterstützen. Darüber hinaus wurde eine gegenseitige Interessenvertretung sowie die Unterstützung in rechtlichen und steuerlichen Fragen vereinbart. Auch sind gemeinsame Aus- und Weiterbildungsprogramme für die Mitarbeiter der beteiligten Organisationen geplant.

Der Europäische Binnenmarkt stellt auch die Genossenschaften in Österreich, Südtirol und Bayern vor neue Aufgaben. Die Genossenschaften der Alpenregion wollen deshalb in einer Art „Arge Alp der Genossenschaften“ ihre bestehenden Kontakte und Verbindungen vertiefen und gemeinsame

Strategien erarbeiten, um auf die Herausforderungen des künftigen Wettbewerbs im vereinten Europa besser reagieren zu können. Aufgrund des Regionalprinzips kommt für die Volksbanken und Raiffeisenbanken selbst eine grenzüberschreitende Expansion in das europäische Ausland in der Regel nicht in Frage. Vielmehr machen die gemeinsamen Wurzeln, die Ähnlichkeit der Organisationsformen sowie der Mitglieder- und Kundenstrukturen die Genossenschaften in diesen Regionen zu natürlichen Partnern.

Partnerschaft zwischen den europäischen Genossenschaftsverbänden, an der Basis und nicht nur in Brüssel ist auch erforderlich, damit wir in geeigneter Weise Einfluß auf die Willensbildung in Europa, speziell im Parlament nehmen können. Unsere Erfahrungen mit den Richtlinien für das Bankwesen und der Umsetzung in innerdeutsches Recht haben uns gelehrt, daß es wichtig ist, die Abgeordneten direkt zu beeinflussen. So ist es uns bei der jüngsten Novellierung zum deutschen Kreditwesengesetz nur dadurch gelungen, eine für die Genossenschaftsbanken äußerst nachteilige Regelung aus dem Gesetzentwurf der Regierung zu entfernen. Jeder unserer Kreisverbände hat den oder die zuständigen Abgeordneten direkt angeschrieben und ihnen Beispiele für nachteilige Folgen der beabsichtigten Regelung aus Banken des eigenen Wahlkreises vorgetragen. Nichts beeinflußt die Abgeordneten so nachhaltig wie konkrete Beispiele aus dem eigenen Gebiet.

Nun gehen wir davon aus, daß in den nächsten Jahren das Europaparlament zunehmende Bedeutung gewinnen wird. Es wird immer mehr in die Aufgaben eines echten Parlaments hineinwachsen. Deshalb wird es wichtig, auch den Zugang zu den Europaparlamentariern zu suchen. Wenn wir Konkretes erreichen wollen, wird es sich bei der Verschiedenheit der nationalen Bankenstrukturen im Genossenschaftssektor nicht vermeiden lassen, daß wir auch für Anliegen, die nur einen nationalen Verband interessieren, weil sie nur ihn berühren, auch benachbarte europäische Verbände gewinnen, damit sie auf ihre Abgeordneten entsprechend einwirken. Dabei müssen sie natürlich davon ausgehen können, daß sie im umgekehrten Fall, wenn sie durch eine beabsichtigte Regelung berührt werden, die den Nachbarn nichts angeht, auch solidarische Unterstützung erfahren werden. Solche Aktionen setzen voraus, daß man sich persönlich gut kennt. Nur dann werden wir noch viel enger zusammenarbeiten als es bisher geschieht.

Europa ist also für uns Alltag und wird es von Tag zu Tag noch mehr. Wir fühlen uns gut gerüstet für eine gemeinsame genossenschaftliche europäische Zukunft.

Pavel Uttitz

Rolle und Probleme der Banken in den Reformländern auf dem Weg zur Marktwirtschaft

Chancen für die unterstützenden westeuropäischen Institutionen

Rolle und Probleme der Banken in den Reformländern auf dem Weg zur Marktwirtschaft – Chancen für die unterstützenden westeuropäischen Institutionen

Der Transformationsprozeß, in dem sich die Gesellschaften der mittel- und osteuropäischen Staaten gegenwärtig befinden, erfordert die Umstrukturierung des gesamten Wirtschaftssystems. Die Entwicklung eines funktionierenden Bankensystems bildet hierbei die Grundlage für einen erfolgreichen Übergang von der Planwirtschaft zur Marktwirtschaft. Die ehemals staatlichen Banken spielen in diesem Prozeß eine tragende Rolle. Die Probleme, mit denen sie in diesem Zusammenhang zu kämpfen haben, sind vielschichtig.

Der folgende Beitrag beschäftigt sich mit der Entwicklung des Bankensystems in den postkommunistischen Ländern Mittel- und Osteuropas, greift die gegenwärtigen Probleme der Institute auf und behandelt zum Schluß den Nutzen und die Chancen, die eine Unterstützung dieses Prozesses den westeuropäischen Kreditinstituten bietet.

Die hier vorliegende Betrachtung versucht anhand der Entwicklung in der Tschechoslowakei (nach der Teilung der CSFR dann insbesondere in der Tschechischen Republik) den Transformationsprozeß nachzuzeichnen und, wo möglich, Querverweise zu den Nachbarländern Polen und Ungarn (und der Slowakei) zu machen. Diese vier Länder haben sich in der Visegrad-Gruppe zusammengeschlossen und später die „Central European Free Trade Association" (CEFTA) gegründet, um gemeinsam einen engeren Anschluß an die Europäische Union zu bekommen. Auf die Vergleiche zu anderen Ländern Osteuropas wie Bulgarien, Rumänien, Rußland oder Ukraine wird verzichtet, da dort der Stand der wirtschaftlichen Transformation nicht das gleiche Fortschrittsniveau aufweist.

Auch wenn das Jahr 1989 eine Zäsur in der politischen und wirtschaftlichen Entwicklung Mittel- und Osteuropas bedeutete, gab es doch in Polen, Ungarn und in der Tschechoslowakei unterschiedliche Ausgangsbedingungen. Während in Ungarn und Polen der Transformationsprozeß in der Wirtschaft bereits in den 80er Jahren ansetzte, begannen die Veränderungen in der

Tschechoslowakei erst im Jahre 1990. Trotz dieser Zeitverzögerung gibt es aber sehr viele Parallelen in der Entfaltung des Bankensystems in diesen Ländern.

1. Die Entwicklung von einem Monosystem zu einem zweistufigen Bankensystem

Allen planwirtschaftlich gelenkten Volkswirtschaften war eine den Bankensektor dominierende Staatsbank gemeinsam. Sie war sowohl die Emissions- als auch die Handelsbank. Daneben existierten nur noch wenige andere spezialisierte Banken, die sich entweder mit der Abwicklung des Außenhandels beschäftigten oder für die Versorgung der staatlichen Unternehmen mit Krediten zuständig waren. Darüber hinaus gab es die Sparkassen, die die direkten Einlagen der Bürger sammelten und Privatkredite an die Bürger ausgaben, den überwiegenden Teil des Geldes jedoch an die Staatsbank abführen mußten.

In Ungarn setzte die Entflechtung des Bankensystems bereits im Jahre 1987, in Polen zu Beginn des Jahres 1989 ein. In der Tschechoslowakei dominierte die Staatsbank den Bankensektor bis Ende 1989. Durch das Inkrafttreten der neuen Bankengesetze begann die Entwicklung, die vom Monosystem im Bankwesen dieser Länder wegführte. Die Gesetze regelten vor allem die Trennung der Emissions- und Handelstätigkeit der Staatsbank und waren der Anfang des Aufbaus eines zweistufigen Bankensystems.

Das Gesetz über die Tschechoslowakische Nationalbank orientierte sich weitgehend an dem Vorbild der Bundesbank. Nach der Trennung der CSFR gingen die Pflichten der tschechoslowakischen Nationalbank an die tschechische und die slowakische Nationalbank über, wobei insbesondere die tschechische Nationalbank eine weitgehende Unabhängigkeit von der Regierung genießt. Auch das polnische und ungarische Nationalbankgesetz versuchte, die Unabhängigkeit der Zentralbank zu sichern. In Ungarn ist dies weitgehend gelungen, in Polen sicherte sich das Parlament einen gewissen Einfluß auf die Zentralbank.

Durch die Trennung der Funktionen der früheren Staatsbank entstanden in allen drei Ländern mehrere bedeutende Kreditinstitute, die zunächst durch den Staat weitgehend kontrolliert wurden. Im Laufe der Zeit kamen jedoch weitere Banken hinzu. Die Bankenlandschaft reicht heute von mehrheitlich im Staatsbesitz befindlichen Banken über Privatbanken mit jeweils nur nationalem Kapital bzw. gemischter in- und ausländischer Beteiligung bis hin zu Filialen und Tochterinstituten ausländischer Banken. Das Finanzwesen in allen vier Ländern wird gegenwärtig von den Instituten dominiert, die entweder vor der Wende bereits bestanden (z. B. die Sparkassen), aus der Staatsbank ausgegliedert wurden oder sich mehrheitlich im Staatseigentum befinden.

In der Tschechoslowakei entstand nach der Trennung der Staatsbank die Kommerzbank in Prag (Komercnì banka), die Allgemeine Kreditbank in Bratislava (Vseobecná úverová banka) und die Investitionsbank (Investicní banka). Die Tschechoslowakische Handelsbank (Ceskoslovenska obchodni banka) und die Zivnobank (Zivnostenská banka), die bereits vor der Wende existierten und für den Außenhandel bzw. die Privatkundenbetreuung zuständig waren, wurden ebenfalls in Aktiengesellschaften umgewandelt.

Bei der Komercní banka, bei der Vseobecná úverová banka und auch bei der Investicní banka behielt der Staat ca. 45% der Aktien selbst und ca. 50% gingen in die Kouponprivatisierung. Die Tschechische Sparkasse (Ceska Sporitelna) blieb mit 40%igen Anteil im Staatseigentum, 20% erhielten Städte und Gemeinden, 37% gingen in die Kouponprivatisierung und 3% wurden für Restitutionsansprüche zurückgestellt. Die Slowakische Sparkasse (Slovenská Státná Spritelna) blieb zunächst im Staatseigentum und wurde erst im Frühjahr 1994 privatisiert (der Staat behielt dabei die Mehrheit der Aktien). Bei der Zivnostenská banka wurde ausländisches Kapital mehrheitlich zugelassen. Die Ceskoslovenska Obchodni banka (CSOB) blieb mehrheitlich im Besitz des Staates. Nach der Trennung der Tschechoslowakei in zwei unabhängige Staaten am 1. Januar 1993 wurden die Anteile an der CSOB im Verhältnis 2 :1 (Tschechische zu Slowakische Republik) aufgeteilt.

Zu Beginn des Jahres 1994 arbeiteten in der Tschechischen Republik insgesamt 56 Banken. Die vier größten Banken in der Tschechischen Republik (Komercni Banka, Sparkasse, CSOB und Investicní Banka) hielten 1993 über 85% der Einlagen und garantierten über 65% aller Kredite. Insgesamt gibt es 25 Banken mit ausschließlich inländischem Kapital, 12 Banken mit gemischter in- und ausländischer Beteiligung, und 19 Banken mit ausschließlich ausländischem Kapital. Die Banken mit ausländischer Beteiligung halten allerdings nur ca. ein Zehntel des gesamten Bankenkapitals. Mehr als die Hälfte des ausländischen Kapitals im Bankwesen kommt aus Österreich, ca. ein Viertel aus Deutschland und der Rest verteilt sich auf andere Länder.

In der Slowakei gab es am Ende des Jahres 1993 26 Banken, davon 17 mit ausländischem Kapital. Der Markt wird jedoch von zwei Banken, der Vseobecna Uverova Banka (VUB) und der Slowakischen Sparkasse dominiert. Der Anteil der VUB am Kreditgeschäft liegt bei fast 50%, die Sparkasse verfügt über mehr als 90% der Spareinlagen. Vom Gesamtkapital der Banken halten die Institute mit ausländischer Beteiligung ca. 29%.

In Polen gibt es heute mehr als 100 Bankeninstitute, die meisten jedoch nur mit regionaler Bedeutung. Dominiert wird das Bankwesen ebenfalls von den Kreditinstituten, die aus der ehemaligen Staatsbank entstanden sind, sowie von den Sparkassen. Der Anteil dieser Institute am Kreditmarkt beträgt immer noch mehr als vier Fünftel. Die Großbanken befinden sich noch überwiegend im Staatsbesitz: die Handelsbank (Bank Handlowy), die Sparkassen (Pekao SA und PKO BP) und die Polnische Entwicklungsbank (Polski Bank Rozwoju). Die 14 großen Banken decken über 80% der Bankleistungen in Polen ab. Die neun staatlichen Banken und die Bank für Nahrungswirtschaft konzentrierten 1993 etwa 70% der Kunden und fast 65% der gesamten gewerblichen Kredite auf sich. In Polen existierten im selben Jahr 16 Banken mit ausländischer Beteiligung, 8 davon mit einer Mehrheitsbeteiligung westlicher Banken.

Von den insgesamt 42 Banken in Ungarn beherrschen die Ungarische Kreditbank (Magyar Hitel Bank), die Handels- und Kreditbank (Kereskedelmi Bank), die Budapest Bank sowie die Sparkassen den Finanzmarkt. Die fünf Großbanken teilen mehr als 75% des Marktes unter sich auf. Die Sparkasse verfügt über 65% aller Einlagen, die vier übrigen Großbanken geben 60% der Gewerbekredite aus. Nach einer Kapitalaufstockung bei acht Großbanken durch die ungarische Regierung im Jahre 1993 hält der Staat einen Anteil von 75% an diesen Instituten. 24 Banken verfügen über eine ausländische Kapitalbeteiligung.

2. Probleme des Bankensystems

Die wirtschaftlichen und politischen Bedingungen in den hier betrachteten Ländern sind zwar unterschiedlich, die Gesamtentwicklung weist jedoch viele Gemeinsamkeiten auf, die auch das Finanzsystem prägen. Die neuen, am Markt orientierten Wirtschaftsstrukturen haben eine große Nachfrage nach Bankprodukten zur Folge. Deshalb wurde die Spezialisierung der Kreditinstitute nach und nach abgebaut. Mit Ausnahme von Ungarn, wo seit

1991 ein Trennbanksystem verfolgt wird, haben die übrigen Länder das Universalbanksystem gewählt. Mit der Erweiterung der verschiedensten Dienstleistungen sind jedoch viele Probleme verbunden, die von einer sehr geringen Eigenkapitalausstattung über den Aufbau eines flächendeckenden Filialnetzes und Clearing-Systems bis hin zur mangelnden Erfahrung im Außenhandels- und Privatkundengeschäft (insbesondere im Kreditgeschäft) und veralteter technischer Ausstattung reichen.

Eine besondere Schwierigkeit, die im Verlauf dieser Entwicklung bewältigt werden muß, ist die unzureichende Ausbildung der Bankangestellten auf allen Ebenen. Damit verbunden ist auch, daß die Umsetzung der Unternehmens- und Personalführung in die Praxis auf vielerlei Hindernisse stößt, die sowohl systembedingt als auch in der Persönlichkeit der Führungskräfte und Mitarbeiter begründet sind. Erst durch den Transformationsprozeß wurden diese Ideen in das Vokabular der neuen Manager eingeführt. Dies gilt allerdings nicht nur für den Finanzsektor, sondern für alle Bereiche der postkommunistischen Gesellschaften.

Wie bereits weiter oben angedeutet, beherrschen die staatlich dominierten, meist aus der Staatsbank hervorgegangenen oder bereits vor der Wende existierenden Institute den Markt. Dies hat eine Wettbewerbsverzerrung zur Folge. Insbesondere die Sparkassen verfügen über ein ausgebautes Filialennetz und damit über den Großteil der Privatkundeneinlagen. Die übrigen Banken müssen sich häufig das Geld bei den Sparkassen beschaffen. Mit Ausnahme von Polen, wo zum Teil bereits eine Konkurrenzsituation herrscht, ist der Markt in den übrigen Ländern relativ stark segmentiert. Im Falle der Tschechischen Republik z. B. beherrschen die „alten" Großbanken, die Sparkasse und die ausländischen Banken den Finanzmarkt. Mit Ausnahme der Sparkasse, der Postbank, die inzwischen mit der Investicni Banka fusionierte, und der Komercni Banka, fehlen Banken mit großen, flächendeckenden Filialnetzen. Die Großbanken konzentrieren sich auf die Kreditvergabe an inländische Kunden (meist größere), die Sparkasse hat im Privatkundenbereich sowie im Bezug auf die Einlagen eine deutliche Vormachtstellung. Daraus folgt, daß kleinere Banken enorme Refinanzierungsprobleme haben. Die Tochterunternehmen oder Filialen der ausländischen Banken spezialisieren sich auf Geschäfte mit ausländischen Investoren, joint ventures und Devisengeschäfte. In der Slowakei und in Ungarn ist die Situation ähnlich.

Die Probleme, denen sich die Kreditinstitute in den mittel- und osteuropäischen Ländern insgesamt ausgesetzt sahen, lassen sich in „institutionelle" und „finanztechnische" Probleme einteilen. Die ersteren beziehen sich überwiegend auf die personelle und technische Ausstattung, die zweite Gruppe beinhaltet vor allem die finanziellen „Altlasten".

Im Hinblick auf die „institutionellen" Probleme liegen die größten Schwierigkeiten in der unzureichenden Qualifikation, in der Anzahl der Mitarbeiter und in dem niedrigen Automatisierungsgrad. Die mangelnde fachliche Qualifikation der Mitarbeiter im Bankwesen ist einerseits bedingt durch die Art und Weise der Tätigkeiten, die sie bis 1989 ausführten, zum anderen ist sie in dem enormen Anstieg der Zahl der in diesem Sektor Beschäftigten (in der Tschechischen Republik mehr als eine Verdreifachung) begründet. Hinzu kommt, daß eine adäquate bankbezogene Berufsausbildung immer noch fehlt und die Banken mit der eigenen Ausbildung nicht so schnell nachkommen können. Diese Lücke kann auch mit den Absolventen höherer Handelsschulen nicht geschlossen werden. Die Hochschulen stellen sich erst allmählich auf die neuen Bedingungen ein. Auch dort gibt es jedoch Schwierigkeiten, da nicht genügend qualifiziertes Lehrpersonal zur Verfügung steht.

Neben der fachlichen Qualifizierung ist auch die verhaltensorientierte Ausbildung ein wesentlicher Schwerpunkt für die neuen Bankdienstleistungen. Ähnlich wie die Personalführung wurde auch die Kundenorientierung früher fast gänzlich vernachlässigt. Die Einführung neuer Technologien schließlich stellt die Kreditinstitute vor die Aufgabe, alle Mitarbeiter in kürzester Zeit mit neuen EDV-Systemen vertraut zu machen.

Die zweite Gruppe der Probleme, die „finanzbedingten", setzt sich aus zu geringer Kapitalausstattung, mangelnden Möglichkeiten der Refinanzierung und aus den „Altlasten" zusammen. Die meisten Großbanken entstanden, wie bereits weiter oben angedeutet, aus der ehemaligen Staatsbank. Sie wurden zwar mit Eigenkapital ausgestattet, das jedoch den Expansionsmöglichkeiten sehr enge Grenzen setzte. Hinzu kam die Belastung der Bilanz durch die „Altlasten", d. h. durch Kredite an die ehemaligen Staatsunternehmen, die ohne eine Bonitätsprüfung bzw. aus politischen Gründen an die Unternehmen oder für Exportfinanzierung vergeben wurden. Eine Vielzahl dieser Kredite muß inzwischen als notleidend eingestuft werden. Der Anteil der gefährdeten Kredite im Verhältnis zu allen Krediten beträgt in den einzelnen Ländern nach Schätzungen der Zentralbanken zwischen 10 und 30 Prozent (Tschechische Republik ca. 10%, Ungarn zwischen 10 und 17%, Slowakei ca. 25%, Polen bis zu 30%).

In der ehemaligen Tschechoslowakei versuchte man, diesen Problemen auf zweierlei Weise zu begegnen. Zum einen hat der Staat die sogenannte Konsolidierungsbank gegründet, die aus den Mitteln der Privatisierung der Staatsbetriebe finanziert wird und die einen Teil der nicht rückzahlbaren Kredite übernommen hat. Zum anderen wurde das Grundkapital der Banken direkt aus den Mitteln des „Nationalen Vermögensfonds" gestärkt. In Ungarn hat der Staat einen Teil der Schulden aus der Vergangenheit direkt übernommen und ebenfalls eine Kapitalaufstockung gewährt.

Bei den notleidenden Krediten handelt es sich inzwischen aber nicht nur um die „Altlasten". Seit dem Reformbeginn hat sich auch eine Vielzahl von neuen Krediten angesammelt, deren Rückzahlung als sehr zweifelhaft gelten muß. Dies liegt einerseits an dem sich schnell verändernden wirtschaftlichen, politischen und rechtlichen Umfeld, und somit z. T. fehlenden Kreditsicherheiten angesichts der unsicheren Zukunft insbesondere bei Kleinunternehmen (in der Tschechischen Republik gibt es bisher z. B. keine ausreichende rechtliche Grundlage für die Gewährung von Hypothekendarlehen). Zum anderen trägt auch die mangelnde Qualifikation der zuständigen Mitarbeiter sowie, zumindest in Ungarn und in der Slowakei, der staatliche Einfluß bei der Entscheidung über die Kreditvergabe, dazu bei.

Für alle Reformstaaten Mittel- und Osteuropas gilt außerdem, daß eine Refinanzierungsbasis für mittel- und langfristige Industriekredite fehlt. Die Banken müssen sich deshalb auf kurzfristige Kredite konzentrieren.

3. Bedarf

Für die Banken in den mittel- und osteuropäischen Ländern gilt gleichermaßen, daß die neuen Rahmenbedingungen und die zunehmende Konkurrenz im Bankensektor besondere Anforderungen an das Qualifikationsniveau der Mitarbeiter stellt. Wie bereits weiter oben angedeutet, befindet sich die Personalentwicklung noch in der Anfangsphase. Um der Personalentwicklung, -führung und -steuerung die entsprechende Bedeutung beizumessen, fehlen den meisten Führungskräften adäquate Erfahrungen. Deshalb ist es besonders wichtig, im Personal- und Ausbildungsbereich mit der Unterstützung westlicher Partner anzusetzen.

Insbesondere der Managementausbildung und der Einführung einer Führungskräfteentwicklung muß ein besonderer Wert beigemessen werden.

Als gleichrangig sollte auch die Ausbildung und das Training von Multiplikatoren betrachtet werden. Die neuen Dozenten und Trainer sollen nicht nur Fachkenntnisse vermitteln, sondern vor allem im Verhaltenstraining bei den fehlenden Erfahrungen im Umgang mit den Kunden helfen. Die Unterstützung auf diesen Gebieten genießt deshalb eine hohe Priorität, weil auch für die Kreditinstitute in den mittel- und osteuropäischen Staaten gilt, daß die Mitarbeiter ihr wichtigstes Kapital bilden.

Die Übertragung von westlichem Banken-Know-how wird einerseits im Rahmen der Ausbildungsmaßnahmen geleistet. Andererseits wünschen die Banken in den mittel- und osteuropäischen Ländern aber, neben der üblichen Beratung und dem Austausch von Mitarbeitern, vor allem gemeinsame Projekte und Ko-Finanzierungen mit westlichen Kreditinstituten. Anläßlich des 4. Europäischen Bankenforums im März 1994 in Prag nannte der Generaldirektor der Tschechischen Sparkasse, Jaroslav Klapal, das Lernen an konkreten Finanzierungsprojekten als immer notwendiger.

Aufgrund der anhaltenden Dominanz der Großbanken im Kreditbereich für die großen Unternehmen und der Sparkassen auf dem Privatkundensektor, fehlt, vielleicht mit Ausnahme von Polen, der eigentliche Wettbewerb unter den Akteuren an den Finanzmärkten. Für alle hier betrachteten Länder (für die Slowakei mit kleinen Einschränkungen) gilt aber trotzdem, daß keine quantitative Ausweitung sondern eine qualitative Verbesserung des Bankensystems notwendig ist. Nach Meinung des Gouverneurs der Tschechischen Nationalbank, Josef Tosovsky, werden in Zukunft vermutlich die kleineren Banken Partner suchen müssen, um im Wettbewerb zu bestehen. In einem Interview bezeichnete er die Anzahl der Banken allerdings als allgemein unwichtig. Das, worauf es ankäme, sei die Qualität der Dienstleistungen, die in der Tschechischen Republik zur Zeit noch nicht ganz zufriedenstellend sei (HOSPODARSKE NOVINY 5.1.94). Laut Neuer Zürcher Zeitung (6.10.1993) fordern auch die Vertreter der ungarischen Nationalbank eine „qualitative Verbesserung“ des Bankensystems. Auch bei dieser Entwicklung wäre der Beistand westlicher Kreditinstitute hilfreich.

Wie bereits angedeutet, stellt die Refinanzierung für die Banken ein großes Problem dar. Der Ausbau der Kapitalmärkte muß deshalb gleichzeitig mit der Modernisierung des Bankensystems einhergehen. Alle vier Hauptstädte sind bereits Börsenplätze, an denen mit unterschiedlichen Erfolgen gehandelt wird. Trotzdem, oder gerade deshalb wird auch im Rahmen der Kapitalmärkte Zusammenarbeit mit westlichen Partnern benötigt.

Schließlich müssen auch die politischen, wirtschaftlichen und rechtlichen Bedingungen geschaffen werden, die eine ungehinderte Entfaltung des Bankensektors ermöglichen. Hier handelt es sich insbesondere um die Reduzierung des staatlichen Einflusses auf die Entscheidungen der Kreditinstitute. Gleichzeitig besteht die Notwendigkeit, den Eigenkapitalanteil der Banken auf die 8%, die im Baseler Abkommen festgelegt sind, zu erhöhen. Mit Ausnahme der Tschechischen Republik, wo gegenwärtig im Schnitt bereits 6% erreicht werden, sind die anderen Länder von diesem Ziel noch weit entfernt. Politische Stabilität und klare Rechtsvorschriften könnten außerdem eine positive Entwicklung im Bankensektor erleichtern.

4. Gründe für ein Engagement von Banken und Sparkassen in Mittel- und Osteuropa

Die Gründe für die Beteiligung der westlichen Kreditinstitute am Aufbau des Bankwesens in den Staaten Mittel- und Osteuropas sind vielschichtig. Zum einen geht es um wirtschaftliche Interessen der Kreditinstitute und ihrer Kunden, zum anderen um die politische und wirtschaftliche Stabilisierung der Reformstaaten. Auch die persönliche Weiterqualifizierung der eigenen Mitarbeiter, die an den Hilfsmaßnahmen teilnehmen, sollte nicht unterschätzt werden. Im einzelnen lassen sich diese Gründe allerdings nicht scharf voneinander trennen; im Gegenteil, sie überlappen sich teilweise.

Viele Kreditinstitute haben sehr bald erkannt, daß die jungen Volkswirtschaften ein sehr interessantes geschäftliches Betätigungsfeld mit erheblichen Wachstumschancen bieten. A. Puhlmann, Vorstandsmitglied der Bayerischen Vereinsbank, drückte es mit den Worten aus: „Wer ... auch künftig den Anschluß nicht verpassen möchte, muß sich bereits heute seinen Qualitäten entsprechend im (dortigen) Markt positionieren“ (Börsenzeitung 11.9.93).

Die geographische Nähe der mittel- und osteuropäischen Märkte sowie das dortige Wirtschaftspotential macht das Investieren in diesen Ländern für viele Kunden der Banken sehr lukrativ. Deshalb ist es wichtig, die Entwicklung auf diesen Märkten aus der unmittelbaren Nähe zu beobachten und zu analysieren. Das Kennenlernen der spezifischen Mentalität in den jeweiligen Ländern kommt als positives „Nebenprodukt“ für die Beratung der Kunden hinzu. Nicht nur aus diesem Grund ist es ratsam Experten vor Ort zu haben, um auch die Kommunikation mit den dortigen Partnern zu erleichtern. Damit steigt sowohl die Effizienz als auch die Akzeptanz der Hilfeleistungen unter den Partnern.

Der zweite und nicht minder wichtige Beweggrund für ein Engagement in diesen Ländern ist die ideelle Motivation. Hier steht der Gedanke im Mittelpunkt, das westliche Know-how in den Transformationsprozeß der Wirtschaft in diesen Ländern einzubringen und so beim Aufbau des dortigen Bankwesens mitzuhelfen. Dabei spielt auch das Interesse, an stabilen politischen Verhältnissen in diesen Ländern mitzuwirken, eine wichtige Rolle. Wie bereits zu Beginn angedeutet, bildet ein funktionierendes Bankensystem die Grundlage für eine positive Entwicklung der Wirtschaft und trägt so zur Stabilität dieser Länder auch in politischer Hinsicht bei.

Daß sich die beiden Gründe nicht voneinander trennen lassen, belegt die Aussage von B. Walter, Vorstandsmitglied der Dresdner Bank, der die Einrichtung der Repräsentanzen seiner Bank in Mittel- und Osteuropa als ersten Annäherungsversuch beschreibt. „Sie verstehen sich als Dienstleister für unsere Kundschaft, als Medium für eine längerfristig angelegte Hilfe zur Selbstentfaltung vorhandener Kräfte beim Aufbau eines effizienten Bankensystems und als Begleitung der Reformen" (Börsenzeitung 19.9.1992).

Die Erfahrungen aus dem Engagement in Ländern Mittel- und Osteuropas können nicht nur bei den geschäftlichen Interessen in diesen Ländern eingebracht werden, sondern bieten zum Teil auch Anregungen und Impulse für Verbesserungen in den eigenen Instituten. Dabei handelt es sich einerseits um die Erfahrung mit der Übertragung der eigenen Kenntnisse und Fertigkeiten in die Praxis in den Reformländern, die durchaus neue Blickwinkel eröffnen. Zum anderen wird Erprobtes einer harten Prüfung unterzogen und manchmal auch in Frage gestellt. Nicht zuletzt sind die Erfahrungen der vor Ort tätigen westlichen Experten für sie eine persönliche Bereicherung.

In den Ländern Mittel- und Osteuropas gibt es seit weniger als fünf Jahren eine demokratisch legitimierte Regierung und ein marktwirtschaftlich orientiertes Wirtschaftssystem. Die Umbruchphase geht jedoch, zumindest in den meisten der hier betrachteten Ländern, bereits in eine Konsolidierungsphase über. Dem „Lernen" der westlichen Wirtschaftsverfassung folgt die Annäherung an die Europäische Union. Gleichzeitig hat sich der Warschauer Pakt aufgelöst und die Reformländer ihre Teilnahme an der „Partnerschaft für Frieden" zugesagt. Mit Hilfe westlicher Partner lassen sich diese Prozesse stärken und unumkehrbar machen. Alleine dies ist Grund genug für die Unterstützung dieser Länder.

TEIL II

Die Strategien zur Umweltförderung

Karl-Peter Hasenkamp

Handlungsempfehlungen für nachhaltige ökologische Profilierung im Bankbetrieb – Praktizierte Unternehmenskultur

Handlungsempfehlungen für nachhaltige ökologische Profilierung im Bankbetrieb – Praktizierte Unternehmenskultur

Pecunia non olet, schrieben die alten Römer. Geld stinkt nicht. Auch die Bilanzen der meisten Banken in Deutschland und in vielen anderen vergleichbaren Ländern „stinken“ nicht. Sie duften vielmehr, weil Gewinn und Vermögensvermehrung nicht selten eher üppig ausfallen – seit Jahren. Was haben Banken mit stinkenden Produktionsvorgängen, Ressourcenverbrauch, Umweltverschmutzung, globaler Belastung zu tun? Die Antwort als schlechte Nachricht: Mehr als fast jeder Bank-Mitarbeiter bzw. Bank-Leiter oder auch Bank-Kunde glauben! Und nun die gute Nachricht: Es ist möglich, in Teilen Abhilfe zu schaffen und sich anders, bewußter zu verhalten und Kompensationen anzustoßen.

Die überwiegende Zahl der Banken kann allen Ernstes nicht behaupten, die ökologisch gebotenen Maßnahmen seien zu teuer. Die jährlichen Gewinnberichte über die Kreditinstituts-Branche, herausgegeben von der Notenbank, sind eindeutig. Banken sollten daher ihre wirtschaftliche Handlungsfreiheit nutzen, um Sympathie und Glaubwürdigkeit zu festigen und um „Leadership“ zu dokumentieren.

Nachfolgend werden einige Schritte auf dem Weg zu einer zeitgemäßen ökologischen Bank-Unternehmenspolitik vorgeschlagen.

1. Reflexion der Energienutzung und Konsequenzen

Die Bank stellt ihre Energiebilanz auf. Sie wird sich damit bewußt, welche Mengen an Brennstoff (Kohle, Gas, Heizöl) notwendig sind, um die Bankgebäude zu heizen, und wieviel Strom verbraucht wird für extrem energieintensive Klimatisierungen, für Beleuchtung, Personalcomputer, Faxgeräte, Fotokopierer und die vielen anderen Aggregate und Motoren.

Schließlich wird auch der Benzinverbrauch (Fahrbereitschaft/Berufsfahrten im Firmen-Pkw), ja sogar der anteilige Kerosinverbrauch aus Anlaß von Dienstreisen mit dem Flugzeug festgestellt.

Damit wird sich die Bank bewußt, daß Energie-„Verbrauch" nicht nur Kosten verursacht, die in Deutscher Mark registriert und in die Gewinn- und Verlustrechnung des Unternehmens eingestellt werden. Energie-Nutzung ist Eingriff in die Physik und Chemie des Globus. Die Teilhabe am modernen Leben und die Mitgestaltung unserer Techno-Zivilisation verursachen Belastungen für unseren Planeten: örtlich, regional, weltweit. Die Energienutzung geschieht typischerweise dadurch, daß die fossilen Stoffe Kohle, Öl und Erdgas verbrannt werden. Auch wenn es heute möglich ist, durch Katalysatoren und Filter die unmittelbar schädlichen Nebenresultate von Verbrennungsvorgängen einzudämmen (Stichworte: Vermeidung von Saurem Regen, hohen Ozonwerten in Bodennähe, Dunstglocken über Ballungsgebieten), so ist das Hauptresultat der Verbrennung nicht vermeidbar: Kohlendioxid (CO_2) entsteht unweigerlich. Die in fossilen Stoffen enthaltenen Kohlenstoffatome (C) verbinden sich mit dem Sauerstoff der Luft (O_2) zu CO_2.

Mittlerweile weiß jeder, daß die Überanreicherung der Erdatmosphäre mit dem Verbrennungsgas CO_2 eines der Hauptprobleme der Menschheit darstellt. CO_2 hemmt die Wärmeabstrahlung in den Weltraum. Die Gefahr von drastischen Klimaveränderungen als Folge des Treibhauseffekts, mit in der globalen Summe schier unabsehbaren negativen Auswirkungen, ist real. Beispielsweise spüren Versicherungsunternehmen und Rückversicherer schon jetzt die finanzielle Wucht ungemein hoher Schadensmeldungen aus vermehrt auftretenden Stürmen mit bisher nicht gekannter Windgeschwindigkeit.

Auch wenn noch gelegentlich Sonder-Wissenschafts-Meinungen vertreten werden oder nationales vordergründiges Besitzstandsdenken bzw. kurzfristige Wirtschaftswachstumsziele die Sorge um den Globus überlagern, so kann dennoch festgehalten werden, daß weltweit Wissenschaft und Politik

- die Schädlichkeit einer Überfracht von CO2 in der Luft und
- einen umfassenden, dramatischen Handlungszwang in Richtung CO_2-Minderung

erkannt haben.

Zahlreiche Resolutionen internationaler Klima-Konferenzen, Ergebnisse hochrangiger, wissenschaftlicher, nationaler und besonders internationaler Gremien belegen dies ebenso wie die Tatsache, daß die 1992er Rio-Konferenz über Umwelt und Entwicklung die bisher größte internationale Veranstaltung war.

Eine gigantische Lücke zwischen Erkenntnis, Resolutionen sowie zutreffenden Beschreibungen einerseits und Taten andererseits hat sich aufgetan - auf allen Ebenen politischen, sozialen und wirtschaftlichen Handelns.

Die CO_2-Bilanz einer Bank

Die Bank ermittelt mit Hilfe von Umrechnungsfaktoren ihre aus Energienutzung resultierende CO_2-Verantwortung. Ein durchaus typisches Resultat: durchschnittlich 5 Tonnen CO_2 pro Mitarbeiter, und dies Jahr für Jahr. Diese CO_2-Mengen kann man sich – vereinfacht – entstanden denken aus der jährlichen Verbrennung von beispielsweise 1,85 Tonnen Steinkohle.

CO_2 kann man nicht sehen und nicht riechen; es ist mit einem Anteil von lediglich 350 Teilen auf 1 Millionen Teile = 350 p.p.m. (parts per million) = 0,35 Promille vermischt in der Luft, die überwiegend aus Stickstoff und Sauerstoff besteht.

Wie gefährlich sind denn nun diese 5 Tonnen CO_2 pro Jahr und pro Beschäftigten? Welchen Luftraum absorbieren sie?

CO_2 wiegt pro Kubikmeter 2 kg; folglich beanspruchen 5 Tonnen CO_2 2.500 m^3. Klimapolitisch auf den Punkt gebracht und angesichts der Tatsache, daß die CO_2-Konzentration der Luft unseres Planeten jährlich um 1,5 p.p.m. steigt, heißt das auch:

5 Tonnen CO_2 p.a. reichern Jahr für Jahr 1,66 Mrd. m^3 Luft mit dem allgemeinen Wachstumswert an, der (wie oben erläutert) das globale Problem unserer Zivilisationsform darstellt. 1,66 Mrd. m^3 Luft, das ist ein Würfel mit einer Kantenlänge von knapp 1,2 km oder noch plastischer: die gesamte Luftmenge des Planeten Erde über einer Fläche von 455 m x 455 m!

Der konstruktive Schock: Energiesparen als Imperativ

Was macht nun eine Bank mit diesem Erschrecken über die verursachten Quantitäten? Schlicht und einfach ignorieren? Nach Erkennen des Mengenanteils am CO_2-Weltproblem (relativ gesehen: winzig; absolut gesehen: erheblich) ist die penible Suche nach Möglichkeiten der Minimierung des Energieeinsatzes geboten. Interne Energietechniker oder externe Energieberater bieten hier ihre Dienste an, um die DM-Kosten zu reduzieren bzw. die generelle Energieeffizienz zu optimieren (z. B.: Energiesparlampen, Heizungs-/Klimatisierungsoptimierung, Stromspar-PCs, Energie-Management, Wechsel von CO_2-intensiven zu CO_2-ärmeren Brennstoffen, Wärmedämmung).

Das generelle ökonomische Prinzip, wonach mit einem vorgegebenen Aufwand ein Maximum an Effekt erzeugt werden sollte, ist auch bei den mit Energieeinsatz zusammenhängenden Fragen anzuwenden.

Die Bank sollte eine Rangreihung von Maßnahmen mit Blick auf künftig vermeidbare Energiekosten (least cost planning) aufstellen und eine Evaluierung der CO_2-Einsparmöglichkeiten vornehmen.

Die kosteneffizientesten Maßnahmen sollten selbstverständlich zuerst durchgeführt werden. Der Verlauf der betriebsindividuellen Kosten-Kurve wird zeigen, daß „irgendwo Schluß ist" mit den Energiesparanstrengungen, weil sie sich nicht mehr rechnen oder weil sie Freiheiten und notwendige Flexibilität des Dienstleistungsunternehmens Bank über Gebühr einschränken. Je nach Ausgangslage können die CO_2-Einsparmöglichkeiten bei 10 oder 20 Prozent liegen, vielleicht in einigen „fossilen" Einzelfällen bei 50 Prozent. Keine Bank kann durch technische oder organisatorische oder verhaltenskulturelle Maßnahmen ihren CO_2-Output auf Null stellen!

Die neue Welt der CO_2-Vermeidung und CO_2-Kompensation

Wie kommt man heraus aus der Bredouille, zwar einen Teil des CO_2-Problems durch Einsparung gemeistert zu haben bzw. meistern zu können, aber für einen großen Part der CO_2-Last nolens volens noch immer Verantwortung tragen zu müssen?

Möglichkeit Nr. 1: Energie – Sensibilität bei Neubauten

Besonders gute Chancen zur Schaffung energieeffizienter Strukturen ergeben sich im Zuge der Errichtung neuer Verwaltungsbauten und Filialen. Eine umfassend verstandene Unternehmenskultur gebietet es, die aus einem Bauvorhaben resultierenden Stoffflüsse/Energienutzungen transparent zu machen und dramatisch zu reduzieren bzw. zu optimieren, wo immer es möglich ist.

Die heute gegebenen technischen Möglichkeiten und Kenntnisse erlauben es, Niedrig-Energie-Büros zu realisieren, die in ihrem spezifischen Energiebedarf weit unter den generösen, alles andere als ehrgeizigen öffentlichen Wärmedämmungs-Normen liegen (z. B.: eigene Kraft-Wärme-Kopplung, Brennstoff Erdgas oder gar Holz bzw. andere Biomasse, aktive bzw. passive Sonnenenergie- Nutzung inklusive Kühlung durch Sonnenwärme, Wärmedämmung).

Eine umfassend verstandene Solar-Architektur, die alle Aspekte der Sonnennutzung und der Vermeidung von Energieverlusten berücksichtigt, ist längst fällig.

Erste begehbare, erfahrbare „Lichtblicke" in Form von Bürobauten existieren erfreulicherweise sowohl in Deutschland, aber insbesondere auch in vielen anderen Ländern. Nichts kann die Zukunftgerichtetheit einer Bank stärker unterstreichen, als die Entscheidung für ein „Low-Energy-Office" mit ästhetischem Pfiff.

Im übrigen sind steigende Strom-, Brennstoff- bzw. Wärmepreise in den nächsten 10 bis 20 Jahren wegen der nicht mehr aufschiebbaren Notwendigkeit einer Internalisierung externer Kosten (CO_2-Steuer oder Energie-Abgabe oder Entropie-Steuer) bei weitem wahrscheinlicher als andere Erwartungen.

Bei fairer Ermittlung von betriebswirtschaftlich-finanzmathematischen Barwerten, die Basis für rationale Entscheidungen zwischen unterschiedlichen Baualternativen sein sollten, müßte insofern (entgegen den heutigen unreflektierten Usancen) ein Energiepreisanstieg kalkuliert werden, der deutlich über der erwarteten allgemeinen Inflationsrate liegt. Die logische Folge: das ökologisch/energetisch optimierte Gebäude ist das auch finanziell günstige.

Anders ausgedrückt: die stillen Reserven einer Bank steigen in 1 bis 3 Jahrzehnten stärker an, wenn der Gebäudebestand niedrigere (Energie-)Nebenkosten verursacht und somit der künftige Marktwert entsprechend höher liegt

Möglichkeit Nr. 2: Bäume gegen überschüssiges CO_2
Die Bank pflanzt Wälder

Holz ist zur Hälfte seines Gewichts gebundener Kohlenstoff. Die Photosynthese macht's möglich: aus dem CO_2 der Luft wird beim Wachstum des Baumes der Luftsauerstoff (O_2) produziert und der Kohlenstoff (C) in die Baumbiomasse eingebunden. Je mehr Bäume auf der Welt stehen und wachsen, desto (vergleichsweise) weniger C schwebt als CO_2 in der Atmosphäre. Als Faustregel gilt, daß 1 Hektar (ha) zusätzlicher Wald im Laufe seiner Wachstumszeit von z. B. 50 – 80 Jahren durchschnittlich pro Jahr 10 Tonnen CO_2 absorbiert. (In den Subtropen und Tropen liegen die Bio-Produktivitäten weit darüber; in der Taiga darunter.) Etwa ein ha zusätzlicher Wald ist also für jeweils zwei Mitarbeiter notwendig.

Zusätzlicher Wald bzw. Walderhalt verschafft Zeit, in Würde und ohne gefährliche Hektik zu neuen Energieufern (Solarenergie inkl. Holzbiomasse und Energieeffizienz) zu gelangen. Die Menschheit muß sehr bald die fossile und nukleare Energiewelt verlassen. Wald ist insofern die Übergangsstrategie für das Ende des „fossilen" Zeitalters.

Bäume und Wald sind aber nicht nur nützliche Kohlenstoffspeicher. Für die Menschen im Umfeld des Waldes wird der Nutzen noch auf andere Weise unmittelbar deutlich: Mikroklimaverbesserung, Ausgleich des Wasserhaushaltes, Erosionsvermeidung, Ernährungsangebot (Waldfrüchte), Tierheimat, Erholungswert, Holznutzung, Einkommen für den ländlichen Raum. Walderhaltung und Aufforstung sind in vielen Ländern der Erde dringend notwendig – auch ganz ohne die CO_2-Problematik.

Die Kosten für Anpflanzungen liegen im weltweiten Mix bei unter DM 1.000,– pro ha bzw. DM 500,– pro Mitarbeiter. Dies bedeutet, daß eine Bank mit 100 Mitarbeitern *einmal* etwa DM 50.000,– investieren muß und eine Großbank mit 10.000 bzw. 40.000 Angestellten DM 5,0 Mio. bzw. DM 20,0 Mio. als Einmal-Betrag für CO_2-Neutralität. Selbstverständlich läßt sich das Anpflanzprogramm z. B. über 10 Jahre strecken, so daß für diesen Zeitraum jeweils ein Zehntel des oben genannten Betrages anfallen würde.

Wie und wo pflanzt die Bank? Sie sollte auf jeden Fall viele Bäume in ihrem Geschäftsgebiet oder in ihrer Nähe pflanzen. Den großen Rest besorgt für sie z. B. die Non-Profit-Institution Prima Klima – weltweit – e.V., Düsseldorf.

Prima Klima hat schon in einer Reihe von Ländern (u. a. Slowakei, Ukraine, USA, Polen, Ecuador, Ungarn, Deutschland, Südafrika) Anpflanzprojekte angestoßen bzw. unterstützt.

Mit Hilfe von zusätzlichem Wald kann es mithin die Bank erreichen, nicht mehr Mitverursacher der CO_2-Treibhauseffekts zu sein – ein äußerst attraktives Ziel. Wenn eine Bank so viele zusätzliche Bäume pflanzen läßt, die in ihrer Summe die laufenden CO_2-Emmissionen exakt neutralisieren, so ist das vorzüglich. Angesichts der Lebensdauer von CO_2-Molekülen in der Luft (mehr als 100 Jahre) und des relativ geringen finanziellen Aufwands für CO_2-Absorption mit Hilfe von Bäumen, bietet sich zusätzlich die Idee der „Wiedergutmachung" mit Blick auf die ebenso CO_2-trächtige Unternehmensvergangenheit an.

Konkret bedeutet dies, daß eine Verdoppelung der Anpflanzanstrengungen (gemessen am aktuellen CO_2-Output) erwogen werden sollte.

Möglichkeit Nr. 3: Finanzielle Beteiligung an Windkraft oder Wasserkraft

Selbstverständlich ist es auch möglich, mit dem Einsatz von Technik „externe CO_2-Kompensation" zu erzielen. Grob geschätzt hätte die Bank beispielsweise in Windkraft etwa DM 7.500,– je Mitarbeiter zu investieren, um über die Vermeidung von Kohle-Strom den mit ihrer Wald-Initiative zu erwartenden CO_2-Minderungseffekt zu erzielen.

Je nach Subventionssituation, Strom-Einspeisevergütung und Marktwertentwicklung einer konkreten Windkraftanlage kann aus einer solchen Maßnahme eine passable bis vorzügliche Rentabilität resultieren. Ob der Barwert der Investition negativ oder bemerkenswert positiv ist, hängt jedoch sehr stark vom Einzelfall ab.

Ähnlich ist es mit der Reaktivierung ehemaliger kleiner und mittlerer Wasserlaufkraftwerke. Insofern sollte eine Bank beide Ansätze (2. und 3. Möglichkeit) praktizieren.

Zwischen-Bilanz

Neben dem Imperativ, Energieeinsparung im Rahmen des betriebswirtschaftlich Vertretbaren systematisch zu praktizieren, bieten sich folgende Handlungsstränge an:

1. Solar- und Energiesparachitektur,
2. CO_2-Minderung durch Wald sowie
3. finanzielle Beteiligung an rentablen Aggregaten regenerativer Energiegewinnung.

Diese faszinierenden Dimensionen motivieren – richtig transportiert – die Mitarbeiter, ziehen Kunden an und erhöhen die Wertigkeit des Bankunternehmens in der Öffentlichkeit.

2. Reflexion aller übrigen Stoff-Flüsse und Konsequenzen

Die Bank stellt eine umfassende Öko-Bilanz auf. Sie erforscht damit ihre chemisch-physikalisch-stoffliche Basis.

Außer Energie benötigt sie Telefone, Computer, Räume, Pkw, Lkw und 1.000 weitere „Dinge", die mehr oder weniger umweltbelastende Eigenschaften bei Produktion, Nutzung und Entsorgung aufweisen.

Mittlerweile sind Verfahren eines Öko-Controlling und der systematischen Erfassung aller wesentlichen Vorgänge im Rahmen eines Input-/Output-Schemas und einer anschließenden qualitativen Bewertung entwickelt. Damit wird das extrem komplexe Thema für Laien eher verstehbar, ja es gewinnt sogar an Faszination.

Wie beim Energiethema, so rieseln förmlich die Handlungsansätze aus der Öko-Bilanz heraus, so z. B.:

- weniger Verbrauch / Abfallvermeidung,
- Recyclieren von Materialien,
- Vermeidung von Gefahrstoffen,
- Entwickeln eines Abfallkonzepts,
- Wasser-Verbrauchs-Minderung,
- Wahl von Papierarten und -qualitäten, die ökologisch und ästhetisch optimal sind,
- elektronische Nachrichten statt Kommunikation auf dem Papier,
- Öko-Checklists für Beschaffung von Baumaterialien, Anlagegütern und „Verbrauchs"-Materialien,
- Anreize für eine verstärkte Nutzung der öffentlichen Verkehrsmittel.

Die Reflexion aller Stoff-Flüsse ist nicht eine ad hoc-husch-husch-Initiative. Vielmehr ist ein kundiges, engagiertes Team notwendig, das Informationszugang zur Gesamtheit des Bankbetriebs hat. Für die Ingangsetzung des Prozesses ist ein erfahrener Umweltberater als „externe Autorität" und Coach sicherlich angebracht.

Eine Bank, die sich derart tief in die eigenen Karten schaut (schauen läßt), hat damit ein großes „Ja" gesagt zu der Verankerung von Umweltbewußtsein in ihrem Unternehmensleitbild – und das gelebte Unternehmensleitbild, einschließlich Umweltengagement, kann eine besondere Identifikation, ja Begeisterung des Mitarbeiters erzeugen.

Zieldefinitionen, Maßnahmenkataloge, das Feiern von Erfolgen, Erwerben von Umweltkenntnissen sind ein all-winners-Ansatz. „Nebenbei" gesagt: die Öko-Bilanz ist ein vorzügliches Mittel, Kosten zu minimieren.

Eine konsequent handelnde Bank installiert die Öko-Bilanz – einschließlich Erfassung des gesamten Stoff-Flusses – in einem strategischen und operativen Controlling, das zwar weiterhin schwergewichtig Aufwendungen und Erträge, Chancen und Risiken der Bank in einer DM-Rechnung aufzeigt (finanzielle Sphäre), das aber ergänzt wird um alle ökologischen Komponenten.

Das (Fern-)Ziel ist die komplette DV-gestützte Abbildung des Bankbetriebs in finanzieller und physikalischer Hinsicht, sowohl tagesaktuell als auch in jeweiligen Planungsszenarien.

Schließlich: Aus dem Unternehmensleitbild und daraus abgeleiteten Führungs- und Qualifizierungsgrundsätzen folgt, daß ein Mitarbeiter mit Umweltwissen die Hürden beim Aufstieg im Unternehmen leichter nehmen kann.

3. Teilnahme am EU-ÖKO-AUDIT

Mitte 1995 tritt eine bemerkenswerte Verordnung des Ministerrats der Europäischen Union in Kraft: die Regelungen für Umweltmanagement und Umweltbetriebsprüfung gewerblicher Unternehmen.

Das nun Gestalt annehmende „Audit“, d. h. eine Rechenschaftslegung auf freiwilliger Basis, ermöglicht den Erwerb eines Zertifikats. Damit kann sich das Unternehmen vor seinen Konkurrenten aus der Sicht von Mitarbeitern, Kunden und der Öffentlichkeit hochgradig positiv profilieren.

Das EU-ÖKO-AUDIT-Verfahren kann erst dann gestartet werden, wenn im Unternehmen folgendes existiert:

- Umweltpolitik,
- Umweltprüfung,
- Umweltprogramm,
- Umwelterklärung sowie
- Überprüfung der Konsistenz und Gültigkeit der genannten Punkte durch einen externen Sachverständigen.

Eine Bank hat hier nun die besondere Chance des innovativen Vorgehens in die richtige Richtung, da sich die EU-Verordnung bisher nur auf produzierende Betriebe bezieht.

4. Unterzeichnung der „Erklärung der Banken zu Umwelt und Entwicklung“

Aus Anlaß der Rio-Umwelt-Konferenz 1992 fanden sich ca. 40 international maßgebliche Banken zusammen und verpflichteten sich zu Verhaltensweisen, die dem Schutz des Global-Öko-Systems dienen. Mittlerweile sind es knapp 60 Unterzeichner-Banken. Die bisherigen Resolutionstexte haben einen eher unverbindlichen Charakter. Aber ab Herbst 1994 werden unter Einschaltung der UNEP (United Nations Environmental Program) Konkretisierungen vorgenommen.

5. Reflexion der Beteiligungs- und Kreditpolitik der Bank unter dem ökologischen Aspekt

Banken sind gut beraten, wenn sie bei ihren Portfolio-Entscheidungen, insbesondere bei Kreditgewährung, auch den ökologischen Filter anwenden. Das wirtschaftliche Risiko eines Kreditnehmers, dessen Produkte oder Dienstleistungen besonders umweltbelastend sind, wird von Jahr zu Jahr größer, da sich die Präferenzen von Konsumenten, aber auch gewerblichen Abnehmern, immer stärker in Richtung „clean production“ und „clean products“ verändern.

Auch aus juristischer Sicht ist Vorsicht geboten: exzessive Umweltverschmutzer werden vermehrt national wie international zu hohen Schadensersatzleistungen oder Geldbußen verurteilt, die den wirtschaftlichen Bestand eines kreditnehmenden Unternehmens gefährden können.

6. Reflexion und Modifikation der Bank-Eigenkapitalverzinsung

Die Bank legt im Einvernehmen mit ihren Eigentümern fest, daß sie eine („true and fair“ ermittelte) Netto-Eigenkapital-Verzinsung von zum Beispiel 12% p.a. erzielen will.

Bei Überschreiten dieser „bench-mark“ im rollierenden 3-Jahres-Zeitraum werden z. B. 10% des Betrages, der über 12% liegt, in zusätzliche nationale und internationale Umweltprojekte investiert.

7. Die Verbindung von Marketing, Produktpolitik und Öffentlichkeitsarbeit mit der Ökologie

Die Bank hat mit den bisher vorgeschlagenen sechs Schritten umfassendes Know-how und Glaubwürdigkeit aufgebaut, so daß sie parallel dazu bzw. danach die Betonung des ökologischen Aspekts in ihre Beziehung zu Kunden, Mitarbeitern und der Öffentlichkeit integrieren kann.

Daraus resultieren beispielsweise Umweltkredite, Vorschläge für grüne Kapitalanlage, Umweltberatung, Öko-Sponsoring, Anpflanzaktionen unter Beteiligung von Mitarbeitern, handlungsorientierte Broschüren für Privatkunden und den gewerblichen Mittelstand, das Auflegen von Fonds für ethisches Investment, die Entwicklung von Finanzierungskonzepten für Energieversorger, für neue Blockheizkraftwerke, für Kläranlagen.

Daraus resultiert aber auch eine Öffentlichkeitsarbeit, die dem Motto folgt: Tue Sinnvolles und rede darüber.

Daraus mag auch resultieren, daß sich die Bank dem „Öko-Rating" stellt. Bisher haben lediglich einige Produktionsunternehmen komprimierte externe Bewertungen ihres Umweltengagements erhalten.

8. Fazit

Im Grunde sind die hier beschriebenen Schritte, Taten bzw. Handlungsmöglichkeiten Pflicht für alle Unternehmen, auch für Kreditinstitute, insbesondere für solche, die kodifizierte Sätze zur Unternehmenskultur nicht nur als verbale Alibi-Veranstaltung mit sich herumschleppen wollen, sondern sich und ihre Kultur ernst nehmen.

Wer Teil des Problems ist, sollte auch Teil der Lösung sein. Nun, die Verhältnisse sind (noch) nicht so, daß danach überall gehandelt würde ...

Jedoch eröffnet dies die Chance, das hier Beschriebene vor anderen zu realisieren. Damit wird aus der Pflicht die Kür. Übrigens: Man fühlt sich wohl im Club der CO_2-neutralen, umweltsensiblen Unternehmen. Die ersten Umsetzungen haben begonnen:

- Die Landesbank Sachsen – Girozentrale – ist die erste Bank, die CO_2-neutral arbeitet.

- Banken, wie die Landesgirokasse Stuttgart, die Bayerische Landesbank, die Norddeutsche Landesbank legen Öko-Bilanzen und -Berichte vor.
- Die Stadt- und Kreissparkasse Pforzheim erhielt 1994 den Umweltpreis des Landes Baden-Württemberg für herausragendes ökologisches Handeln in einem Dienstleistungsbetrieb
- congena, München, hat via Prima-Klima – weltweit – e.V., Bäume pflanzen lassen. congena ist damit die erste Unternehmensberatung, die sich ihrer CO_2-Verantwortung gestellt hat.

Glückwunsch!

Die Zeit ist reif für viele Schritte auf dem ökologischen Weg. Der ökologische Weg ist auch ökonomisch von Vorteil.

Ullrich Ramm

Die Strategien einer deutschen Großbank auf dem Gebiet der Umweltförderung

Die Strategie einer deutschen Großbank auf dem Gebiet der Umweltförderung

Die Erhaltung der natürlichen Lebensgrundlagen ist fundamentaler Bestandteil der Sicherung unserer Zukunft. Als ein Unternehmen, das seine gesellschaftliche Verantwortung ernst nimmt, stellt sich die Commerzbank dieser Herausforderung.

Grundlagen

Wenn sich eine Großbank für den Umwelt- und Naturschutz engagiert und versucht, Impulse für einen verantwortungsvollen und bewahrenden Umgang mit der Natur zu geben, setzt sich leicht dem Verdacht aus, einem gerade modischen Trend zu folgen.

Ein Unternehmen unserer Größenordnung – mit über drei Millionen Kunden, 1.000 Filialen und rund 30.000 Mitarbeitern – kann sich jedoch nicht mit seinem Einfluß auf das Wirtschaftsgeschehen begnügen, sondern muß sich ebenfalls gesellschaftlicher Probleme annehmen. Gerade im Umweltschutz ist jeder aufgefordert, aktiv zu werden – und damit auch wir als Bank, denn wir sind Teil dieser Gesellschaft.

Traten Banken in der Vergangenheit oft vornehmlich als Mäzene von Kultur und Wissenschaft auf, so gewinnt heute das Engagement im Umweltschutz ständig an Gewicht. Ausschlaggebend dafür ist einerseits die Tatsache, daß der Staat bei der Bewältigung der Umweltproblematik allein überfordert ist und andererseits ein verstärktes Umweltbewußtsein in der Öffentlichkeit. So steigt die Bedeutung des Umwelt- und Naturschutzes als gesellschaftliche Aufgabe im Bewußtsein der Bundesbürger seit vielen Jahren kontinuierlich an. Gleichzeitig nimmt auch das Problembewußtsein bei Mitarbeitern und Managern der Bank ständig zu, was dazu geführt hat, daß sich die Commerzbank im Umwelt- und Naturschutz engagiert.

Strategie

Die Glaubwürdigkeit eines öffentlichen Engagements für Umwelt und Natur hängt allerdings zunächst von der konsequenten Verfolgung des Umweltschutzes im eigenen Unternehmen ab. Erst, wenn die innerbetrieblichen Umweltschutz-Aktivitäten für Mitarbeiter, Kunden, Aktionäre und die übrige Öffentlichkeit überzeugend sichtbar werden, wirkt der Schritt zum Umwelt-Sponsoring nicht nur als neue Variante zur Gewinnung zusätzlicher Kontoverbindungen.

Falsche Weichenstellungen in diesem Bereich könnten auch durch hervorragende PR- oder Sponsoringkonzepte nicht korrigiert werden. Negative Auswirkungen auf das Image wären im Umfeld der sensibilisierten Öffentlichkeit unvermeidlich.

So erstreckt sich das Umweltschutz- und Naturschutz-Engagement der Commerzbank auf vier Bereiche:

1. innerbetrieblicher Umweltschutz,
2. Produktpolitik,
3. Geschäftspolitik,
4. Öffentlichkeitsarbeit.

Alle angeführten Aspekte des Engagements werden anschließend kurz skiziert und in ihrer Bedeutung umrissen. Dabei wird deutlich, daß wir dort, wo es für uns als Aktiengesellschaft und Dienstleistungsunternehmen im Spannungsfeld zwischen Ökologie und Ökonomie machbar ist, zum Schutz von Umwelt und Natur im Rahmen unserer Möglichkeiten betragen.

1. Innerbetrieblicher Umweltschutz

Nach der DeEmmissionenvise „Ressourcen sparen und Abfälle vermeiden" überprüft seit 1990 unser betrieblicher Umweltschutzbeauftragter, der mit seiner Abteilung direkt dem Vorstand untersteht, alle Maßnahmen der Zentrale in Frankfurt am Main auf ihre Umweltverträglichkeit hin. Einige Beispiele aus seinem Arbeitsbereich seinen hier hervorgehoben: Reduzierung des Energie- und Wasserverbrauchs und der Emissionen, Entsorgung z. B. von Scheckkarten und Batterien sowie Abfällen von Kopiergeräten, Verbannung von Plastikgeschirr, Einführung umweltfreundlicher Büromaterialien und Reinigungsmittel.

Unterstützung findet der Umweltschutzbeauftragte bei den Mitarbeitern der Commerzbank, die im Rahmen des betrieblichen Vorschlagswesens für realisierbare Vorschläge, die dem Umweltschutz dienen, mit einem Bonus belohnt werden. Den gleichen Betrag zahlen wir noch einmal an eine Umweltschutz-Organisation, die der Mitarbeiter auswählt.

Inzwischen sind eine Vielzahl anderer Unternehmen der Dienstleistungsbranche unserem Beispiel gefolgt und haben gleichfalls Umweltschutzbeauftragte ernannt. In dem 1990 von uns initiierten Arbeitskreis „Umweltschutz in Bürobetrieben" treffen sie sich alle sechs Monate zum Erfahrungsaustausch.

Bei der Planung der neuen Zentrale in Frankfurt am Main wird ebenfalls großer Wert auf Umweltverträglichkeit gelegt.

Bereits bei der Ausschreibung bzw. Projektvergabe wurde auf eine umweltfreundliche Bauweise unter Einsatz umweltschonender Baustoffe und Bauverfahren geachtet. Der ausgewählte Entwurf ist durch natürliche Belüftung, die Integration von Grünflächen und die Vermeidung von Bodenversiegelung ebenso gekennzeichnet wie durch die Nutzung von möglichst viel Tageslicht.

2. Produktpolitik

Ein weiterer unerläßlicher Bestandteil eines Umwelt-Engagements ist die Produktpolitik: Eine besonders auf den Mittelstand zugeschnittene Broschüren-Reihe behandelt die im betrieblichen Alltag relevanten Unternehmensfragen: Die Broschüre „Zur Umwelthaftung der Unternehmensleitung" bietet einen Überblick über Gesetze und Haftungsfragen im Umweltbereich – und führt zu einem Organisationsschema für eine sinnvolle Umweltpolitik des Unternehmens hin. Darüber hinaus berät die „Umweltschutz-Checkliste", welche umweltschonenden Maßnahmen und Verfahren in einem Bürobetrieb möglich und wünschenswert sind. Die Umwelt-Schriftenreihe wird ergänzt durch entsprechende Informationsveranstaltungen und individuelle Beratungen.

Ferner bietet die Commerzbank Firmenkunden ein spezielles Kreditprogramm für umweltfreundliche Investitionen an. Dieser Umweltkredit ist eine Kombination von Fördermitteln der öffentlichen Hand mit einem Kredit, der insbesondere mittelständischen Unternehmen Umweltschutzinvestitionen erleichtern soll. Im Bereich der Finanzierung von Windkraftanlagen sind wir mittlerweile führend in Deutschland.

Auch in die Kreditrisiko-Bewertung der Firmenkunden halten Umweltschutzkriterien mehr und mehr Einzug: Denn neben grundsätzlichen, ethischen Fragen stellen Umweltrisiken der Kreditnehmer ebenso Kreditrisiken der Bank dar. Hier sind wir auf dem Weg zu einer systematischen Umwelt-Bewertungsmethode – vor allem bei Großkrediten und Anleihen. Um das erforderliche Fachwissen sicherzustellen, greifen wir in umweltrelevanten Bereichen durchaus auf externe Sachverständige und deren Expertisen zurück. Gleichwohl ist es aber unrealistisch anzunehmen, daß Kreditentscheidungen stets ein ökologisches Gütesiegel verkörpern.

3. Geschäftspolitik

Umweltschutz-Überlegungen sollten in jede Entscheidung auf allen Unternehmensebenen einfließen. Die Commerzbank hat deshalb ihr Eintreten für umweltverträglichen Fortschritt 1990 als Teil der Konzernphilosophie in ihrem Leitbild verankert.

Darüber hinaus wurde im Mai 1992 anläßlich des Umweltgipfel in Rio de Janeiro zusammen mit rund 30 anderen international tätigen Kreditinstituten die UN-Bankendeklaration unterzeichnet.

Die Kernaussage dieser Erklärung lautet: Die Umwelt zu schützen und eine langfristig tragfähige Entwicklung zu gewährleisten, liegt in der gemeinsamen Verantwortung aller Menschen, ist mithin eine der dringlichsten Aufgaben der Wirtschaft einschließlich des Kreditwesens.

Die unterzeichnenden Banken versuchen mit ihrer Geschäftspolitik, Bedürfnisse der Gegenwart zu erfüllen. So sind beispielsweise Umweltrisiken in die Kreditrisikobewertung aufzunehmen oder etwa neueste Techniken des Umweltmanagements in internen Betriebsabläufen umzusetzen – wie Abfallminimierung oder effiziente Energienutzung.

Die Deklaration unterstreicht die Notwendigkeit, grenzübergreifend zu handeln. Dazu gehört auch die Überlegung, Ländern der Dritten Welt unter bestimmten Voraussetzungen Auslandsschulden gegen die Verpflichtung zum Naturschutz zu erlassen. So schalten sich Umweltorganisationen in sogenannte Debt-for-Natur Swaps ein und realisieren zusammen mit dem Schuldnerland notwendige Umweltmaßnahmen. Zur Zeit laufen auch mit der Commerzbank Gespräche in der Erwartung, konstruktive Lösungen zu finden.

4. Öffentlichkeitsarbeit

Seit Jahren ist das Thema Naturschutz Gegenstand eines jährlichen Kinder- und Jugendwettbewerbs. Für unseren „Lehrer-Informationsservice“ haben wir einen Beitrag mit dem Thema „Ökologisches Management“ entwickelt. Unsere Werbemittel werden auf ihre Umweltverträglichkeit hin überprüft. Das „Commerzbank Journal“ für Kunden und die Mitarbeiterzeitschrift „Commerzielles“ werden nur noch auf chlorfreiem Papier veröffentlicht und Broschüren in zunehmendem Maße auf Recycling-Papier gedruckt. Neu ist eine Broschüre mit dem Titel „Fair Play mit der Natur“, die dem Sportbegeisterten Tips für den richtigen Umgang mit der Natur gibt. Diese Broschüre wird erstmalig mit sogenannten „Vegetable Colours“ (Farben auf Pflanzenbasis) gedruckt, eine weitere Innovation der Umwelt zuliebe.

Die Commerzbank hat in Zusammenarbeit mit dem Wirtschaftsmagazin „impulse“ den mit 150.000,– DM dotierten Commerzbank-impulse-Umweltpreis gestiftet. Ausgezeichnet werden mittelständische Betriebe, die kostensparende Maßnahmen oder Verfahren zum Umweltschutz im eigenen Betrieb entwickelt und verwirklicht haben. Der Preis wurde inzwischen zum vierten Mal verliehen.

Die Bewerber haben sich dem kritischen Urteil einer hochkarätig besetzten Jury unter Leitung von Dr. Maximilian Gege, Geschäftsführendes Vorstandsmitglied beim Bundesdeutschen Arbeitskreis für Umweltbewußtes Management (B.A.U.M.), zu stellen. Die drei ausgezeichneten Preisträger werden seit 1991 auf dem alljährlich stattfindenden Umwelttechnologieforum UTECH vorgestellt und erhalten die Möglichkeit, sich auf einer Messe ihrer Wahl mit ihren preisgekrönten Produkten einer fachkundigen Öffentlichkeit zu präsentieren.

Doch auch völlig losgelöst von wirtschaftlichen Zusammenhängen handeln wir, um Mitarbeitern, Kunden und Aktionären die Umweltorientierung der Commerzbank zu verdeutlichen. Zu diesem Zweck wurde ein Konzept entwickelt, das unseren Aktivitäten ein unverwechselbares Profil in Verbindung mit einem hohen Wiedererkennungswert sichern soll. Dieses Ziel erfordert bei begrenztem Etat ein großes Maß an Originalität und Konzentration auf ein zentrales Thema.

Einen Sponsoring-Partner, der unseren Vorstellungskatalog in personeller und sachlicher Hinsicht erfüllt, haben wir in den deutschen Nationalparks gefunden. Ihr Wert als Lebensraum bedrohter Tiere und Pflanzen sowie als

Erholungsgebiet für den Menschen steigt mit jedem Quadratmeter verlorener Natur. Die erste Maßnahme zur Förderung von Nationalparks bestand im Sponsoring des 1989 erschienenen Buches „Die Nationalparks Europas“.

Die deutschen Nationalparks sind durch eine Reihe von Gemeinsamkeiten gekennzeichnet: Sie alle ermöglichen den Menschen das Erlebnis ursprünglicher Natur, räumen der Natur aber Vorrechte ein und nehmen den Menschen nur als Gast auf. Neben ihrer Aufgabe, die Natur zu schützen, sollen die Nationalparks auch Urlauber und Einheimische für die Umwelt sensibilisieren und über ökologische Zusammenhänge informieren. Leider fehlt es oft an den finanziellen und personellen Mitteln, um die Umweltbildung im notwendigen Rahmen durchzuführen.

So ist zwischen den Nationalparks und der Commerzbank schließlich 1990 das Projekt „Praktikum für die Umwelt“ entwickelt worden, das als bundeseinheitliches Sponsoring-Instrument die Natur – im Rahmen der Umweltbildungsarbeit – wirksam schützt und zur Unternehmensphilosophie der Commerzbank paßt.

Die drei bis sechs Monate dauernden Praktika beginnen im April mit einer viertägigen Einführungstagung und enden spätestens im September. Interessenten können bei dem Dachverband, der Föderation der Natur- und Nationalparks Europas Sektion Deutschland e.V. (FÖNAD), die Ausschreibungsunterlagen anfordern, in denen jedes Praktikum detailliert vorgestellt wird. Die Auswahl der Bewerber übernimmt allein der jeweilige Nationalpark oder Umweltschutzverband, der die Praktikanten dann auch betreut. Die Commerzbank zahlt ein monatliches Gehalt von 850,– DM und finanziert die Unterbringung mit 450,– DM.

Absolvierten 1990 gut zwei Dutzend junge Erwachsene das Praktikum, so erhöhte sich deren Zahl 1991 auf über 40. In den Jahren 1993 und 1994 ist die Zahl der Stellen noch einmal auf über 50 angewachsen.

Die Praktikanten sind überwiegend angehende Naturwissenschaftler und Biologen, aber auch Geisteswissenschaftler, Betriebswirte und Ingenieure. Diese Bildungsbreite ist vor dem Hintergrund der zunehmende Bedeutung des Dialogs zwischen Naturschützern und anderen Disziplinen besonders begrüßenswert.

Erfreulich ist ebenfalls die hohe Zahl der Interessenten. So wurden allein die Ausschreibungsunterlagen für das Praktikum 1994 über 4.000 Mal angefordert und verschickt. Die Zahl der tatsächlichen Bewerbungen erhöhte sich von 280 für das Praktikum 1991 auf circa 700 für das Praktikum 1994.

Die breite positive Resonanz sowohl von seiten der Praktikanten als auch von seiten der Betreuer vor Ort hat uns ermutigt, uns weiterhin zu engagieren und das Projekt in seiner ursprünglichen Form weiterzuführen.

Darüber hinaus haben wir vor kurzem eine Wanderausstellung über die deutschen Nationalparks entwickelt, die ebenso in den Nationalparks wie in unseren Filialen zu sehen sein wird.

5. Fazit

Die genannten Umweltschutz-Aktivitäten aus den verschiedenen Unternehmens-Bereichen belegen, daß ökologisches Denken in der Commerzbank unser Handeln immer stärker mitbestimmt. In Anbetracht dessen und der Bereitschaft, diesen Weg auch in Zukunft zu gehen, sehen wir die Voraussetzungen erfüllt, um weiterhin glaubwürdig im Umwelt-Sponsoring tätig zu sein, ja unsere gesamte PR-Projekte mehr und mehr auf dieses Feld zu konzentrieren. Mit dem Öko-Sponsoring streben wir an, die umweltorientierte Unternehmensidentität der Commerzbank überzeugend nach innen und außen zu kommunizieren.

Wolfram Fuchs

Planung von Bankgebäuden – ein Jahrzehnt nach Tschernobyl

Planung von Bankgebäuden – ein Jahrzehnt nach Tschernobyl

1. Energie sparen, Umwelt schonen, Gesundheitsrisiken vermeiden

Ein knappes Jahrzehnt nach Tschernobyl ist ökologisches Handeln nicht mehr eine Frage des „Ob“ sondern des „Wie“. Umweltbewußtsein hat sich aus dem Umfeld von Müsliläden und Umweltparteien als ethische Norm verantwortungsvollen Umgangs mit unseren Lebensgrundlagen emanzipiert. So weit, so gut. Doch wenn es um Taten z.B. in Bürohäusern geht, wird die Sache schwierig. Weniger weil es am guten Willen fehlt. Den gibt es inzwischen selbst bei den eigenen Lebensgewohnheiten - und nicht nur bei denen der anderen. Wenn man Trendprognosen aus den USA glauben darf, wird demnächst auch hier das konsumorientierte Yuppitum durch die Rückkehr zum Minimalismus in den Lebensgewohnheiten abgelöst, mit dem Verzichtsethik zum Kult wird. Den guten Willen gibt es selbstverständlich auch dort, wo Wettbewerbsvorteile durch Pionierleistungen winken - der erste voll recyclefähige Bürostuhl oder das Auto mit Rücknahmegarantie.

Allein das Handlungsspektrum im Bürohaus ist so breit, daß es selbst von Experten nur in Ansätzen überblickt, geschweige denn beherrscht wird. Die guten Nachrichten täuschen gelegentlich darüber hinweg. Zum Beispiel die, daß Formaldehyd in neuen Produkten kaum noch vorkommt. Der Wermutstropfen: Ersatzstoffe erweisen sich in der langfristigen Ökobilanzierung selbst als schwerwiegende Umweltbelastung. Auch Energiesparlampen sparen kurzfristig viel Strom. Auf der Deponie vergrößern sie allerdings die Erblast an Problemstoffen auf unabsehbare Zeit. Neue lufthygienisch aktive Pflanzensysteme befreien die Raumluft biologisch und rückstandsfrei von Atemgiften wie Benzol, Formaldehyd, Nikotin. Sie könnten zur Friedensformel im Stellungskrieg zwischen Rauchern und Nichtrauchern werden. Ob die fleißigen Bakterienkulturen im Wurzelwerk der Pflanzen daneben ein neuer Risikofaktor in der gereinigten Luft sind, weiß bisher niemand sicher.

Wer aber ein Bürohaus plant, betreibt oder nutzt, kann sich kaum noch abwartend zurücklehnen, denn er ist an verschiedenen Fronten Handlungsdruck ausgesetzt. Viele Bürohäuser verbrauchen drei- bis viermal soviel Energie wie ein umsichtig geplanter Neubau. Büroneubauten, die dem „Stand der Technik“ entsprechen, verbrauchen doppelt soviel Energie wie bei gleichen Baukosten - aber erheblich geringeren Betriebskosten - ein energiesparend geplantes Haus. Selbst bei den immer noch vergleichsweise geringen Energiepreisen belasten die Organisationen in den Zeiten des Sparens vermeidbare Flächenkosten von bis zu 8 DM pro Quadratmeter und Monat. Dieser Wert multipliziert sich mit durchschnittlich 20 Quadratmetern pro Mitarbeiter und mittelfristig erheblich steigenden Energiepreisen und Abgaben.

Nicht selten und immer öfter rührt der Handlungsbedarf aus der zunehmenden Sorge um die gesundheitlichen Risiken im Büro. Die Forderung nach rauchfreien Arbeitsplätzen stellt viele Firmen vor eine schwere Belastungsprobe. Die Räumlichkeiten erlauben keine vernünftige Trennung. Ein allgemeines Rauchverbot bringt manchen kreativen Mitarbeiter um seine Kreativität und kostet den Arbeitgeber die fast zwangsläufigen außertariflichen Zigarettenpausen.

2. Ökologische Planung kann mehrfach Nutzen stiften

Wer die Umwelt schonen will, tut sich damit auch nicht immer leicht. So gilt die abgehängte Decke längst als Chromleiste am Bürohaus. Seit in der Decke installierte Beleuchtungssysteme kaum noch dem Stand der Technik entsprechen, gibt es keine Begründung für ihr mehrfach umweltbelastendes Überleben. In der Planung und beim Bauen sorgen sie für zusätzliche Kubikmeter. Der Raum-zu-Raum-Schallschutz wird durch sie deutlich erschwert. Im Betrieb behindern sie die Flexibilität und belasten die Unterhaltskosten. Die abgehängte Decke begründet sich allenfalls noch durch die Klimatechnik. Die wird aber nicht zuletzt dadurch erforderlich, daß passive Systeme wie die Rohdecke durch Bauteile wie abgehängte Decken zur Wirkungslosigkeit verurteilt sind.

Aber gerade an diesem Beispiel ist eines deutlich zu erkennen. Ökologische Planung kann mehrdimensional Nutzen stiften. Sie kann ein Gebäude verbilligen, die Betriebskosten senken, den Materialeinsatz verringern, der von der Herstellungs- bis zur Entsorgungsphase die Umwelt deutlich entlastet. In manchen Fällen - wie beim Verzicht auf abgehängte Decken - leistet umweltbewußte Planung sogar alles gleichzeitig.

Freilich ist ökologisches Handeln keine Wunderwaffe zu der man nur greifen muß. Denn leicht verirrt man sich zwischen „Blauen Engeln“ und verkaufsfördernden Zeitgeistprospekten, bis vor lauter sinnvollen Einzelmaßnahmen nur Mehrkosten und unerprobte Technik übrigbleiben, im schlimmsten Fall die sogenannte Ökoruine. Wie weit das gehen kann, ist aus der Schuhwelt bekannt. Mancher Gesundheitsbewußte zog sich Schweiß- und Plattfüße im alternativen Schuhwerk zu.

3. Ökomaßnahmen – aber wie?

Eines der Hindernisse ökologischen Handelns in der Bürowelt ist die Unsicherheit aller Beteiligten, das Falsche zu tun. Beim Bauherrn rührt diese Unsicherheit von der Ahnung, daß ökologische Ziele teuer werden, die zusätzlichen Risiken unkalkulierbar sind und erwartbare Vorteile im Ungewissen liegen. Die Unsicherheit könnte auf der einen Seite nicht so groß sein, wenn Sie auf der anderen Seite, wo die Dienstleister und Produzenten am Bürohaus stehen, nicht ihre Entsprechung hätte.

Planer verfügen in der Regel nicht über die Spezialisierung, um die Kluft zwischen ökologischen Problemen und Lösungen mit ihrem Wissen zu überspannen. Was an Wissen fehlt, droht an Mehrkosten für Planungsaufwendungen, die durch Honorar- und Terminrahmen nicht gedeckt sind. Die Produzenten stehen in einem Wettbewerbsdruck, der sie vor allem zwingt, im harten Preiskampf zu bestehen, trotz steigender Kosten u.a. durch gesetzliche Umweltauflagen. Wer da wagt, gerade noch nicht verbotene Umweltsünden zu vermeiden, riskiert, im Aus zu landen.

4. Instrument zur Definition, Bewertung und Kontrolle von Zielen und Maßnahmen

Vor diesem Hintergrund wird zur Zeit in verschiedenen Verwaltungsbauprojekten mit einem neuen Lösungsansatz experimentiert: bei der Erweiterung einer Versicherung in Kassel, bei den Neubauten von Verlagen in Mannheim und München sowie bei Neubauten und Modernisierungen der Kreissparkasse Fürstenfeldbruck und der Nassauischen Sparkasse. Ausgehend von der Erkenntnis, daß wissenschaftlich abgesicherte Ökobilanzen noch lange auf sich warten lassen werden, haben die Gebäudetechnikplaner von ROM Kassel und congena München ein Verfahren entwickelt, das als Leitfaden für umweltbewußte Bürohausplanung dienen kann. Das Verfahren erlaubt es sowohl Laien – d. h. Entscheidern und Betroffenen auf der Bauherrenseite – als auch Planern, schrittweise den Planungsprozeß auf einen sorgsam angemessenen ökologischen Kurs zu bringen und bis zum Betrieb auf Zielkurs zu halten.

In einem ersten Schritt werden ökologische Globalziele in den drei Schlüsseldisziplinen vereinbart:

- Energie sparen,
- Umwelt schonen und
- Gesundheitsrisiken vermeiden.

Die Zielkoordinaten können dabei durchaus im schmerzlosen Bereich liegen, z. B. bei einem Energieverbrauch von 100 kWh/qm oder mit 75 kWh/qm deutlich darüber hinausgehen. Die Umwelt zu schonen, ist so global als Ziel kaum handhabbar und muß präzisiert werden, z. B. auf den unmittelbaren Standort, die Region, Produkte aus Ländern mit ökologischen Mindestanforderungen. Selbst wirtschaftliche Ziele können in dieser Phase als Steuerungsgröße vorgegeben werden, etwa die Forderung, daß die Aufwendungen für alle ökologisch relevanten Maßnahmen durch absehbare Einsparungen bei den Nutzungskosten amortisiert werden müssen.

In einem zweiten Schritt können im breitest verfügbaren Kreis von Nutzern, Entscheidern und Planern Maßnahmen gesammelt werden, die zielführend erscheinen, weil sie in einem oder mehreren Zieldisziplinen Umweltbelangen besser Rechnung tragen könnten als gewohnte Verfahren. In verschiedenen Brainstorming-Sitzungen wurden inzwischen über 100 Maßnahmen erarbeitet, die nahezu alle Bereiche des Büros berühren: Gebäudeplanung, Baustoffwahl, Gebäudetechnik, Arbeitsumweltbedingungen, Innenausbau, Einrichtung, Organisation, Informations- und Kommunikationstechnik.

Um von einer langen Liste an Ideen zu Planungsanforderungen zu kommen, wurde in den Pilotprojekten eine grundsätzliche Gewichtung durch die Nutzer und Entscheider vorgenommen:

- Maßnahmen, die aus grundsätzlichen Erwägungen realisiert werden sollen,
- Maßnahmen, deren Machbarkeit so unsicher oder verschieden bewertet wird, daß sie im Rahmen der Entwurfsplanung geprüft werden sollen und

Maßnahmen, die unbedingt realisiert werden sollen		Ökoziel			Bewertung			
	Grobe Bewertung der • Ökoziele • ökologischen und wirtschaftlichen Auswirkungen von Herstellung und Nutzung				Ökolog.		Ökonom.	
Zuord-nung		Energie	Umwelt	Gift	Erstellung	Nutzung	Erstellung	Nutzung
GEB	Optimierung Baukörperkompaktheit (min. AWF/cbm)	✷	♣		+	+	+	+
GEB	Verzicht auf abgehängte Decken	✷	♣		+	+	+	+
GEB	Optimierung Fensterflächenanteil	✷			o	+	–	+
GEB	Puffer gegen Außenklima durch thermische Speichermassen	✷			o	+	+	–
GEB	Bessere k–Werte für opake Flächen statt 1,2 … 0,5	✷			–	++	–	++
GEB	Windfang als Klimapuffer an Eingängen	✷						
BAU	einheimische Hölzer für Fußböden, Deckenkonstr. und Fenster		♣		+	o	–	o
BAU	Verzicht auf energieintensive Stoffe (Alu, PVC, PE)	✷	♣		+	o	o	o
BAU	Inhaltsstoff–Gutachten zu Schwermetall, Radioaktivität, Luftgiften			✖	+	o	o	o
BAU	Verwendung recyclefähiger Materialien	✷	♣		+	o	o	o
BAU	Verzicht auf Tropenholz		♣		+	o	o	o
IAB	Musterraum zur Messung der Innenraum–Schadstoffbelastung			✖	o	o	–	+
IAB	Oberböden aus Holz, Linoleum, Kork oder Naturfaserteppich			✖	+	o	–	–
IAB	Decken–/Wandbekleidungen: Naturtextilien, Holz, Keramik, Stein			✖	+	o	–	o
IAB	Klebstoffe und Anstriche ohne organische Lösungsmittel			✖	+	o	o	o
AUB	Temporärer Sonnen– und Blendschutz	✷			–	++	–	++
AUB	Nachtkühlung durch Ventilatoren und Treppenhausthermik	✷			o	+	o	+
AUB	Raumtemperatursteuerung gleitend mit Außentemperatur	✷			o	+	–	+
AUB	Außenhelligkeitsgesteuerte Beleuchtung	✷			o	+	–	+
AUB	Getrennte energiesparende Raum- und Arbeitsleuchten	✷			o	+	–	++
TGA	Wärmerückgewinnung	✷			o	++	–	++
TGA	Fernwärme	✷			+	+	+	o
TGA	Verzicht auf zentrale Brauchwassererwärmung	✷			+	+	+	+
TGA	Wassersparartmaturen und Sparspülkästen für WC		♣		o	+	o	+
TGA	Erdgasnutzung für Speisenzubereitung in der Kantine	✷	♣		o	+	o	+
TGA	Mülltrennung am Arbeitsplatz		♣		o	+	o	+
TGA	Energiesparende Leuchten und Fahrstühle	✷			o	+	–	+

Erläuterungen

GEB Gebäudekonzeption
BAU Baustoffwahl
IAB Innenausbau
AUB Arbeitsumweltbedingungen
TGA Technische Gebäudeausrüstung

EIN Einrichtung *)
IKT Information- & Kommunikationstechnik *)
ORG Organisation *)
*) in den Prioritätenlisten für die Entwurfsplanung nicht dargestellt.

	Maßnahmen, die in der Entwurfsplanung geprüft werden	**Ökoziel**			**Bewertung**			
GEB	Rasensteine statt Freiflächenversiegelung		♣		o	+	–	o
GEB	Mikroklimafördernde Freiflächen-, Dach- und Fassadenbegrünung	✱	♣		o	++	–	+
GEB	Bessere k–Werte für transparente Flächen statt 3,1 … 1,8	✱			–	++	–	++
GEB	Starre Verschattungselemente zur Kühllastverringerung	✱			–	+	–	+
GEB	Oberlichter und Tageslichtlenkung in Tiefgarage und Innenzonen	✱			o	+	–	++
BAU	Natürliche Baustoffe (Holz, Ziegel, Zellulose, …)		♣		+	+	–	+
IAB	Einsatz raumlufthygienisch aktiver Pflanzensysteme	✱		✖	o	+	–	+
AUB	Geregelte mechanische Lüftung während der Nutzung	✱			–	++	– –	++
AUB	Geregelte Fensterlüftung (z.B. automatische Rückholmechanik)	✱			o	+	–	+
AUB	Raumtemperaturabsenkung bei Nichtnutzung (Nachtabsenkung)	✱			o	+	–	+
AUB	Begrenzung der Außenluftrate	✱			o	+	–	+
TGA	Heizwassertemperaturspreizung zur Pumpkostensenkung	✱			o	+	–	+
TGA	FCKW–freie Wärmepumpen		♣		–	+	– –	+
TGA	Wärmespeicher zur Spitzenlastsenkung und Niedrigtarifnutzung	✱			o	+	–	++
TGA	FCKW–freie Kältemaschinen		♣		–	+	– –	–
TGA	Kältespeicher zur Spitzenlastsenkung und Niedrigtarifnutzung	✱			o	+	–	+
TGA	Photovoltaik–Anlage zur Kühlenergieerzeugung	✱			–	+	– –	+
TGA	Abluftnutzung zur Beheizung der Tiefgarage	✱			o	+	–	++
TGA	Koppelung Brauchwassererwärmung und Rückkühlung	✱			o	+	–	+
TGA	Regenwassernutzung für Grün, WC–Spülung, Putzwasser		♣		–	++	–	+
TGA	Schmutzwassernutzung für Toilettenspülung		♣		–	+	–	+
TGA	Futterkübel für Essensreste		♣		o	+	o	o
TGA	Kompostierung organischer Abfälle		♣		o	+	o	+
TGA	Luftabsorber über Atrien zur Winter-Außenlufterwärmung	✱			o	+	–	+
TGA	Nutzung der unterirdischer Kälte-/Wärmespeicher	✱			?	?	?	?
	Maßnahmen, die nicht realisiert werden sollen	**Ökoziel**			**Bewertung**			
GEB	Transparente Vorbauzonen (Atrien) als Klimapuffer	✱			–	++	–	++
GEB	Transparente Solarenergiedämmung für Südfassaden	✱			–	++	–	++
BAU	Verringerung Stahleinsatz (Faradayscher Käfig)		♣	✖	+	+	+	o
AUB	Temporärer Wärmeschutz für Fenster	✱			–	+	–	+
AUB	Hohlraumböden zur Erwärmung/Kühlung von Decken und Böden	✱			o	+	–	+
AUB	Einzelraumregelung mit ZLT–Überwachung und –Steuerung	✱			o	+	– –	++
AUB	Lichtlenkung und Prismengläser zur Tageslichtoptimierung	✱			–	+	– –	+
TGA	Solarkollektoranlage für Heizung	✱			–	+	–	+
TGA	Solarkollektoranlage für Brauchwasser	✱			–	+	–	+
TGA	Windnutzung durch Dachventilatoren	✱			–	+	–	+
TGA	Wasserhochspeicher zur Niedrigtarifnutzung für Pumpen		♣		o	+	–	+

- Maßnahmen, die eher nicht realisiert werden sollen, weil sie kaum sinnvoll machbar, finanzierbar oder für das Projekt ungeeignet erscheinen.

Bei der Bewertung der Maßnahmen spielt in der Regel die Zumutbarkeit eine wichtige Rolle. Fragen wie Händewaschen mit kaltem Wasser, akustische Nachteile durch Verzicht auf Teppichböden, Subventionen für den Umstieg vom eigenen Auto für den Weg zur Arbeit auf öffentliche Verkehrsmittel – statt Tiefgaragenstellplätze – thematisieren die Bereitschaft aller Beteiligten zum Verzicht.

Erfahrungsgemäß wächst die Bereitschaft zum Verzicht bei den Nutzern mit der Intensität der Diskussionen. Dennoch werden die meisten Maßnahmen der zweiten Kategorie zugeordnet „sollen geprüft werden“, weil die Unsicherheit bei der Bewertung der Machbarkeit mit dem Verständnis für die Komplexität der Zusammenhänge wächst. Damit wäre der Auftrag für die Planer formuliert.

Er lautet in der Regel, die grundsätzliche Realisierungsentscheidung über die in Frage stehenden Maßnahmen durch eine ökologische und ökonomische Gesamtbilanz im Rahmen der Entwurfsplanung vorzubereiten. Zu ermitteln sind in dieser planerischen Entscheidungsvorbereitung, unter Berücksichtigung unterschiedlicher Lebenszyklen der betroffenen Gebäudekomponenten, die Auswirkung von Herstellung und Nutzung auf

- Bilanz der Nutzungskosten in DM pro qm und Jahr
  = Kapitaldienst minus Betriebskosteneinsparungen
- Bilanz des Primärenergieverbrauchs in kWh pro qm und Jahr
  = Verbrauch bei der Herstellung minus Einsparungen in der Nutzungsphase
- Bilanz des CO_2–Ausstosses in kp pro qm und Jahr
  = Ausstoß bei der Herstellung minus Emissionsverringerung in der Nutzungsphase
- Bilanz anderer Umweltbelastungen
  = z. B. Einsparungen bei Wasser und Gebühren

Über die Einzelmaßnahmen wird schließlich vom Bauherrn nach Vorliegen einer Gesamtbilanz aller Maßnahmen, spätestens im Rahmen der Budgetverhandlungen, entschieden.

Auch hier stellen sich zwei grundsätzliche Fragen, die die Verzichtsethik betreffen:

Projektbeispiel Bruderhilfe, Kassel

Der auszugsweise auf den beiden Vorseiten abgebildete Maßnahmenkatalog wurde – mit Realisierungsprioritäten bewertet – Grundlage der Entwurfsplanung. Die Entscheidung über die zu prüfenden Maßnahmen wurde mit detaillierten Ökobilanzen vorbereitet. Eine Auswahl von fünf Beispiele zeigt wie und die Ergebnisse.

1. Auf Quellüftung und Teilkühlung der über 400 Kombi-Büros wurde verzichtet. Ausnahme: einige Bürobereiche an einer exponierten Südfassade. Lediglich die Mittelzonen werden mit konditionierter Außenluft mechanisch belüftet. Ökobilanz: Der Energieverbrauch wurde von 80 auf 60 kWh/qm reduziert. Die eingesparten Bau-, Unterhaltungs- und Energiekosten verringern die rechnerische Warmmiete um 2,50 DM/qm. Ein Komfortverlust ist der Preis: Raumtemperaturen von über 26 °C werden nun in 215 Stunden jährlich erwartet gegenüber 115 bei der ursprünglich vorgesehenen Einzelraumbelüftung.
2. Wärmerückgewinnung wird nur für die raumlufttechnischen Anlagen der Büros und der Hausdruckerei realisiert. Für die Konferenzräume, Kantine und Küche entfällt diese Maßnahme.*)
3. Mit 2-stufigen Ventilatoren wird die Außenluftrate reduziert.*)
4. Ein Fernwärmespeicher als Puffer zur Verringerung der Bedarfsspitzen entfällt.*)
5. Ein Zisterne zur Regenwassernutzung ist in jedem Fall unwirtschaftlich. Die kleine Lösung wird dennoch realisiert.*)

*) Ökobilanz	R.O.I.	Energieverbrauch		CO_2-Emission	
		Herstellung	In 20 Jahren Betrieb	Herstellung	In 20 Jahren Betrieb
	in **Jahren**	in **MWh**	in **MWh**	in **t CO_2**	in **t CO_2**
Wärmerückgewinnung					
• Büros	2,6	+ 14	– 1.650	+ 5	– 444
• Hausdruckerei	8,4	+ 7	+ 202	+ 3	– 23
• Konferenzräume	–	+ 7	– 8	+ 3	– 3
• Kantine	–	+ 24	– 46	+ 8	– 13
• Küche	–	+ 4	– 19	+ 2	– 8
2stufige Ventilatoren	3,3	unbedeutend	– 145	unbedeutend	– 39
Fernwärmespeicher	–	+ 68	+ 60	+ 182	+ 16
Regenwassernutzung					Wasser in m^3
• Zisterne 150 cbm	–	+ 115	–	+ 284	– 21.000
• Zisterne 50 cbm	–	+ 66	–	+ 140	– 6.000

Berechnungsgrundlagen
• inkl. Mwst.

20 Jahre Lebensdauer
7,5 % Kapitaldienst
9,81 Annuität

2 % Instandhaltung
2 % Wartung und Betrieb

- Werden sich die Planer ökologischer Anforderungen in der Planung mit hohen Zusatz-Honorarforderungen erwehren?
- Wie ist mit der nicht unwahrscheinlichen Situation zu verfahren, daß im Zuge der Definition ökologischer Standards der Planungsaufwand zunimmt, während das an die Baukosten gekoppelte Honorar abnimmt?

5. Beispiele für Ökomaßnahmen und ökologische Planung

Was bleibt, sind offene Fragen - aber auch ein Weg, der zum Handeln führt. Die Ergebnisse werden früher oder später zu so viel Sicherheit führen, daß nicht jede Frage immer wieder neu beantwortet werden muß. Ein Pionier auf diesem Weg ist die Bruderhilfe Sachversicherung der Kirchen in Kassel, die sich mit der Erweiterung ihrer Verwaltungsgebäude für insgesamt 800 Mitarbeiter auch um neue Maßstäbe beim ökologisch verantwortungsvollen Bürohaus bemüht. Die Beispiele sind aus der Entwurfsplanung des Projekts, das 1996 bezogen wird.

Damit wird das Dilemma der Verzichtsethik nicht gelöst, aber immerhin handhabbar: Steht der Mensch oder die Umwelt im Mittelpunkt des ökologischen Handelns ?

TEIL III

Die Strategien des Lean Banking

Hans-Dieter Krönung

Strategien und Organisation im Lean Banking

Strategie und Organisation im Lean Banking

1. Wunderwaffe Lean Banking?

Lean Banking ist in aller Munde. Die „schlanke" Bank als Inbegriff eines leistungsorientierten, kundennahen Unternehmens prägt über alle Maße die Diskussion um Bankenmanagement und -organisation. Dabei sind weder die Botschaften noch das Instrumentarium vollkommen neu. Prozeß-Sichtweisen und industrielle Maßgrößen wie Produktivität und Effizienz waren seit einiger Zeit in gut geführten Banken schon immer fester Bestandteil des Management-Instrumentariums, genauso wie das ständige Bestreben, die Anforderungen der Kunden noch besser, d. h. qualitativ höherwertiger und auch effizienter zu erfüllen.

Was also macht den Erfolg von Lean Banking aus?

In erster Linie ist Lean Banking als Konzept zu verstehen: das richtige Produkt zur richtigen Zeit. Die Erträge aus dem Kerngeschäft der Banken wachsen auch in Deutschland seit geraumer Zeit langsamer als die Kosten. Sondereffekte wie die deutsche Wiedervereinigung mit ihrem entsprechenden Finanzierungsvolumen und – vor allem – die günstige Situation auf den Kapitalmärkten, die die Handelsergebnisse explodieren ließen, sind für die nahe Zukunft nicht in Sicht. Eine schwache Konjunktur fördert neben erhöhten Risikokosten auch das Bewußtsein zutage, daß die Märkte sich strukturell, d. h. nachhaltig verändert haben und daß die goldenen Zeiten der Vergangenheit angehören.

Dementsprechend werden zunehmend auch die etablierten Management-Instrumentarien in Frage gestellt; Leadership und Strategie sind gefragt. Vor allem die deutschen Banken haben den Übergang von der quasi staatstragenden Institution zum marktwirtschaftlich operierenden Wettbewerbsunternehmen noch nicht bewältigt. Verkrustete Führungsstrukturen, überzogenes Hierarchiedenken und fehlende Vertriebsorientierung kennzeichnen nach wie vor viele Führungsetagen von Banken.

Mit Lean Banking werden diejenigen Fragen aufgeworfen, die sich das Banken-Management von heute stellen muß:

1. Sind die Geschäftsprozesse der Bank im Hinblick auf die Erfüllung der Kundenbedürfnisse und die notwendige Effizienz optimiert?
2. Erfüllt das Produkt-Portfolio die qualitativen Anforderungen des Marktes?
3. Ist die Bank hinreichend vertriebsorientiert, d. h. aktiv auf den Markt ausgerichtet?

Die Antworten des Lean Banking dürfen jedoch nicht als „Wunderwaffe", d. h. als umfassendes Handbuch für den wirtschaftlichen Erfolg mißverstanden werden. Der Wert des Lean Banking liegt in erster Linie darin, die richtigen Fragen zu stellen. Inwieweit Kernideen des Lean Banking wie Divisionalisierung, Differenzierung der Vertriebsstellen, Reduktion der Produktkomplexität oder Outsourcing tatsächlich universell angewendet werden sollten, ist zumindest kritisch zu hinterfragen.

Es spricht vieles dafür, daß trotz Lean Banking jede Bank ihren eigenen Weg zum Markterfolg finden und gehen muß. Hierfür bietet Lean Banking keine umfassenden Lösungen, sondern Unterstützung. Insbesondere Fragen der Strategie der individuellen Bank, des Umfangs und des Standardisierungsgrades des Produktportfolios sowie des Personal- und System- (EDV-) Managements werden durch Lean Banking-Konzepte nicht beantwortet. Eben diese Problemkreise stehen deshalb im Mittelpunkt der folgenden kritischen Auseinandersetzung mit den Chancen und Risiken von Lean Banking.

2. Bankenstrategie und Lean Banking

Banken galten jahrzehntelang als Inbegriff von Stabilität und Profitabilität. In jüngster Zeit mehren sich jedoch nicht nur in den USA, sondern auch in Europa die Anzeichen für strukturelle Veränderungen in der Bankenlandschaft als Folge nachhaltiger Veränderungen in den Märkten für Finanzdienstleistungen.

Die Ursachen für diesen Strukturwandel sind vielfältig:

- Die Finanzindustrie wird zunehmend dereguliert, d. h. Banken als Finanzintermediäre werden ausgeschaltet. Unternehmen gehen direkt an die Finanzmärkte, bedienen sich eigener Organisationseinheiten zur Bewältigung finanztechnischer Probleme und erarbeiten sich eigene Kompetenz in Finanzfragen.

- Die Anzahl der Wettbewerber steigt (noch), d. h., die wachsende Internationalisierung der Märkte eröffnet neuen Wettbewerbern aus anderen Ländern Zugang zu den Binnenmärkten. Zudem werden Finanzdienstleistungen zunehmend auch von Nichtbanken (Versicherungen, Handelsketten, Automobilhersteller etc.) angeboten.
- Die einzelnen Wettbewerber bauen ihre Kapazitäten noch aus, d. h., kleinere Institute bauen ihre Vermögensberatungen aus, Großbanken verstärken ihre Akquisitionsbemühungen im kleinen Mittelstand und Privatbanken engagieren sich im Auslandsgeschäft. Während beispielsweise in Japan die Anzahl der Beschäftigten in Banken zu Beginn der neunziger Jahre absolut rückläufig war, stieg die Anzahl der Bankmitarbeiter in deutschen Banken im gleichen Zeitraum noch einmal deutlich an.

Die Konsequenzen dieser nachhaltigen Veränderungen sind in erster Linie verstärkter Wettbewerb und anspruchsvollere Kunden. Dies führt bei den meisten Banken vor allem zu einer Erosion der billigen Einlagenseite durch verstärkte Anlagen in höherverzinsliche und damit niedrigmargige Produkte.

So ist es auch erklärbar, daß die Ergebnismarge im Bankenmarkt seit 1983 deutlich rückläufig ist. Die Kostenseite wächst seit Jahren stärker als die Erlösseite. Die Margen in den Standardprodukten erodieren weiter, neue Produktfelder werden erschlossen und dabei nicht die kritische Masse an Geschäft erreicht, um die Kosten zu decken, was zu einer weiteren Belastung der Gesamtprofitabilität führt.

Die Banken führen strategisch einen Zwei-Fronten-Krieg. Auf der einen Seite müssen sie im Markt ständig ihre Expertise verbessern, um in den Geschäftsfeldern nicht durch verstärkten Wettbewerb und/oder anspruchsvollere Kunden Geschäftsanteile zu verlieren, andererseits darf die Erhöhung der Qualität nicht zu Effizienznachteilen auf der Kostenseite führen.

Sowohl auf der Erlös- als auch auf der Kostenseite sind dabei vor allem zwei Faktoren Erfolgsparameter:

- Personal und
- Systeme (EDV).

Personal und Systeme sind die Produktivfaktoren einer Bank, zugleich auch Hauptkostenfaktoren. In Zeiten härter werdenden Wettbewerbs ist hochqualifiziertes Personal kein Luxus, sondern dringende Notwendigkeit. Trotz aller Technisierung des Bankgeschäfts wird die notwendige Differenzierung am PoS (Point of Sale) vor allem durch die qualifizierte Beratung des Bankmitarbeiters gegenüber dem Kunden realisiert. Je komplexer die finanztechnischen Probleme, um so komplexer und kundenindividueller die Produkte und Problemlösungen und um so höher der Beratungsaufwand durch die Bank. Dies kann nur durch entsprechend qualifiziertes Personal geleistet werden. Damit wird der effiziente Einsatz des Engpaßfaktors „Personal" eines der zentralen Managementprobleme von Banken.

Die wachsende Komplexität und Kurzlebigkeit der Bankprodukte erfordert ein effizientes Informationsmanagement. Die Struktur und Leistungsfähigkeit der Systeme ist daher ebenfalls ein zentraler Erfolgsfaktor für die Zukunft. Die Ablösung von Standardtätigkeiten, die manuell ausgeführt werden, durch Datenverarbeitungs-Systeme ist ein unaufhaltsamer Prozeß. Gleichwohl ist dieser Prozeß wegen der hohen Investitionskosten und der Gefahr langlebiger architektonischer Fehlentwicklungen mit hohen Risiken behaftet. Zwischen 10 und 25 % der Gesamtkosten von Banken sind schon heute Datenverarbeitungs-Kosten, und dieser Anteil wird noch erheblich wachsen. So sind z. B. die japanischen Banken nur Dank erheblicher Investitionen in die Datenverarbeitungs-Systeme in der Lage gewesen, ihre Gesamtmitarbeiterzahl seit Anfang der neunziger Jahre absolut zu reduzieren, während sie in Deutschland noch kräftig angestiegen ist.

Effizienz und Produktivität der eingesetzen Produktivfaktoren „Personal und Systeme" sind somit die Hauptanforderungen an das Bankmanagement, d. h., Banken müssen lernen, sich als Industriebetriebe mit industriellen Kennzahlen zu begreifen.

Das Produkt der Bank ist nicht das Geld oder die Geldanlage, sondern die Information über alternative Anlageformen. Über die Qualität der gelieferten Information differenziert sich die Bank im Wettbewerb. Die Erstellung der Information ist ein Dienstleistungs- bzw. ein Produktionsprozeß, dessen Produktionsfaktoren das Personal und die (Informations)-Systeme sind. Insoweit besteht zwischen konventionellen Industriebetrieben und Banken keinerlei Unterschied.

Diesen hier skizzierten, durchaus tiefgreifenden Paradigmenwechsel in der Strategiediskussion von Banken greift das Konzept des Lean Banking auf. Lean Banking dokumentiert den Transfer industrieller Denkmodelle auf den Bankensektor. Seinen Ursprung hat das Lean Banking in den Konzepten zur Beschleunigung und Straffung industrieller Produktionsprozesse, der Lean

Production. Weiterentwickelt wurde dieser Gedanke für die Erhöhung der Effizienz von Verwaltungsapparaten, dem „Lean Management". Banken sind Industrieunternehmen mit eigenen Produktionsprozessen und einem aufwendigen Verwaltungsapparat, so daß eine Übertragung des „Lean"-Gedankens auf die Banken kein großer Sprung war. Lean Banking ist kein fest definiertes Programm oder Konzept, vielmehr eine Definition von Zielgrößen, die simultan angestrebt werden sollen.

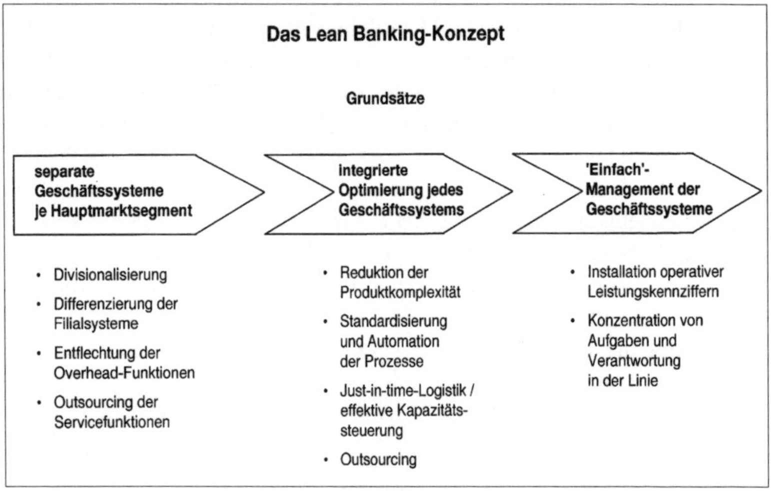

Abbildung 1: Das Lean-Banking-Konzept

Obwohl unter der Überschrift des Lean Banking eine breite Palette von Bausteinen diskutiert wird, ist der Kerngedanke des Lean Banking vor allem die Erhöhung der Effizienz, also die Reduzierung der Kosten, weshalb die Vermutung, es handle sich um einen neuen Aufguß der alten Gemeinkosten-Wertanalyse (OVA), so falsch nicht ist. Immerhin verspricht das Lean Banking auch eine Erhöhung der Effizienz in der Marktbearbeitung durch konsequente organisatorische Ausrichtung auf Kundengruppen (Divisionalisierung).

Kern des Lean Banking-Konzeptes und Basis der Effizienzverbesserungen einer Bankorganisation ist die Straffung der Abläufe in der Bank. In Analogie zu der Straffung von Produktionsprozessen in Industrieunternehmen liegen erhebliche Effizienzpotentiale in einer Vereinfachung der oftmals historisch kompliziert gewachsenen Abläufe der Bank. So zeichnen sich Kreditanträge in vielen Banken noch durch zehn und mehr Unterschriften aus, ohne daß bei der Mehrzahl der Unterschriften eine substantielle Prüfung und damit Wertschöpfung erzielt wird. Die durch diese komplizierten Prozesse gebundenen Kapazitäten sowie die hierdurch entstandenen unproduktiven Hierarchieebenen binden oftmals das Doppelte der eigentlich notwendigen Kapazitäten und Durchlaufzeiten.

Eine Straffung der Abläufe, wie sie im Lean Banking angestrebt wird, führt jedoch nicht nur zur Verringerung der gebunden Kapazitäten, sondern auch zur Beschleunigung der Bearbeitungs- und Entscheidungsprozesse. Gerade im Kreditgeschäft einer Filialbank ist die Dauer von der Antragstellung bis zur Bewilligung ein zunehmend entscheidender Wettbewerbsfaktor, d. h. je schneller um so besser.

Durch diesen Prozeß gelingt es der Bank, nachhaltig die Kosten zu reduzieren und gleichzeitig die Kundenorientierung zu erhöhen. Lean Banking bedeutet also, Effizienzverbesserungen durch Straffung und Kundenausrichtung der Organisation zu erreichen. Methodischer Kern des Lean Banking ist die Vereinfachung von Abläufen innerhalb der Organisation, z. B. im Kreditgeschäft.

Die Konzentration auf die Effizienzproblematik und die Übertragung industrieller Normen auf den Bankensektor ist die Wurzel des Erfolges bzw. des Aufmerksamkeitswertes von Lean Banking. Es darf allerdings nicht übersehen werden, daß dieser Ansatz keineswegs gleichermaßen auf jede Bank übertragbar ist. Die Existenz von Lean Banking entbindet die Bank nicht von der Aufgabe, zunächst ihre individuelle Strategie zu definieren.

Dabei muß deutlich darauf hingewiesen werden, daß selbst gleichartige Banken, wie etwa Sparkassen, diesen Prozeß nur individuell gestalten können. Lean Banking gibt keinerlei Hilfestellung in strategischer Hinsicht, denn wie die Kundengruppen definiert und segmentiert werden, hängt von den Besonderheiten jeder Region und jedes Geschäfts ab. Für Sparkassen in Ballungsgebieten ist die Wettbewerbs- und Anforderungssituation eine ganz andere als für Sparkassen in ländlichen Bereichen. Das Risiko von Lean Banking-Konzepten liegt daher in der Zementierung nicht hinterfragter Geschäftsstrukturen oder Marktstrategien. Gerade für Banken, die meist in der Marktbearbeitung wenig fokussiert vorgehen, d. h. gleich einem Gemischtwarenladen von allem etwas anbieten, muß durch eine strategische Konzeption zunächst die Konzentration auf die wesentlichen Kunden- und Produktfelder vorgegeben werden. Ein Geschäftsfeld, für das die „kritische Masse“ an Kompetenz und/oder Marktvolumen fehlt, wird auch durch Lean Banking nicht nachhaltig profitabel.

So liegt im Lean Banking die Chance, nachhaltige Effizienzvorteile durch Straffung der Abläufe und Installation industrieller Maßgrößen und Denkstrukturen zu erzielen, aber auch das Risiko, strategische Fehler durch operative Betriebsamkeit zu kaschieren. Eine sauber und bankindividuell erarbeitete Strategie ist die Voraussetzung für erfolgreiche Lean Banking-Konzepte.

3. Standardisierung versus Kundenbedarf

Ein weiterer Baustein von Lean Banking ist neben der Straffung vor allem die Standardisierung und Automation von Abläufen. Bei Bankprodukten ist das Bemühen um Standardisierung gekoppelt mit einer Reduzierung der Produktvielfalt. Eine hohe Anzahl von Produkten mit verschiedener Ablaufstrukturen führt tendenziell zu höheren Stückkosten, da die Auslastung von Kapazitäten und Systemen bei vielen unterschiedlichen Produktstrukturen deutlich schwieriger und damit in der Regel suboptimal ist.

Der Ansatz des Lean Banking, standardisierte und damit automatisierbare Prozesse zu schaffen, erscheint vor diesem Hintergrund schlüssig.

Vor allem für Filialbanken ist der Kostendruck im Filialbereich erheblich, so daß kunden- und auch beraterindividuelle Produktkreationen im Back-Office-Bereich derzeit praktisch nicht kostendeckend abzuwickeln sind. Einige Filialbanken sind daher auch bereits dazu übergegangen, durch entsprechende Konditionengestaltung sogenannte „Mengenkunden“, d. h. Kunden mit kleinen Geschäftsabschnitten, die allerdings die weit überwiegende Anzahl der Kunden ausmachen, herauszudrängen, um sich auf die sogenannten „Individualkunden“, d. h. Kunden mit größeren Geschäftsabschnitten und/oder Vermögensberatungsbedarf, zu konzentrieren. Man verspricht sich hierdurch eine günstigere Auslastung vorhandener Kapazitäten bzw. die Möglichkeit, Kapazitäten in der Bank zu reduzieren. Die Kehrseite der Medaille ist allerdings, daß damit auch viele kleine Sparguthaben, die die „billige“ Einlagenseite der Banken ausmachen, verlorengehen und durch Kunden mit höherem Renditebewußtsein ersetzt werden, was wiederum zu einer Verteuerung der Passivseite führt.

Unabhängig von diesen Tendenzen bietet die Standardisierung eine wesentliche Voraussetzung zur Automation von Tätigkeiten, d. h. zum Ersatz von manueller Tätigkeit durch Technik.

So ist z. B. heute in vielen Banken die Kreditbearbeitung noch weitgehend durch manuelle Arbeitsweise gekennzeichnet, d. h. das Schreiben der Kreditvorlagen, die Beschaffung von Informationen über die Bonität des Kunden, das Führen der Kreditakten sowie die Lieferung steuerungsrelevanter Informationen an das Controlling binden erhebliche Kapazitäten. Viele Kreditabteilungen sind daher gekennzeichnet durch arbeitsteilige Prozeßschritte nach Taylor'schem Strickmuster mit entsprechend geringer individueller Qualifikation und Verantwortung des einzelnen Mitarbeiters.

Voraussetzung für den Ersatz manueller Arbeit durch Technik ist eine Standardisierung der Abläufe, d. h., technikgestützte Bearbeitungs- und Entscheidungsprozesse sind nur dann implementierbar, wenn bestimmte Tätigkeitsabläufe vereinheitlicht werden.

So können Bonitätseinstufungen, Aktenführung und Kreditvorlagen unabhängig von dem konkreten Einzelfall jedes einzelnen Geschäftsvorfalls bankeinheitlich durchgeführt werden. Bankweite Steuerungsansätze, z. B. in der Risikosteuerung, können technisch dann realisiert werden, wenn die zugrundeliegenden organisatorischen Abläufe einem Standard folgen.

Die Standardisierung der Abläufe, die eine Reduzierung der Produktvielfalt induziert, ist somit Voraussetzung für eine Technisierung der Routinearbeiten, die heute die Mehrheit der Kapazitäten bindet. Durch diese Strategie lassen sich signifikante Einsparungen identifizieren und realisieren.

Das Risiko einer überzogenen Standardisierungsstrategie liegt in dem Verlust der kundenindividuellen Beratungsphilosophie. Eine Vielzahl von Bankkunden, vor allem Firmenkunden, institutionelle Anleger und vermögende Privatkunden, wollen schon heute ganz individuell betreut werden, d. h., sie suchen individuelle Problemlösungen. Dieser Trend führt in vielen Bereichen zum „Financial Engineering", der Erarbeitung maßgeschneiderter Anlage- und Finanzierungsalternativen für einen bestimmten Einzelkunden. Hierbei können steuertechnische Fragen ebenso eine Rolle spielen wie unternehmensstrategische Probleme. Die Bank dokumentiert ihre Kompetenz in der kundenindividuellen Zusammenführung verschiedener Anlage- und/oder Finanzierungsprodukte. Damit wird die Informationsleistung der Bank immer wichtiger gegenüber dem eigentlichen Bankprodukt der Anlage oder Finanzierung. Dies ist um so wichtiger, je mehr finanzielle Standardprodukte von Nichtbanken ihren Kunden direkt angeboten werden. So ist der Anteil der Kfz-Finanzierung durch Banken in den vergangen Jahren dramatisch zurückgegangen, da die Kfz-Hersteller und ihre Vertriebsstellen (Händler) die Finanzierung von Fahrzeugen selbst übernehmen.

Der Trend zum „Financial Engineering" läuft den Bemühungen von Banken, ihre Abläufe zu vereinheitlichen und ihre Produktvielfalt zu begrenzen, tendenziell entgegen.

Je mehr kundenindividuelle Lösungen eine Bank erarbeitet, um so schwieriger fällt es ihr, zu standardisieren.

Dabei werden auch Banken, die im Privatkundengeschäft über Filialen tätig sind, gezwungen sein, für ihre Individualkunden tatsächlich individuelle Finanzierungs- und Anlageoptionen zu erarbeiten. Ein Kunde, der sein Haus finanziert bekommen möchte, wird seine Finanzierung tendenziell eher dort vornehmen, wo er den Eindruck hat, daß seine individuelle Vermögens- und Einkommenssituation voll berücksichtigt wird und nicht dort, wo er zwischen zwei oder drei standardisierten Produktpaketen wählen kann.

Hier treffen ein weiteres Mal Chancen und Risiken des Lean Banking aufeinander. Auf der einen Seite sind die Banken gezwungen, ihre Kosten durch Standardisierung zu reduzieren, andererseits liegt die Zukunft auch im Privatkundengeschäft im „Financial Engineering", d. h. der Erarbeitung kundenindividueller Lösungen. Das Lean Banking gibt keine Anwort auf die Frage, wieviel Standardisierung und wieviel Flexibilität in der Beratung sich die Bank leisten kann und sollte. Diese Frage kann nur durch eine bankindividuelle und differenzierte Strategie beantwortet werden.

Es kann aber der Grundsatz aufgestellt werden, daß die Produktvielfalt, die aus dem Trend zum „Financial Engineering" zwingend folgt, in standardisierte Back-Office-Funktionen übergeleitet werden muß, vergleichbar japanischen Kfz-Herstellern, die eine hohe Innovationsrate bei Modellwechseln u.a. auch dadurch erreichen, daß die Einzelkomponenten weitgehend standardisiert sind. So ist zwar die Produktpalette breit und kundengruppenindividuell ausgestaltet, unter dem Blechkleid jedoch sind die meisten Komponenten zwischen den Modellen austauschbar. So verbleibt ein relativ fester Kreis von Normteilen, der bereits bei jeder Produktneuentwicklung mit berücksichtigt wird. Dies senkt vor allem die Fertigungskosten, reduziert die Beschaffungskosten je Komponente und erhöht die Qualität des Produktes.

Diese industrielle Sichtweise ist Teil der Philosophie von Lean Banking, das seinen Ursprung in den produktionstechnischen Optimierungen der industriellen Fertigung (Lean Production) hat. Eine Bank muß daher einerseits kontinuierlich an der Optimierung ihrer Abläufe arbeiten, um „lean" also schlank und kostengünstig anbieten zu können, andererseits muß sie am „Point of Sale" die Kompetenz einer kundenindividuellen Beratung darstellen können.

4. Zentrale Erfolgsfaktoren Personal und Systeme

Entscheidende Hebel für eine kundenorientierte Flexibilität in der Beratung und eine gleichzeitige Effizienz der Prozesse sind das Personal und die Informationssysteme.

Die Qualität der Beratung am Point of Sale ist angesichts komplexer werdender Produkte durch „Financial Engineering" abhängig von der Fachkompetenz und dem Produktwissen der Kundenbetreuer. Hochqualifiziertes Personal ist daher auch in Zeiten härter werdenden Wettbewerbs kein Luxus, sondern eine zwingende Notwendigkeit.

Die Leistungsfähigkeit der Kundenbetreuer wird durch die Informationssysteme maßgeblich beeinflußt. Qualifizierte Beratungs- und Entscheidungsprozesse müssen durch eine leistungsfähige EDV unterstützt werden. Zudem werden in den Back-Office-Bereichen zunehmend manuelle Tätigkeiten durch Technik ersetzt.

Damit wird die EDV zum mitentscheidenden Erfolgsfaktor für die Beratungsqualität und die Abwicklungseffizienz.

Besonders deutlich wird die Rolle von Personal- und Systemqualität bei der Optimierung des Kreditgeschäftes.

Um eine schnelle Entscheidung in einem Kreditantrag sicherzustellen, muß der Betreuer im Kundengespräch on-line die Finanzierungsoptionen und -konditionen aufrufen und die Optionen im Sinne der kundenindividuellen Lösung bewerten können. Die schnelle Entscheidung ist dann an die optimale Zusammenführung risikobeurteilender Parameter (Rating etc.) geknüpft. Eine automatisierte Abwicklung einschließlich der notwendigen Informationserstellung für Controlling und Meldewesen führt schließlich zu geringeren Stückkosten, die ihrerseits den Konditionenspielraum des Betreuers erhöhen.

Die Umsetzung von Lean Banking-Konzepten ist daher auch in entscheidendem Maße von der Personal- und Systemqualität abhängig. Die bankspezifischen Voraussetzungen bestimmen Erfolg oder Mißerfolg der Implementierung. Hier kann die Lean Banking-Konzeption keine Hilfestellung leisten.

Erfahrungen aus Lean Banking-Konzepten zeigen ein beachtliches Risiko der Umsetzung, wenn die Personalplanung und die Systemverantwortlichen nicht umfassend als Bestandteil der Konzeption einbezogen werden. Insofern wird deutlich, daß Lean Banking kein allumfassender Ansatz ist, sondern primär auf organisatorische Veränderungen ausgerichtet ist.

Die Bewältigung strategischer Herausforderungen kann den Banken nur gelingen, wenn die entsprechenden personellen und technischen Voraussetzungen geschaffen werden. Lean Banking ist dabei nur eines von mehreren Instrumenten, die den Banken zur Verfügung stehen. Um ihre Kernabläufe zu beschleunigen, industrielle Kennziffern zu installieren und die Aufbauorganisation zu entschlacken, bietet Lean Banking den Banken instrumentale Unterstützung. Um die Konzepte ergebniswirksam umsetzen zu können, bedarf es entsprechend begleitender Maßnahmen im Personal- und Systembereich. Hier liegen Chancen und Risiken des Lean Banking eng beieinander.

5. Zusammenfassung

Erfahrungen mit der Erarbeitung und – vor allem – der Umsetzung von Lean Banking-Konzepten zeigen, daß auch dieses Konzept weder ein eindeutig definiertes Profil hat, noch als umfassendes, alle Probleme modernen Bankenmanagements erfassendes Lösungsmodell gelten kann.

Der Wert des Lean Banking liegt daher vor allem in der Übertragung industrieller Denkstrukturen und Normen auf den Bankenbereich – dies allein schon rechtfertigt die intensive Auseinandersetzung mit diesem Konzept.

Der methodische Ansatz, durch Straffung von Prozessen in der Bank Effizienzpotentiale zu identifizieren und zu realisieren, entspricht dem Ziel, Kosten zu reduzieren.

Die positiven Marktbearbeitungseffekte, die immer wieder in Zusammenhang mit Lean Banking proklamiert werden, können auch auf dem „Lichtquanten-Effekt basieren. Dieser Effekt beschreibt die Erkenntnis aus einem

Projekt, bei dem die These überprüft wurde, ob es einen direkten Zusammenhang zwischen der Produktivität der Arbeiter in einer Fabrikhalle und der Menge künstlichen Lichtes, d. h. also der Helligkeit in der Fabrikhalle gäbe. So wurde die Lichtmenge in der Halle verdoppelt und das Resultat schien die These zu bestätigen – die Produktivität stieg tatsächlich deutlich an. Verwirrung trat jedoch wenig später auf, als die Lichtmenge wieder reduziert wurde und die Produktivität wiederum deutlich anstieg.

Die Erkenntnis war und ist, daß Aufmerksamkeit alleine schon zu beträchtlichen, leider aber meist vorübergehenden Produktivitätssteigerungen führt.

Ähnliche Effekte spielen sicherlich auch in den Banken eine Rolle, in denen Marktbearbeitungserfolge aus Lean Banking-Projekten festgestellt wurden. Allein die Beschäftigung mit der Vertriebsarbeit, ihre projektmäßige Organisation und Überwachung, führen zu Markterfolgen, unabhängig von dem Inhalt des eigentlichen Projektes.

Um nachhaltig Marktbearbeitungserfolge zu erzielen, bedarf es einer bankindividuellen Strategie, der Anpassung der Aufbau- und Ablauforganisation, gutausgebildeter und motivierter Mitarbeiter sowie entsprechender technischer Unterstützung. Lean Banking ist in diesem Zusammenhang ein Instrument, aber nur eines von vielen.

Karl-Heinz Große-Peclum

Lean Banking – Kommunikation zur Stärkung der Teamarbeit und Produktivität

Lean Banking – Kommunikation zur Stärkung der Teamarbeit und Produktivität

1. Lean Production und Lean Management, das mißverstandene Erfolgsgeheimnis

Die japanischen Erfolge auf dem Weltmarkt sind seit Jahren unübersehbar. Zum Beispiel dominieren japanische Unternehmen in den Bereichen Foto/Optik, Unterhaltungs- und Büroelektronik nahezu nach Belieben. Nun geraten selbst deutsche Vorzeigebranchen wie der Maschinenbau und die Automobilindustrie zunehmend unter Druck. Gerade für den „Exportweltmeister" Deutschland stellt sich daher die Frage nach dem Geheimnis des japanischen Erfolgs. In der Vergangenheit konzentrierten sich Erklärungsmuster häufig monokausal auf Aspekte wie

- hoher Automatisierungsgrad,
- bessere Arbeitsmoral,
- niedrigeres Lohnkostenniveau,
- geringere Fertigungstiefe oder
- Logistiksysteme.

Trotz Adaption – teilweise sogar in verfeinerter Form – trat der gewünschte Effekt nicht ein.

Eine detaillierte Studie des Massachusetts Institute of Technology über die japanischen Techniken im Vergleich zu den westlichen Massenproduktionstechniken scheint das Geheimnis endgültig gelüftet zu haben (vgl. Womack, Jones u. Roos,1992).

„Lean Production ist schlank, weil sie von allem weniger einsetzt als die Massenfertigung – die Hälfte der Produktionsfläche, die Hälfte der Investition in Werkzeuge, die Hälfte der Zeit für die Entwicklung eines neuen Produktes ..."

Im Endergebnis werden nach dieser vergleichenden Untersuchung bei „schlanken Produzenten" durch die Vermeidung nicht-wertschöpfender Tätigkeiten nur die Hälfte der Produktionsfaktoren benötigt.

Einige Zahlen aus dem MIT-Bericht:

	Japan	EG
Produktivität (Stunden pro Auto)	16,8	36,2
Qualität: Montagefehler/100 Autos	60	97
% der Arbeitskräfte im Team	69,3	0,6
Ausbildung neuer Prod.-MA in Stunden	380,3	173,3
Abwesenheit in %	5	12,1

Die Zahlen und Fakten sind in der Tat beeindruckend. So ist es auch kein Wunder, daß der Begriff „Lean Production" oder „Lean Management" in der Fachwelt und bei Entscheidungsträgern in der Wirtschaft Furore macht.

Die meisten Vorstände, Geschäftsführer und Manager begegnen dem neuen Begriff ausgesprochen positiv. Sie assoziieren ihn mit Steigerung der Wettbewerbsfähigkeit, Steigerung der Produktivität und/oder Senkung der Kosten.

„Die schlanke Fabrik überträgt ein Maximum an Aufgaben und Verantwortlichkeiten auf jene Mitarbeiter, die am Band tatsächliche Wertschöpfung am Auto erbringen ..." (Womack, Jones und Roos)

Bei einer einseitigen Fokussierung auf den Kosten- und Rationalisierungsaspekt wird aber die „wahre" Botschaft mißverstanden! Jürgen E. Schrempp, der Vorstandsvorsitzende der Deutsche Aerospace AG, weist ganz dezidiert auf diese Gefahr hin. Nach seiner Auffassung kennzeichnet Lean Management „einen Paradigmenwechsel, einen fundamentalen Bruch mit unserem bisherigen Verständnis von Ablauforganisation: (siehe Abbildung 1)

Lean Management substituiert Taylorismus. Es ist kein Rationalisierungs- und Kostensenkungsprinzip, sondern ein Führungs- und Organisationsprinzip. Lean Management legt den Fokus der Aufmerksamkeit auf die Nahtstellen der abteilungs- und bereichsübergreifenden Zusammenarbeit, also auf die Optimierung durchgehender Geschäftsprozesse."

Die meisten Elemente der „Lean Production" sind – einzeln betrachtet – nicht neu! Der Erfolg ergibt sich aus der Vernetzung der Elemente und einer ganzheitlichen Betrachtung. Vor allem kommt es aber darauf an, neben Fragen der Optimierung von Wertschöpfungsketten, des Marketing, der Logistik oder der Betriebswirtschaft diejenigen Ansätze zu sehen, die sich der Ausschöpfung und Förderung der human resources widmen, wie z. B.:

Abbildung 1: Die 10 Erfolgsfaktoren der Lean-Produktion

- Kommunikation und Information,
- Teamwork und Projektarbeit,
- permanente Qualifizierung,
- dezentrale Verantwortung,
- Harmonie und Gemeinschaft.

Die Ziele des „Lean-Management-Konzeptes“ lassen sich nur dann realisieren, wenn der Produktionsfaktor Personal genauso ernst genommen wird, wie der Produktionsfaktor Kapital! Bei einer Gewichtung der Erfolgsfaktoren kann Lean Management daher im Kern als ein humanzentriertes Management-Konzept verstanden werden. Dies ist die Chance, die Personalpolitik und -entwicklung als wirklich integralen Bestandteil der Unternehmenspolitik zu etablieren und damit die Unternehmensentwicklung aktiv mitzugestalten.

„Wir werden gewinnen, und der industrielle Westen wird verlieren. ... Nur unter Ausnutzung der kombinierten Denkleistung aller Mitarbeiter kann sich ein Unternehmen den Turbulenzen und Zwängen erfolgreich stellen und überleben.“ (Konosuke Matsushita)

2. Lean Banking – der Weg zur schlanken Bank?

Ausgelöst durch die MIT-Studie wurde die Lean-Diskussion zunächst intensiv im industriellen Bereich geführt. In vielen europäischen und amerikanischen Unternehmen – speziell in der Automobilindustrie und bei deren Zulieferern – sind zwischenzeitlich schon beachtliche Umsetzungserfolge zu verzeichnen.

Aber auch im Bankenbereich ist dringender Handlungsbedarf angezeigt. McKinsey hat in einer Vergleichsstudie nachgewiesen, daß die Produktivität japanischer Banken mehr als doppelt so hoch wie die der deutschen Banken ist. Fast alle deutschen Banken arbeiten derzeit an einer grundlegend neuen Ausrichtung ihrer Strategien und Strukturen. Dabei werden bereits viele Elemente im Sinne von Lean Banking integriert.

Hauptansatzpunkte sind eine stärkere Markt- und Kundenorientierung, die Optimierung der Wertschöpfungsketten (Kostenmanagement), Qualität und humanzentriertes Management.

(aus: Die Bank 9/1992)

3. Kommunikation als unternehmenskulturelle Einflußgröße und Erfolgsfaktor – Wege und Instrumente zur Gestaltung

Im folgenden soll am Beispiel der Bayerischen Vereinsbank dargestellt werden, wie und warum durch den systematischen Einsatz geeigneter Instrumente die Kommunikationskultur in einem großen Konzern verändert wurde. Dies geschieht unter dem Aspekt der besonderen Bedeutung der Kommunikation und Information als humanzentrierter Erfolgsfaktor des Lean Management sowie der Ergebnisse vieler wissenschaftlicher Untersuchungen über organisatorische Veränderungsprozesse und die diese natürlicherweise begleitenden Widerstände.

Warum spielt die Kommunikation in der Bayerischen Vereinsbank eine so große Rolle?

1990/1991 wurde in der Bayerischen Vereinsbank zum drittenmal eine Mitarbeiter-Meinungsumfage (nach Befragungen in 1973 und 1981) durchgeführt. Unter den vielfältigen Ergebnissen ragte das Thema Kommunikation besonders heraus. Im Abschlußbericht hieß es dazu: „Zeit, Motivation und Fähigkeiten zu besserer und intensiverer Kommunikation zwischen Mitarbeitern und Vorgesetzten scheinen ganz eindeutig das zentrale Thema der Personalführung in der Bayerischen Vereinsbank zu sein!" Ein weiterer Beleg für die oben aufgestellte These.

In einer erstmals einberufenen Personalkonferenz diskutierte der Vorstand und die zweite Führungsebene über eineinhalb Tage in sehr intensiver Weise die Ergebnisse und die daraus zu ziehenden Schlußfolgerungen. Drei Projektgruppen mit hochkarätiger Besetzung entwickelten dann zu den drei Themenbereichen Kommunikation, Personalauswahl und -entwicklung und Dezentralisierung der Personalarbeit umfassende Maßnahmen und eine Reihe von neuen Personalinstrumenten.

Die für das Thema Kommunikation relevanten Instrumente sind in der Abbildung 2 zusammenfassend dargestellt.

Zwei Dimensionen dienen zur Systematisierung. Erstens geht es um die Frage der Kommunikationsrichtung (= horizontale oder vertikale Kommunikation) und zweitens um die Frage, wer und wieviele Personen sind an dieser Kommunikation beteiligt (= Kommunikation zwischen zwei oder mehreren Partnern). Die Instrumente zur Verbesserung der Kommunikation zwi-

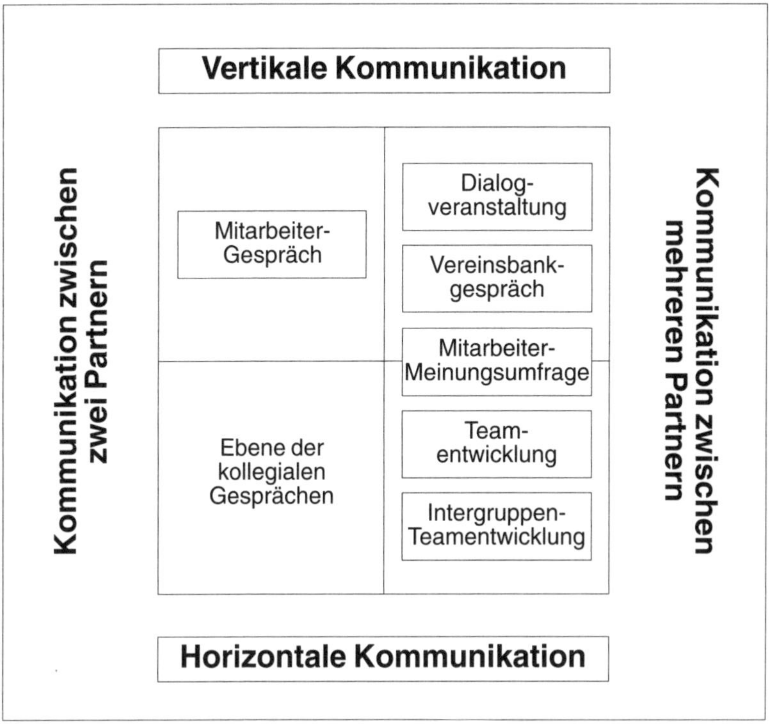

Abbildung 2: Instrumente zur Verbesserung der Kommunikation in der BV

schen mehreren Partnern werden anschließend wegen ihrer stärkenden Wirkung für die Arbeit in und zwischen Teams sowie für die Produktivität dargestellt.

Gute Kommunikation stärkt das Team und fördert die Produktivität.

3.1 Dialogveranstaltung in der BV – Partner suchen das Gespräch

Die Mitarbeiter-Meinungsumfrage 1990/91 hatte eine bessere und intensivere Kommunikation als zentrales Thema und Ansatzpunkt für Verbesserungen identifiziert. Der Vorstand hat diese Herausforderung für die Unterneh-

- Begriff:
  Ein Forum (instutionalisierter Rahmen) zum Dialog über zwei oder mehrere Hierarchieebenen. Die Kommunikation findet in und zwischen Gruppen statt.
- Ziel:
  Gruppenkommunikative Erarbeitung einer gemeinsamen Problemsicht und gemeinsamer Lösungsmöglichkeiten in bezug auf Geschäftspolitik, Personalpolitik und Zusammenarbeit auf Gesamtbankebene und in den Bereichen.

Abbildung 3: Dialogveranstaltung

mens- und Kommunikationskultur konsequent aufgegriffen und seit 1991 einmal pro Jahr mit allen Bereichsleitern in sogenannten Dialogveranstaltungen eingehend diskutiert und bearbeitet. In gleicher Weise wurden Dialogveranstaltungen, die von einem neutralen Moderator gestaltet werden, in allen Bereichen der Bank unter Beteiligung der drei dem Vorstand nachgeordneten Führungsebenen durchgeführt.

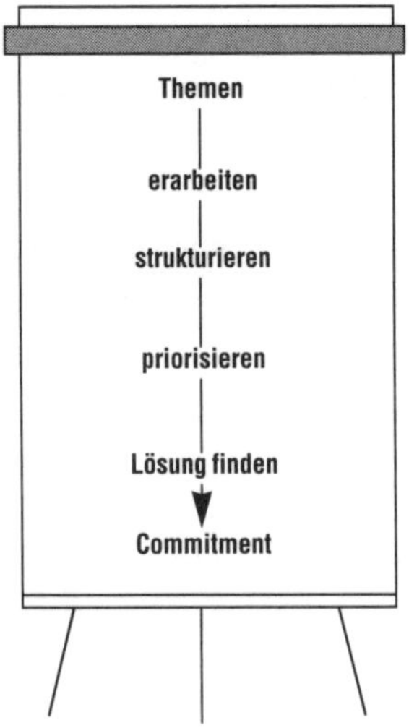

Abbildung 4: Die Vorgehensweise

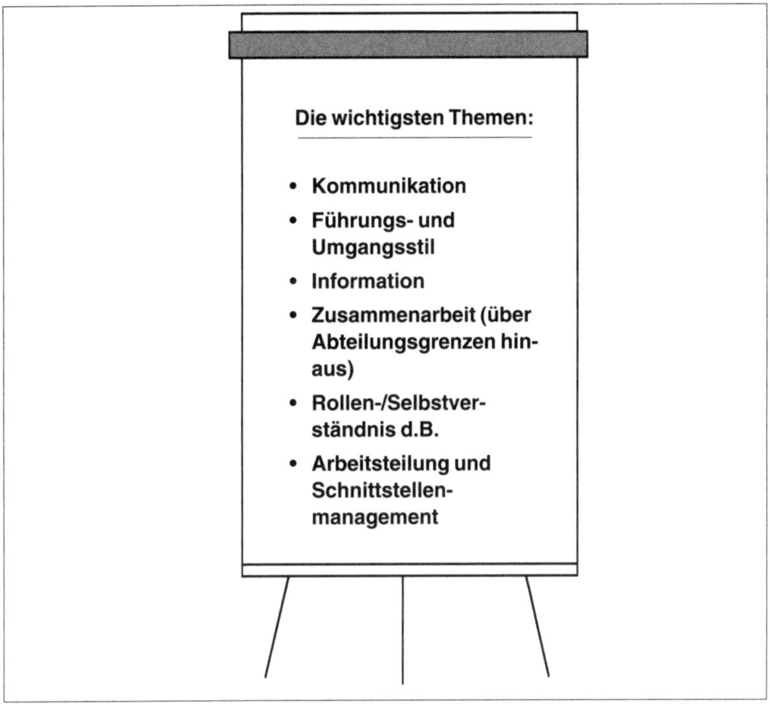

Die wichtigsten Themen:
• Kommunikation
• Führungs- und Umgangsstil
• Information
• Zusammenarbeit (über Abteilungsgrenzen hinaus)
• Rollen-/Selbstverständnis d.B.
• Arbeitsteilung und Schnittstellenmanagement

Abbildung 5: „Hitliste"

Die Themen wurden von den Teilnehmern bestimmt. Dabei zeigte sich, daß fachliche Fragen deutlich in den Hintergrund traten und vorrangig Aspekte der zwischenmenschlichen Beziehungen aus Sicht der Mitarbeiter bearbeitet werden sollten. Obwohl die Bereiche sehr unterschiedliche Strukturen und Aufgaben haben, kristallisiert sich bei einem Vergleich der Themen doch eine gemeinsame „Hitliste" heraus (siehe Abbildung 5).

Die Lösungen und Maßnahmen sind das eigentliche Ziel der Dialogveranstaltungen, da letztlich als Ergebnis eine bessere Qualität der Zusammenarbeit und eine höhere Effektivität in den Bereichen angestrebt wird.

Bei vielen Themen konnten sehr konkrete Vereinbarungen getroffen werden, wie z. B.:

- Begriff:

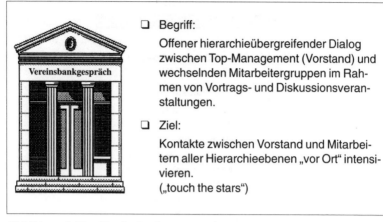

  Offener hierarchieübergreifender Dialog zwischen Top-Management (Vorstand) und wechselnden Mitarbeitergruppen im Rahmen von Vortrags- und Diskussionsveranstaltungen.

- Ziel:

  Kontakte zwischen Vorstand und Mitarbeitern aller Hierarchieebenen „vor Ort" intensivieren.
  („touch the stars")

Abbildung 6: Das Vereinsbankengespräch

- Einrichtung eines regelmäßigen „jour-fix",
- Spielregeln für interne Besprechungen (Tagesordnungspunkte werden vor der Sitzung bekanntgegeben, Leitung durch wechselnde Moderatoren, vereinheitliche Ergebnisprotokolle etc.),
- Job-rotation und gegenseitige Info-Aufenthalte zur besseren Kenntnis der Aufgaben und Probleme von Kollegen oder
- maßgeschneiderte Kurztrainings am Arbeitsplatz.

Viel schwieriger war es dagegen, überprüfbare Lösungen für angestrebte Verhaltens- und Einstellungsänderungen zu finden. Vertrauen, Offenheit oder Wertschätzung sind nun einmal nicht objektiv meßbar! Die Vereinbarungen bleiben auf der Appell-Ebene und sind vom ernsthaften Umsetzungswillen aller Beteiligten abhängig!

Wenn es nicht bei Lippenbekenntnissen bleiben soll, muß die Einlösung von Vorsätzen als „Hol- und Bringschuld" mit Leben erfüllt werden. Unabhängig von der eigenen Position sollte man in der täglichen Praxis den Mut aufbringen, an das in der „Öffentlichkeit" der Dialogveranstaltung abgegebene Commitment zu erinnern und die Einlösung abzufordern.

3.2 Vereinsbankgespräch – „touch the stars“

In einem Großkonzern wird die direkte Kommunikation zwischen dem Top-Management und der Basis immer schwieriger. Vor diesem Hintergrund haben wir das sogenannte „Vereinsbankgespräch“ (siehe Abbildung 6) eingeführt, das Mitarbeitern aller Hierarchieebenen, also vom Auszubildenden bis zu den leitenden Mitarbeitern, das direkte Gespräch „vor Ort“ ermöglicht. Nachwuchskräfte haben diese Kommunikationsform mit dem flotten Titel „touch the stars“ belegt.

In unregelmäßigem Abstand stellen sich Mitglieder des Vorstands in verschieden Filialen, Niederlassungen oder Abteilungen den Fragen und Problemen der Mitarbeiter.

Die drei Grundelemente des Vereinsbankgesprächs:

- Informationen über die Lage der Gesamtbank,
- Gedankenaustausch über Themen der Teilnehmer mit dem Vorstand und
- informelle Gespräche und Kontakte zwischen Vorstand und Mitarbeitern.

Diese Botschaft wird verstanden und die Chance genutzt!

Das Spektrum der angesprochenen Themen reicht von Fragen zur Strategie bis hin zu Fragen der individuellen Arbeitssituation und beruflichen Entwicklungsmöglichkeiten.

Ein Teilnehmer faßte den Wert dieser Maßnahme wie folgt zusammen: „Das Bild, was ich von einem Vorstand hatte, habe ich einmal mit Leben füllen können. Die Meinung der Geschäftsleitung zur Zukunft der BV konnte ich heute aus erster Hand erfahren. Und außerdem war es für mich eine positive Erfahrung, daß der Vorstand auf alle Fragen ernsthaft und umfassend geantwortet hat und auch unangenehmen Fragen nicht ausgewichen ist.“

„Die Meinung des anderen kennenlernen und Verständnis für andere Standpunkte entwickeln, ist eine wesentliche Voraussetzung für den Erfolg unserer Bank.“ (Dr. Elmar Prasch, Personalvorstand der Bayerischen Vereinsbank)

3.3 Mitarbeiter-Meinungsumfrage

Wie bereits oben angedeutet, hat die Mitarbeiter-Meinungsumfrage im Rahmen des Kommunikationsportfolios einen besonderen Stellenwert. In der BV hat sie wie ein Hebel gewirkt und die Qualität der Kommunikation und Kooperation in eine neue Dimension geführt. Etwas pathetisch könnte man von einer kopernikanischen Wende sprechen.

Unter einer Mitarbeiter-Meinungsumfrage (MMU) versteht man "ein Instrument der zeitgemäßen Unternehmensführung, mit dem

- im Auftrag der Geschäftsleitung,
- in Zusammenarbeit mit den Arbeitnehmervertretungen,
- mit Hilfe von standardisierten Fragebögen,
- anonym, auf freiwilliger Basis und direkt
- bei allen Mitarbeitern
- Informationen über die Erwartungen und Bedürfnisse der Mitarbeiter sowie die Einstellungen und Wertungen, bezogen auf bestimmte Bereiche der betrieblichen Arbeitswelt, gewonnen werden."

Nachdem die bisherigen MMUs „nur" repräsentative Befragungen waren, wird künftig vor dem Hintergrund der wertvollen Erfahrungen alle drei bis vier Jahre eine Vollerhebung durchgeführt und damit ein Perspektivenwechsel vollzogen. Zusätzlich zu dem schon bisher wertvollen diagnostischen Nutzen der Befragung, der zu umfangreichen Erneuerungen in der Personalarbeit geführt hat, wird die Umfrage nun als dezentrales Diagnose- und Motivationsinstrument allen Führungskräften an die Hand gegeben.

Die Rückkopplung der Ergebnisse und der Beschluß von Maßnahmen bilden den Kernpunkt der MMU. Für die Gewährleistung der Verbesserung der Arbeits- und Führungssituation sind Zeitnähe, Verständlichkeit, die Teilnahme möglichst aller Befragten und Konsequenzen aus den Ergebnissen unverzichtbar.

Abbildung 7: Der Feedbackprozeß der MMU

Themengebiete der BV-MMU:

1. Die BV
2. Strategie
3. Arbeit
4. Information
5. Kommunikation und Zusammenarbeit
6. Qualität der Führung
7. Entwicklung und Förderung
8. Gehalt und Sozialleistungen
9. Das Mitarbeitergespräch
10. Wichtigkeit der Themen

Die Ergebnisse für die jeweilige Auswertungseinheit werden den Mitarbeitern von ihrer Führungskraft präsentiert und gemeinsam analysiert. Anschließend werden konkrete Maßnahmen vereinbart, über die der nächsthöhere Vorgesetzte informiert wird (siehe Abbildung 7).

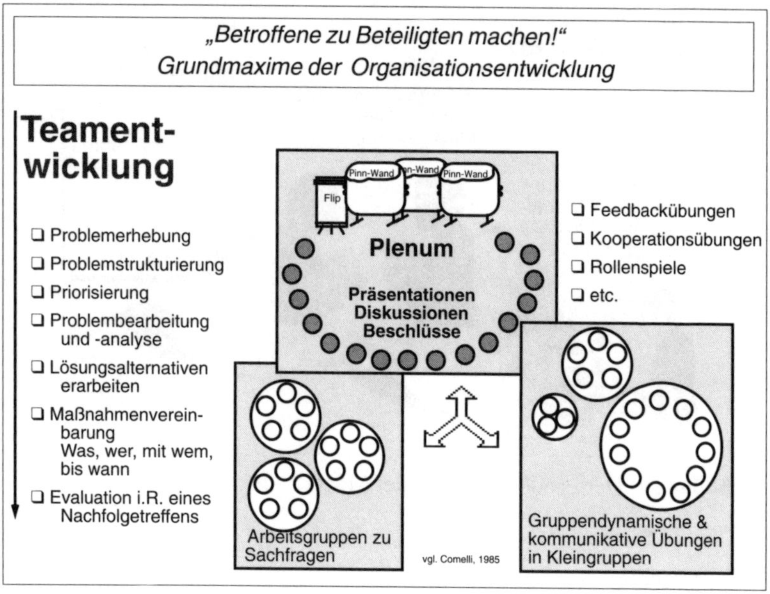

Abbildung 9: Team- und Interessengruppenentwicklung

3.4 Teamentwicklung – Betroffene beteiligen

Seit über 12 Jahren wird dieser „Klassiker“ der Organisationsentwicklung (siehe Abbildung 8) als Interventionsinstrument angewendet. Im Unterschied zur Dialogveranstaltung ist hier aber der konkrete Auftrag der verantwortlichen Führungskraft und das Einverständnis der Mitarbeiter Voraussetzung, da neben sachorientierten Fragen auch massive Beziehungsaspekte bearbeitet werden.

4. Fazit

Kommunikation ist für Führungsaufgaben, die Zusammenarbeit zwischen zwei Kollegen und/oder in Teams das Nadelöhr schlechthin. Nur wenn es gelingt zu einer dialogischen Führung und Kooperation zu kommen, können Managementkonzeptionen wirken! Gleichgültig, ob sie nun Kooperative Führung, Lean Management oder Reengineering heißen ...

Karsten Hofmann und
Victoria Steinhoff

Auf der Suche nach der Teamfähigkeit

Auf der Suche nach der Teamfähigkeit

1. Teamfähigkeit als neue Zauberformel

Flächendeckende Veränderungsprozesse als Konsequenz der neuen Unternehmensstrategien „Lean Management" und TQM führten in den letzten Jahren zu einer hektischen Suche nach flexibleren Arbeitsstrukturen und teamorientierteren Formen der Zusammenarbeit. Dies spiegelt sich im gewandelten Verständnis der „primären Leistungseinheiten" des Unternehmens wider. Nicht mehr der klassische Einzelkämpfer mit seiner individuellen Kompetenz und Genialität ist gefragt, sondern die überindividuelle Leistung in Gruppen und neuen Teamformen.

Neue Gruppenarbeitsformen scheinen im produktiven Bereich sowie in hierarchie-, abteilungs- und bereichsübergreifenden Projektteams in operativen und strategischen Feldern eine angemessene und effektive Reaktion auf die immer komplexer und kurzlebiger werdenden Forschungs-, Entwicklungs- und Marktzyklen darzustellen. Von den Mitarbeitern auf allen Ebenen der betrieblichen Hierarchie verlangen sie jedoch völlig neue Denk- und Verhaltensweisen. Noch nie waren jene derart stark gefordert, sich in verschiedenen Gruppen und Teams mit unterschiedlichster Zusammensetzung zurechtzufinden. Fachliche Kompetenz allein reicht dafür bei weitem nicht mehr aus. Gefragt sind Kooperationsfähigkeit, kommunikative Fertigkeiten, konstruktives Konfliktverhalten usw. Kurzum, soziale Kompetenz zum Arbeiten in Gruppen bzw. die vielbeschworene Teamfähigkeit. Nähert man sich dieser ominösen Eigenschaft aus der Perspektive des von vielen Personalverantwortlichen gepflegten klassisch eignungsdiagnostischen Ansatzes, so liegt die zentrale Frage klar auf der Hand: Gibt es ein Persönlichkeitsprofil, eine grundlegende Basiseigenschaft, die einen Mitarbeiter im Vergleich zu anderen eher befähigt, effizient und produktiv in einem Team zu arbeiten und die Wahrscheinlichkeit des Teamerfolges zu maximieren? Und wenn ja, aus welchen Komponenten setzt sich diese Supereigenschaft „Teamfähigkeit" zusammen?

Wenn sich Teamfähigkeit als eine überdauernde und stabile Persönlichkeitseigenschaft von Personen bestimmen ließe, dann könnte man innerbetrieblich gezielt besonders teamfähige Mitarbeiter für Gruppenarbeit und Projektteams aussuchen. Teamfähigkeit könnte sogar zu einer generellen Basiskompetenz bei der Personaleinstellung arrivieren, wenn teamorientierte Unternehmen diese Eigenschaft in den Anforderungskatalog an Bewerber aufnehmen und bei Einstellungstests entsprechend operationalisieren.

In diesem Sinne haben viele Unternehmen und Beratungsfirmen seit geraumer Zeit versucht, die Teamfähigkeit von Bewerbern im Rahmen von Assessment Centern durch Rollenspiele, Gruppendiskussionen und situative Tests zu erfassen. Wie die gezielte Auswahl von gewerblichen Mitarbeitern bei Opel in Eisenach zeigt, beschränken sich diese Bemühungen längst nicht mehr auf die Management Ebene.

2. Was ist Teamfähigkeit?

Teamfähigkeit als Persönlichkeitseigenschaft

Zur Zeit besteht nur eine sehr vage Vorstellung davon, was Teamfähigkeit ist.Weitgehende Einigkeit läßt sich bei Durchsicht der Literatur bestenfalls dahingehend feststellen, daß es sich um die Fähigkeit einer Person handelt, mit anderen sinnvoll und zielorientiert zusammenzuarbeiten, vorhandene eigene Kompetenzen zur Erreichung des Gruppenerfolges einzusetzen, sowie motivationale und kommunikative Probleme in einer Gruppe konstruktiv zu lösen.

Wenn Teamfähigkeit eine Persönlichkeitseigenschaft ist und bei Personal- und Teamauswahlverfahren mittels diagnostischer Verfahren „gemessen" werden soll, dann stehen hinter dieser These zwei wichtige Grundannahmen:

1. Teamfähigkeit ist eine einheitlich definierte und klar bestimmte Eigenschaft von Personen.
2. Teamfähigkeit muß eine relativ stabile, überdauernde und weitgehend situationsunabhängige Persönlichkeitseigenschaft sein, da ansonsten eine Messung wenig Sinn machen würde.

Bezüglich Annahme 1. sind erhebliche Bedenken anzumelden: Wie schon die obige Definition erkennen läßt, ist Teamfähigkeit keine einheitliche, eindimensionale Persönlichkeitseigenschaft eines Mitarbeiters, sondern setzt sich aus vielen verschiedenen Teilfähigkeiten zusammen. Die unterschiedlichen Versuche zur näheren Beschreibung von Teamfähigkeit in der Literatur reflektieren diesen Tatbestand: Je nach Modell lassen sich bis zu 13 verschiedene Teilfähigkeiten unterscheiden:

Hofmann (1983):	Lernfähigkeit, Vertrauen, Konfliktverarbeitung, Rollenflexibilität, flexibles Denken, Loyalität, Empathie.
Riegel (1993):	Wissen, Operative Intelligenz, Entscheidungsfähigkeit, Lernfähigkeit, Leistungsmotiv, Selbstkonzept, Extra-Introversion, Soziale Intelligenz, Durchsetzungsvermögen, Kommunikationsfähigkeit, Teamführungsfähigkeit, Konfliktkompetenz, Rollenflexibilität.
Schneider (1991):	Kommunikationsfähigkeit, Kooperationsbereitschaft, Selbständiges Denken, Konfliktfähigkeit, Toleranz, Risikobereitschaft.
Thoma (1993):	aus 13 Teilfähigkeiten ähnlich wie bei Riegel erwiesen sich bei einer Befragung von Führungskräften und anschließender Faktorenanalyse folgende als bedeutsam: Soziabilität, Soziale Intelligenz, Engagement, Kommunikationsfähigkeit, Konfliktbewältigung.

Abbildung 1: Teilkonstrukte der Teamfähigkeit

Selbst wenn es gelänge, sich auf eines dieser Konzepte und auf eine einheitliche Art der Messung zu verständigen, bleibt dennoch das bereits aus der Führungsforschung bekannte Problem bestehen, daß im Widerspruch zu Annahme 2. viele der genannten Eigenschaften weder stabil und überdauernd noch situationsunspezifisch sind, sondern sich je nach Personen, Aufgaben und Strukturen unterschiedliche Beziehungen zwischen den Personen und Umweltfaktoren ergeben.

Zwei Beispiele aus der Forschung mögen dies verdeutlichen: Komponenten der Teamfähigkeit haben in unterschiedlichen Teamphasen unterschiedlich starke Bedeutung. Teams sind zwar bei der Lösung komplexer und vieldimensionaler Probleme Einzelpersonen überlegen, nicht aber bei einfachen motorischen Aufgaben. Daher wäre also eine Gewichtung der Einzelfähigkeiten je nach Teamsituation und Aufgabenstellung notwendig; angesichts der Vielzahl möglicher Kombinationen von Aufgaben, Situationen und Personen ein schier aussichtsloses Unterfangen.

Zudem sind die statistischen Zusammenhänge zwischen Persönlichkeitsfaktoren und der Vorhersagbarkeit des Gruppenerfolgs recht gering. Driskell, Hogan und Salas haben vor einigen Jahren die vorliegenden empirischen Studien gesichtet und kommen zu einer sehr skeptischen Bewertung. Die üblicherweise verwendeten Persönlichkeitsvariablen sind zu unspezifisch, als daß sich daraus der Gruppenerfolg in praktisch bedeutsamer Weise prognostizieren ließe. Außerdem sind sie in ihrer Wirkung stark von den zu bearbeitenden Aufgaben abhängig.

Dies alles bedeutet nicht, daß es die „Breitband"-Eigenschaft Teamfähigkeit nicht gibt, sondern nur, daß es in der Praxis der Personalauswahl recht unergiebig ist, mit diesem Konstrukt zu arbeiten.

3. Teamfähigkeit als Binnenstruktur der Gruppe

Wenn man sich gedanklich von dem verlockenden Modell einer generellen Persönlichkeitseigenschaft Teamfähigkeit verabschieden muß, welche Alternativen bleiben dann noch?

Belbin hat bereits 1981 einen in der Trainerszene vielbeachteten rollentheoretischen Ansatz vorgelegt. Seiner Meinung nach werden in gut funktionierenden Teams acht recht unterschiedliche Rollen von den Teammitgliedern besetzt: (siehe Abbildung 2)

Teammitglieder müssen zur Optimierung des Gruppenerfolges lernen, unterbesetzte Rollen zu erkennen und auszufüllen. Zu diesem Zweck offeriert Belbin einen Selbsteinschätzungsbogen, mit dem Teammitglieder ihre Rollenorientierung überprüfen können.

Belbin kommt sicherlich der Verdienst zu, noch einmal den Blick auf die Wichtigkeit unterschiedlicher individueller Beiträge für den Teamerfolg gelenkt zu haben. Auf der Suche nach der Teamfähigkeit sind wir jedoch nur ein kleines Stück weiter gekommen, denn die empirische Gültigkeit seines Modells ist ebenso fraglich wie die Zuordenbarkeit und die Stabilität der Rollenzuschreibungen: Kann man beispielsweise den „Shaper" eindeutig bestimmen, ohne auch andere dominante Rollenmuster bei ihm zu finden? Und wird dieser unter allen Situations-, Aufgaben- und Strukturbedingungen auch wirklich nervös, erregbar und dynamisch sein? Wenn ein „Shaper" ein Gewinn für eine Gruppe ist, sind dann drei „Shaper" noch besser? Falls nicht, kann ich dann einen „Shaper" zu einem eventuell fehlenden „Complete

Typ	Typische Eigenschaften	Positive Qualitäten	Mögliche Defizite
Company	konservativ, vorsichtig, pflichtgetreu,pflichtbewußt, einschätzbar	Organisieren, praktischer gesunder Menschenverstand, hartarbeitend, selbstdiszipliniert	Mangel an Flexibilität, unempfänglich und unsensibel gegenüber ungeprüften Ideen
Chairman	ruhig, selbstsicher, beherrscht	besitzt die Eigenschaft, potentielle Mitarbeiter mit ihren Werten und Verdiensten ohne Vorurteile aufzunehmen, einzubinden und mit ihnen umzugehen; starke Wahrnehmung für objektive Gegebenheiten	nicht mehr als das übliche Maß an Intellekt oder kreativer Fähigkeit
Shaper	nervös, erregbar, geht aus sich heraus, dynamisch	hat den Willen und die Bereitschaft, die Trägheit, Ineffektivität, Selbstgefälligkeit oder Selbsttäuschung zu bekämpfen	Neigung zu Provokation, Irritation, Ärger und Ungeduld
Plant	individuell, ernsthaft, unorthodox, vom Herkömmlichen abweichend	Begabung, Vorstellungskraft, Intellekt, Wissen	schwebt in den Wolken; neigt dazu, praktische Details oder das Protokoll zu übersehen
Ressource-Investigator	extrovertiert, enthusiastisch, neugierig, wißbegierig, kommunikativ	besitzt die Eigenschaft, Kontakt zu Personen aufzunehmen und alles Neue zu erforschen; kann Herausforderungen annehmen	läuft Gefahr, das Interesse an einer Sache zu verlieren, sobald die anfängliche Faszination vorüber ist
Monitor Evaluator	nüchtern, besonnen, eher passiv, vorsichtig, klug	Beurteilung, Diskretion, Nüchternheit, Praxis	fehlende Inspiration und mangelnde Fähigkeit, andere zu motivieren
Teamworker	sozial orientiert, freundlich, empfindsam	besitzt die Fähigkeit, auf Menschen und Situationen einzugehen und den Teamgeist zu fördern	Unentschlossenheit in Krisensituationen
Complete Finisher	sorgfältig, gewissenhaft, fleißig, eifrig	besitzt die Eigenschaft, Dinge durchzuziehen; Perfektionismus	neigt dazu, sich über kleine Dinge aufzuregen; läßt die Dinge ungern „laufen“

Abbildung 2: Rollenmodell in Gruppen nach Belbin (1981).

Finisher" umwandeln? Wie diese Fragen zeigen, löst auch ein Rollenmodell nicht die diagnostischen Probleme auf der Suche nach der Teamfähigkeit, sondern führt uns in eine ganz ähnliche Sackgasse wie schon die eigenschaftsorientierten Ansätze.

Fassen wir kurz einmal zusammen: Teamfähigkeit als Persönlichkeitseigenschaft ist ein theoretisch bestenfalls in Ansätzen geklärtes Konstrukt, dessen Messung unklar und dessen Auswirkungen auf den Teamerfolg als gering bezeichnet werden können. Auch eine Betrachtung der Teamfähigkeit als die Summe der Besetzung unterschiedlicher Rollen durch die einzelnen Teammitglieder hilft dem Praktiker wenig weiter, effektive Teams zusammenzustellen.

4. Teamfähigkeit als Systemeigenschaft

„Is peak performance simply a great mystery beautiful when it happens, but no more predictable or controllable than the next earthquake in California?" (Bolman &Deal, 1992, S. 35).

Ganz so prekär, wie diese Frage suggeriert, ist die Lage nicht: Bei Autoren wie Bolman & Deal (1992), Katzenbach & Smith (1993), Koch (1983) sowie Voigt (1993) finden sich Anregungen für Wege aus der Krise.

Zunächst einmal kann man Teamfähigkeit als eine emergente Eigenschaft eines Teams verstehen, getreu dem Motto: „Das Ganze ist mehr als die Summe seiner Teile". Nicht faßbare Phänomene wie der „team spirit" oder die gemeinsame „TeamVision" tragen entscheidend zum Teamerfolg bei. Wie anders wäre zu erklären, daß Fußballmannschaften wie Eintracht Frankfurt im Pokal oder auch in der Bundesliga gegen Mannschaften verlieren, die auf (fast) allen Spielerpositionen schlechter besetzt sind? Kann man also den „Teamgeist" „as the real secret of a team's success" bezeichnen?

Das Gegenargument ist schnell gefunden: Der noch so überbordende Teamspirit der Buxtehuder A-Herren wird nicht ausreichen, diese Mannschaft zu einem Bundesliga- Aufstiegskandidaten zu befördern. Genauso lassen sich in Unternehmen Gruppen finden, in denen zwar das Klima und der Teamgeist, nicht aber die Leistung stimmt.

Der Teamerfolg hängt also außer von den „mythischen" Faktoren und emergenten Eigenschaften auch von den Fähigkeiten des Teams und seiner Mitglieder sowie ihrer Motivation und den Möglichkeiten und Rahmenbedingungen der Aufgabenerfüllung ab.

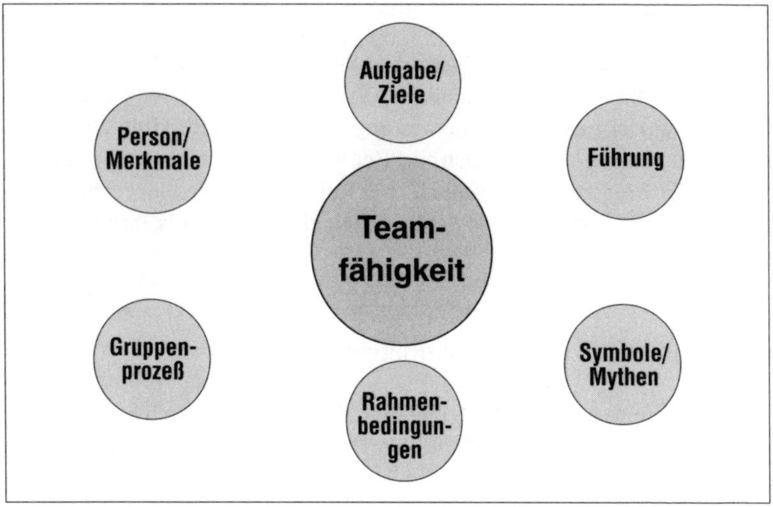

Abbildung 3: Teamfähigkeit als Systemeigenschaft

Teamfähigkeit ist in diesem Sinne eine Systemeigenschaft, die sich nur aus dem Zusammenwirken aller Komponenten erklären läßt . Ob die Potentiale, die in den einzelnen Komponenten enthalten sind, in der Praxis den Teamerfolg eher fördern oder desavouieren, hängt von der Interaktion dieser Elemente im Verlauf des Teamprozesses ab. Von entscheidender Bedeutung für den Gruppenerfolg scheinen uns dabei innerhalb der einzelnen Dimensionen folgende Elemente zu sein:

- **Teamgerechte Aufgabe**
  Gemeinsames, konkretes und anspruchsvolles Ziel

Nicht jede Aufgabe ist für Projektteams oder Gruppenarbeit geeignet. Während Projektteams a priori vor allem bei komplexen, vieldimensionalen und in irgendeiner Weise teilbaren Problemen, die unterschiedlichste Kompetenzen erfordern, gute Erfolgschancen haben, ist bei Gruppenarbeit z. B. in der Produktion wichtig, daß es sich um eine gemeinsam ausführbare Arbeitsaufgabe handelt, die ein Mindestmaß an Kooperation erfordert. Die

Zielsetzung des Teams muß von seinen Mitgliedern anerkannt und für wesentlich erachtet werden sowie mit den persönlichen Zielen der Teammitglieder möglichst weitgehend übereinstimmen. Dies setzt in der Regel eine Beteiligung aller Teammitglieder am Zielbildungsprozeß voraus. Die Zielgrößen müssen quantifiziert bzw. meßbar gemacht werden und eine hohe Leistungsanforderung an das Team stellen

- **Personale Voraussetzungen**

Die Teammitglieder sollten neben den Anforderungen an ihre fachliche Kompetenz und Qualifikation (Job Description) auch Mindestanforderungen im Hinblick auf ihre persönliche Teamfähigkeit erfüllen. Eine umfangreiche Diagnostik ist dabei überflüssig, es reicht in der Regel aus, erklärte bzw. überzeugte Einzelgänger und -arbeiter nicht in sich erst stabilisierende Teams aufzunehmen. Die für diese Einschätzung notwendigen Informationen lassen sich aus Gesprächen mit den Führungskräften der potentiellen Kandidaten und/oder Kollegenratings im Rahmen teil-strukturierter (Gruppen) Interviews gewinnen, falls keine Daten aus turnusmäßigen, gegenseitigen Beurteilungen vorliegen. In Einstellungssituationen könnten sich bei bestimmten Hinweisen auf „Teamunfähigkeit" im Sinne eines Cut Off Kriteriums ergeben.

- **Verständnis der internen Aufgaben und Rollenverteilung und gruppendynamischer Prozesse – Lernfähigkeit des Teams**

Eine wichtige Voraussetzung für die Teamfähigkeit ist ein gemeinsames Verständnis und die Akzeptanz der Rollen und Aufgaben der einzelnen Personen in der Gruppe sowie die Möglichkeit, Rollen und Aufgaben teamintern flexibel sich verändernden Anforderungen anzupassen. Dabei gilt die „fuzzy" Logik: In gut funktionierenden Teams sind die Grenzen bei der Aufgaben- und Rollenzuordnung unscharf definiert und damit durchlässig. Die Teammitglieder unterstützen sich gegenseitig bei der Arbeit und bei Problemlösungen und verstehen ihre Tätigkeit als Teil der gemeinsamen Gruppenaufgabe. Von Bedeutung ist auch die Lernfähigkeit des Teams: Dazu gehört nach Koch neben der individuellen Lernbereitschaft der Gruppenmitglieder vor allem die Förderung sozialer Lernprozesse in der Gruppe sowie eine dynamische und innovationsfreundliche Unternehmenskultur, die auch „nichtzirkuläres" Lernen zuläßt. Damit ist gemeint, daß Strukturen, Machtverhältnisse und etablierte Normen nicht als unveränderbare Größen gelten, innerhalb deren Rahmen alle Problemlösungsversuche zu erfolgen haben, sondern in Frage gestellt und verändert werden können.

- **Günstige strukturelle und aufgabenbezogene Rahmenbedingungen**

Unter die strukturellen Bedingungen funktionierender Gruppen fällt eine Vielzahl von Einflußfaktoren wie z. B. Größe, Gruppenbereich, Verantwortlichkeiten usw. Der interessierte Leser sei vor allem auf die Arbeiten in der Tradition des sozio-technischen Systemansatzes verwiesen (z. B. Alioth & Frei, 1990). Von entscheidender Wichtigkeit für den Gruppenerfolg ist die Existenz und das Funktionieren von Feedback und Rückkopplungssystemen. Sie helfen, „die einzige Disziplin zu erzeugen, die wirklich funktioniert: Selbstdisziplin im sozialen Kraftfeld eines Teams" (House & Price, zit. nach Voigt, 1993, S. 39). Dazu müssen alle gruppenrelevanten Steuergrößen gruppenbezogen vorhanden sein und in Realzeit zur Verfügung stehen. Das „Gebot der schnellen Kommunikation" gilt auch für gruppeninterne Prozesse.

Ein Konflikt zwischen westlicher Individualorientierung und der neuen Gruppenphilosophie wird in den flankierenden Systemen deutlich, bei denen ebenfalls gruppenorientierte Anpassungen notwendig sind (z. B. Rollenerwartungen, Entlohnungs- und Beförderungssysteme, Leistungsbeurteilung). Bei allen notwendigen Vorgaben sollten dabei für die Gruppe aber noch ausreichend Gestaltungsspielräume bestehen, innerhalb derer Selbstorganisationsprozesse ablaufen können.

- **Symbolische und spirituelle Werte**

In Ergänzung zu den gängigen Regel- und Ablaufschemata für eine effektive Zusammenarbeit sind für produktive und erfolgreiche Teams symbolische und rituelle Interaktionsmuster von Bedeutung, die in den für Unternehmen zunächst fremdanmutenden Bereich „spiritueller" Handlungen hineinreichen. Symbolische Handlungen wie etwa „Team Rituale" und „Team Zeremonien" (z. B. „Insider" Witze, Begrüßungen, Spitznamen, gemeinsame Freizeitaktivitäten) stärken und beleben den „Team Spirit" und schwören die Teammitglieder auf gemeinsame „Werte" ein. Über Geschichten und Anekdoten, die in Teams kursieren, werden Werte vermittelt, die die besondere Identität eines Teams fördern. Symbolische Handlungen können von der Organisation und/oder einem entsprechend geschulten Teamleiter angeregt und initiiert werden.

- **Führung**

In teamorientierten Ansätzen der Zusammenarbeit ist externe Führung ein „Residualfaktor", der nur dann zur Geltung kommen sollte, wenn die internen Mechanismen der Selbstregulation und die Selbsteuerungspotentiale nicht ausreichen bzw. nicht verfügbar sind. Dahinter steht ein Verständnis von externer Führung, welches die Führungskraft hauptsächlich als Coach sieht, der durch funktionale Unterstützung des Teams und individuelle sowie kollektive Beratung ein optimales Umfeld für die Gruppe schafft. In diesem Zusammenhang wird oft der Vergleich zur Rolle eines Sponsors gezogen, der

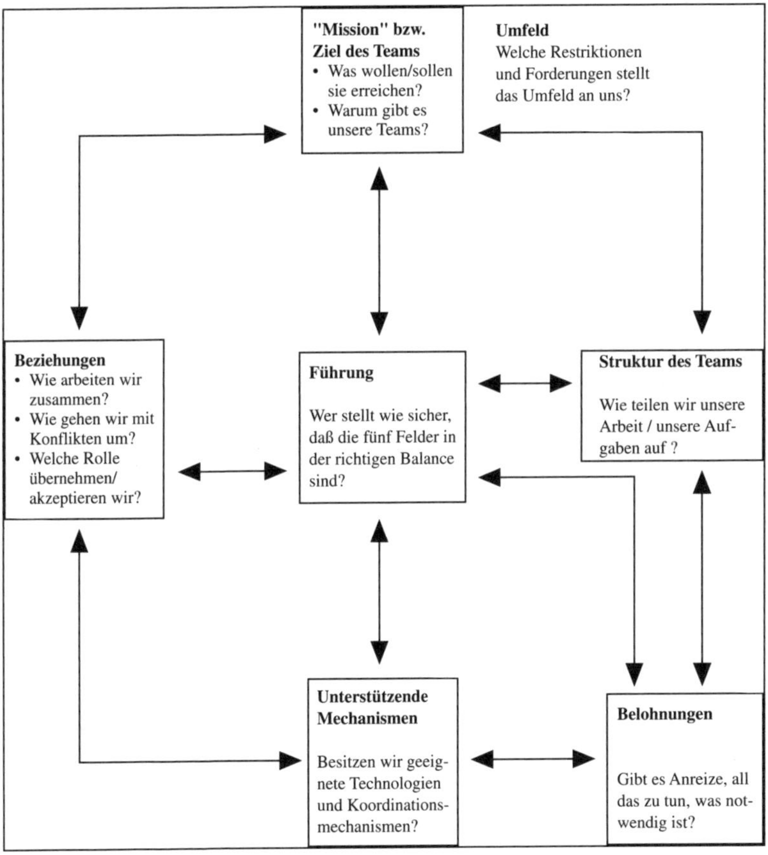

Abbildung 4: Selbstanalyseschema für Teams (nach Voigt und Weisbord)

die nötige Distanz hält, den Teams aber Rückhalt gibt und Konflikte und Ängste minimiert.

Eine entscheidende Aufgabe des Vorgesetzten ist dabei das „Prozeßcontrolling“, d. h. das indirekte, kontinuierliche „Monitoring“ des Teamprozesses und die Unterstützung des Teams bei der Selbstanalyse seiner Stärken und Schwächen. Hilfreich sind hierbei die von Belbin, Voigt oder Francis & Young vorgeschlagenen Verfahren. Insbesondere die an der Prozeßdynamik orientierte Übersicht von Voigt, welche Problemfelder Teams von Zeit zu Zeit besprechen sollten, kann dabei wertvolle Dienste leisten.

5. Fazit

Die Diskussion um den Begriff der Teamfähigkeit spiegelt das durchaus verständliche Bedürfnis wider, die Komplexität des undurchschaubaren Phänomens „TEAMERFOLG“ auf einfache und lineare Bausteine zu reduzieren, die sich systematisch und je nach Bedarf neu kombinieren lassen, getreu dem Motto „je komplizierter die Welt, um so einfacher die Konzepte“. Dies gleicht in etwa dem Versuch, den Erfolg einer Fußball-Bundesligamannschaft aufgrund der Spielerliste zu prognostizieren. Teamfähigkeit erscheint als paradoxes Phänomen in Unternehmenswelten: sie ist sowohl Ausgangsbasis, Erscheinungsbild als auch Ergebnis eines Teamprozesses. Eine synergetisch entstandene Systemeigenschaft also, die sich noch dazu je nach Teamphase und Aufgabenstruktur in ihrem Erscheinungsbild verändert. Traditionelle Ansätze der Teamentwicklung und Prozeßanalyse werden dieser Komplexität nur zum Teil gerecht, da sie von mehr oder weniger statischen und aufeinanderfolgenden Phasen eines Teamprozesses ausgehen.

Zur Zeit bieten sie aber immer noch den besten verfügbaren Handlungsleitfaden für den betrieblichen Praktiker.

Literaturverzeichnis

Alioth, A. und Frei, F. (1990). Sozio-technische Systeme: Prinzipien und Vorgehensweisen. Organisationsentwicklung, 4, S. 28–39

Belbin, R.M. (1981). Management teams. Why they succeed or fail. Oxford: Heinemann.

Bolman, L.G. und Deal, T.E. (1992). What makes a team work? Organizational Dynamics, 21. Jg, 2, S. 34–44.

Bungard, W. (1990). Team- und Kooperationsfähigkeit. In W. Sarges (Hrsg.), Management-Diognostik (S. 315–325). Göttingen: Verlag für Psychologie.

Drusjekkm J. E., Hogan, R. und Salas, E. (1987). Personalitiy and group performance, Group processes and intergroup relations. Review of Personality ans Social Psychology, 9, (p. 91–112). Newbury Park: Sage Publication.

Francis, D. und Young, D. (1982). Mehr Erfolg im Team. Essen: Windmühle.

Hofmann, K. (1992). Dezentralisierung und Lean Management. Mannheimer Beiträge zur Wirtschafts-und Organisationspsychologie, 2, S. 48–66.

Hofmann, K. (1994). Führungsspanne und organisationale Effizienz (in Vorbereitung).

House, C. H. und Price, R. L. (1991). Ein präziser Ergebnisplan beflügelt das Projektteam. Harvard Manager, 4, S. 32 ff.

Katzenbach, J. R. und Smith, D. K. (1993). The wisdom of teams. Creating the high performance organization. Boston: Harvard Business School Press.

Koch, U. (1983). Teamentwicklung im Unternehmen. Frankfurt: Lang.

Locke, E.A. und Letham, G.P. (1990). A theory of goal setting and task performance. Englewood Cliffs: Prentice-Hall.

Looss, W. (1992). Coaching für Manager (2. Aufl.). Landsberg: Verlag Moderne Industrie.

Manz, C., Bastien, T., Hostager, T, und Shapiro, G. (1989). Leadership and innovation. In H. Van de Ven, H. Angle und S. Poole (Eds.), Research in the Management of Innovation. (p. 613–636). New York: Wiley.

Tjosvold, D. (1991). Team organization: an enduring competitive advantage. New York: Wiley.

Riegel, C. (1993). Teamfähigkeit in Arbeitsteams. Untersuchung potentieller Teilkonstrukte und ihrer Diagnostik. Unveröffentlichte Diplomarbeit. Universität Mannheim, Fakultät PPE.

Rosenstiel, L. (1993). Kommunikation und Führung in Arbeitsgruppen. In H. Schuler (Hrsg.), Organisationspsychologie (S. 321–351). Bern: Huber.

Schneider, H. (1991). Team und Teamarbeit. Bergisch Gladbach: Heider.

Thoma (1993). Führungskräfte in Gruppenarbeitsformen – Eine Annäherung an das Konstrukt Teamfähigkeit. Unveröffentlichte Diplomarbeit. Universität Mannheim, Fakultät PPE.

Voigt, B. (1993). Team und Teamentwicklung. Organisationsentwicklung, 3, S. 34–49.

Walter Schwarz

Erfolgs- und leistungsorientierte Entlohnung im Bankvertrieb

Erfolgs- und leistungsorientierte Entlohnung im Bankvertrieb

Die Auseinandersetzung mit der Problematik der Entlohnung menschlichen Schaffens zählt zu den ältesten und zugleich schwierigsten Aufgaben im Wirtschaftsleben. Ihre Bewältigung erscheint allein aufgrund der sich zunehmend verschärfenden Engpaßsituation bei guten Mitarbeitern und Führungskräften sowie der veränderten Werthaltungen unserer Gesellschaft heute vordringlicher denn je. Aber auch die aktuelle Ertragssituation der Banken bedingt eine Verstärkung der vom Unternehmensergebnis abhängigen, nicht dauerwirksamen Entgeltteile.

Basis für die Bewältigung des angeführten Problemfeldes stellt ein rascher Wechsel vom traditionellen, stark verwaltungsorientierten Personalwesen zum strategischen, innovativen Personalmanagement dar.

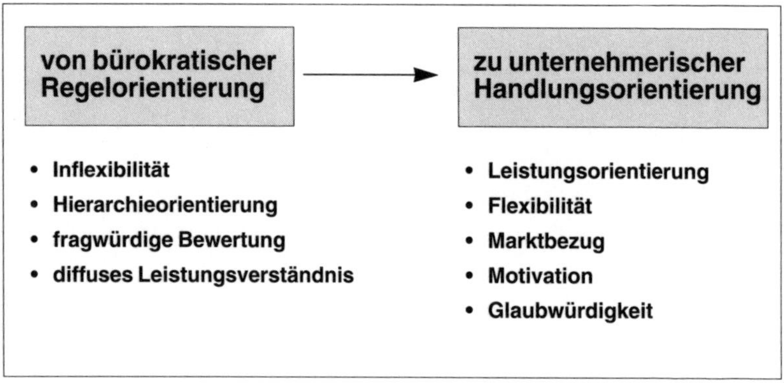
von bürokratischer Regelorientierung
zu unternehmerischer Handlungsorientierung
• Inflexibilität
• Hierarchieorientierung
• fragwürdige Bewertung
• diffuses Leistungsverständnis
• Leistungsorientierung
• Flexibilität
• Marktbezug
• Motivation
• Glaubwürdigkeit

Abbildung 1: Von bürokratischer Regelorientierung zu unternehmerischer Handlungsorientierung

Dazu gehört auch ein Entlohnungsmanagement, welches die Sicherheit fixer Gehaltsbestandteile mit den motivierenden Effekten erfolgs- bzw. leistungsorientierter Teile kombiniert. Eine laufende Weiterentwicklung dieses Instruments trägt entscheidend dazu bei, Verhalten und Leistungsfähigkeit von Mitarbeitern und Führungskräften auf eine langfristige, positive und harmonisierende Unternehmensentwicklung auszurichten.

Moderne Entlohnungsstrategien können somit einen unverzichtbaren Beitrag dazu leisten, den unvorstellbaren – jedoch wiederholt empirisch erhobenen – Prozentsatz von 40 % „innerer Kündigung" bzw. „innerer Emigration" zu senken.

1. Der unbefriedigende Ist-Zustand

Auch heute erhält bereits eine große Anzahl von Mitarbeitern und noch mehr Führungskräften in Banken einen Teil ihrer Bezahlung in Abhängigkeit vom Erfolg ihrer Arbeit bzw. vom Erfolg ihres Unternehmens.

Und doch kennen wir alle viele Beispiele, wo trotz variabler Vergütungsanteile die erhoffte Motivationswirkung nicht eintritt. In welcher Bank zieht sich nicht beim Auszahlungstermin des jährlichen Bilanzgeldes ein Hauch von Demotivation durch das ganze Institut? Ein Effekt, der in Ansehung der ausgezahlten Millionen manche Verantwortliche zur Rückkehr zum alten System der Fixgehälter ersehnen läßt. Auf der Suche nach der verlorengegangenen Motivation mögen die folgenden Zeilen mithelfen, so manchen Fehler der gegenwärtigen Praxis zu vermeiden.

2. Motivation durch Geld

„Motivieren können" gehört heute zweifellos zu den vorrangigen Management-Fähigkeiten. Ein breites Instrumentarium an Anreizsystemen steht dazu zur Verfügung.

Eines dieser Instrumente stellt Geld dar. Gemäß übereinstimmender Aussage aller Bedürfnis- und Motivationstheorien kann jedoch nicht erwartet werden, daß aus einer Verpflichtung, resultierend aus dem regelmäßigen sicheren Empfang von Geld, irgendetwas geschieht. Anders ausgedrückt: von unserem banküblichen und zu 95% leistungsunabhängigen, auf Solidaritäts- und Sozialfaktoren aufgebautem Gehaltssystem geht kein Anreiz zur Leistung aus! Höchstens jener, sich eine Stellung mit höherem oder leistungsabhängigem Gehalt zu suchen. Ein Entlohnungssystem jedoch, bei dem der Empfang der leistungsabhängigen Variablen nicht als sicher vorausgesetzt werden kann, stellt bei positiver Gestaltung einen Arbeitsumweltfaktor (Herzberg) dar, der Unzufriedenheit abbaut und das Arbeitsklima verbessert, so daß darüberhinaus „motivierende" arbeitsinhaltsbezogene Faktoren wirksam werden können.

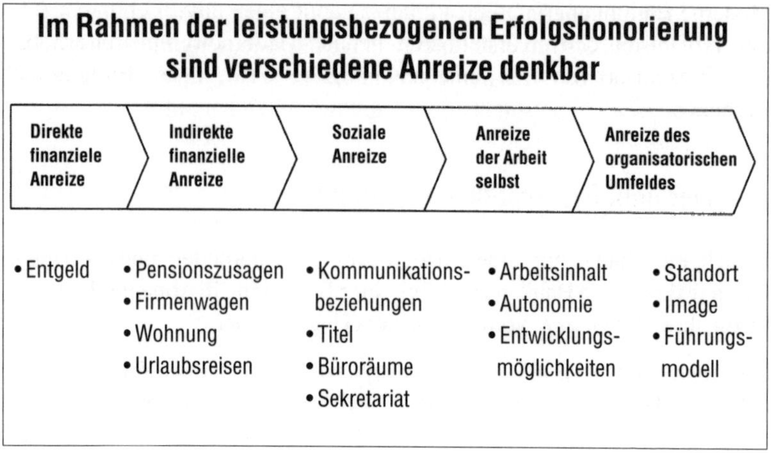

Im Rahmen der leistungsbezogenen Erfolgshonorierung sind verschiedene Anreize denkbar
Direkte finanziele Anreize
Indirekte finanzielle Anreize
Soziale Anreize
Anreize der Arbeit selbst
Anreize des organisatorischen Umfeldes
• Entgeld
• Pensionszusagen
• Firmenwagen
• Wohnung
• Urlaubsreisen
• Kommunikationsbeziehungen
• Titel
• Büroräume
• Sekretariat
• Arbeitsinhalt
• Autonomie
• Entwicklungsmöglichkeiten
• Standort
• Image
• Führungsmodell

Abbildung 2: Anreize leistungsbezogener Erfolgshonorierung

Erfolgsorientierte Entlohnung ist daher zwar Voraussetzung für Arbeitszufriedenheit, ist aber allein nicht ausreichend für hohe Leistungsbereitschaft. Aber immerhin: hat nicht schon Rupert Lay („Führen durch das Wort“) das Fehlen von Demotivation als die beste aller Motivationen bezeichnet!?

3. Leistungsorientierung und Unternehmenskultur

Die notwendige Einbettung der Leistungsorientierung in alle Lebensbereiche des Unternehmens sollen folgende Überlegungen illustrieren:

- Leistungsorientierung muß ein Kulturelement innerhalb der Unternehmenskultur darstellen. Leistung muß im Wertesystem des Unternehmens einen hohen Stellenwert einnehmen und vor allem vorgelebt werden.
- Vermehrte Leistungsorientierung wird nicht ohne Änderung der Rolle der Vorgesetzten und deren Verhalten möglich sein. Die stärksten Änderungen werden in der Wahrnehmung der dezentralen Personalfunktion sowie in einem professionelleren Führungsverhalten liegen.
- Leistungsmessung kann nur dezentral zwischen dem jeweiligen Vorgesetzten und dem Mitarbeiter anhand möglichst gemeinsam festgelegter Maßstäbe erfolgen.

- Leistungsorientierung und in der Folge leistungsorientierte Bezahlung stellen keine Instrumente für eine Personalkostensenkungsstrategie dar, sondern sind als Offensivmaßnahme zu verstehen. Eine verstärkte Leistungsorientierung soll über erhöhte Produktivität und Effizienz zu besserem Ertrag führen.
- Leistungsorientierung wird nur umzusetzen sein, wenn damit Konsequenzen verbunden sind. Neben monetären Leistungsanreizen darf auf das gesamte nichtmonetäre personalpolitische Instrumentarium nicht vergessen werden.

4. Organisations- und Personalentwicklungsaktivitäten

Damit die aufgezählten Ansprüche erfüllt werden können, sind konkrete Organisations- und Personalentwicklungsaktivitäten durchzuführen.

Organisationsentwicklung

- Entwickeln eines Unternehmensleitbildes und bewußte Gestaltung der Unternehmenskultur
- Dezentralisierung der Personalverantwortung
- Definition der Vorgesetztenrolle
- Entwickeln eines Zielvereinbarungssystems (als organisatorisches Instrument) für jeden einzelnen Mitarbeiter im Rahmen der individuellen Gruppen-, Abteilungs-, Bereichs- und Gesamtbankzielsetzung
- Entwickeln eines Beurteilungssystems („Mitarbeitergespräch“)
- Überarbeitung des Informationssystems, damit die Führungskräfte ihre Vorgesetztenrolle unter dem Blickpunkt der Leistungsorientierung wahrnehmen können

Personalentwicklung

- Überarbeiten der Ausbildungskonzeptionen nach
  - Inhalten (lebenslanges Lernen, vermehrtes Verhaltens- und Kommunikationstraining) und
  - Didaktik (stärkere Aktivierung der Teilnehmer durch Gruppenarbeiten und Workshops)

- Seminarangebot Zielvereinbarung
- Seminarangebot Mitarbeitergespräch / Beurteilungssystem
- Seminarangebot Konfliktbewältigung
- Überprüfung des Recruitings hinsichtlich der Aufnahme eines „leistungsorientierten Mitarbeitertyps“ nach einem objektiven Auswahlverfahren unter Einbeziehung des Linienvorgesetzten

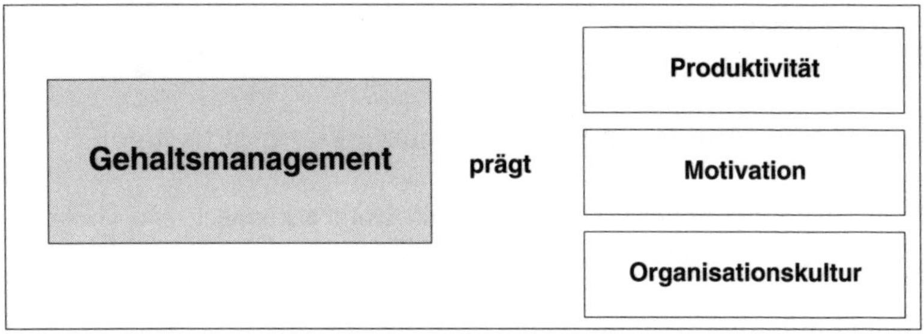

Abbildung 3: Gehaltsmanagment

5. Personalpolitische Grundbedingungen

Harmonisch eingebettet in diese leistungsfördernde Unternehmenskultur liegen nun folgende personalpolitischen Grundbedingungen für ein leistungsorientiertes Bezahlungsmodell auf der Hand:

- Hauptaufgaben und Leistungsziele müssen jeweils zwischen Vorgesetzten und Mitarbeitern periodisch vereinbart und klar definiert werden (übereinstimmende Untersuchungen ergeben immer wieder, daß rund die Hälfte der Mitarbeiter die von ihnen erwarteten Ziele nicht kennt).
- Der Mitarbeiter muß erkennen, daß er mit seiner Leistung die Prämie wirklich beeinflussen kann. Bestimmt z. B. die Marktsituation vorrangig die Höhe seines Bonus, stößt das Leistungsmodell bald auf Widerspruch.
- Der zeitliche Abstand zwischen Leistung und Belohnung darf nicht zu groß sein, sonst geht die motivierende Wirkung verloren.
- Der Bonus bzw. die Prämie darf nicht zu klein sein: unter 10 % des Fixgehaltes ist kaum ein echter Anreiz gegeben (ideal 20 – 25 %).
- Ständiger Informationsfluß in beide Richtungen.

- Periodische Leistungsbeurteilungen werden anhand gemeinsam erstellter Kriterien durchgeführt.
- Kein Ausgleich von nicht erreichten Zielvereinbarungen durch sonstige betriebliche Sonderleistungen!
- Möglichst transparente Gestaltung und einfache Administrierbarkeit des Systems.

Voraussetzung für funktionierende Leistungsdifferenzierung stellt somit ein periodisch geführtes und dokumentiertes „Mitarbeitergespräch" zwischen direktem Vorgesetzten und Mitarbeiter dar, wie es schon in vielen Banken erfolgreich eingeführt ist. Erfolgsentscheidend ist die Qualität der Leistungsbewertung durch die verteilenden Führungskräfte. Meßsysteme – welcher Art immer – können diese Entscheidungen der Führungskräfte nicht ersetzen, sondern nur unterstützen.

6. Relative Lohngerechtigkeit

Neben den Aspekten der Leistungsmotivation müssen auch die ebenso wichtigen Kriterien der „relativen Lohngerechtigkeit" berücksichtigt werden. Ein Mitarbeiter wird seine Entlohnung nur dann als „leistungsgerecht" empfinden, wenn die Höhe im Einklang zu seiner subjektiv festgelegten Erwartung steht. Diese Erwartung gründet sich auf „Bezugspunkte" innerhalb und außerhalb des Unternehmens, an denen die eigene Bezahlung gemessen wird. Es ist nur menschlich, daß diese Bezugspunkte – mehr oder weniger vergleichbare Tätigkeiten anderer – durchaus subjektiv gewählt werden. Das Ziel einer auch subjektiv empfundenen leistungsgerechten Entlohnung wird folgerichtig nur dann erreicht werden, wenn der Beurteilungsprozeß in einem „offenen" Verfahren erfolgt.

7. Anreize für strategisches Denken und Handeln bei Führungskräften

Die beste Unternehmensstrategie wird nur schwer umsetzbar sein, wenn kurzfristige Erfolge stärker Anerkennung finden als langfristige. Besonders in wirtschaftlich schwierigen Phasen fällt es vielen Banken schwer, erst langfristig wirksam werdende Leistungen (z. B. Verbesserung des Qualifikationsniveaus der Mitarbeiter), die aber für die Zukunft jedes Geldinstitutes anerkanntermaßen von herausragender Bedeutung sind, zu honorieren. Deshalb ist es notwendig, in das Anreiz- und Beurteilungssystem der Bank neben operativen Kriterien wie Verbesserung der Ertragslage oder Erfolge bei der Kostensenkung gleichermaßen strategische Kriterien zu stellen.

Derartige strategische Faktoren können zum Beispiel sein:

- Marktanteilsgewinne,
- Verbesserung der Produktivität,
- erfolgreiche Produktinnovationen bzw. neue Finanzdienstleistungen,
- Hebung des Qualifikationsniveaus der Mitarbeiter,
- langfristige Kundenbindung,
- Imageverbesserung.

Diese eher langfristig orientierten Faktoren sind an den geschäftspolitischen Zielsetzungen des Unternehmens auszurichten und dementsprechend unterschiedlich zu gewichten.

Verfolgt eine Bank z. B. im Wertpapiergeschäft eine Wachstumsstrategie, so könnte die Ausschüttung von Tantiemen oder Boni für die in diesem Bereich verantwortlichen Führungskräfte von folgender Gewichtung abhängig gemacht werden:

- 50 % Marktanteilsgewinn,
- 20 % Rendite,
- 20 % Aufbau eines qualifizierten Potentials an Wertpapierspezialisten,
- 10 % erfolgreiche Einführung neuer Finanzdienstleistungen.

Wenn die Gewichtung in Prozentpunkten vom Topmanagement für die einzelnen Bereichsverantwortlichen festgelegt wird, dann hat das Unternehmen dokumentiert, worauf es in Zukunft Wert legt. Monetäre Anreize können so gezielt auf die strategischen Schwerpunkte des Unternehmens gelenkt werden.

Umgelegt auf das hierarchische Organigramm einer Bank könnte die Gewichtung zwischen operativen Ergebnissen und Strategiefaktoren z. B. so aussehen:

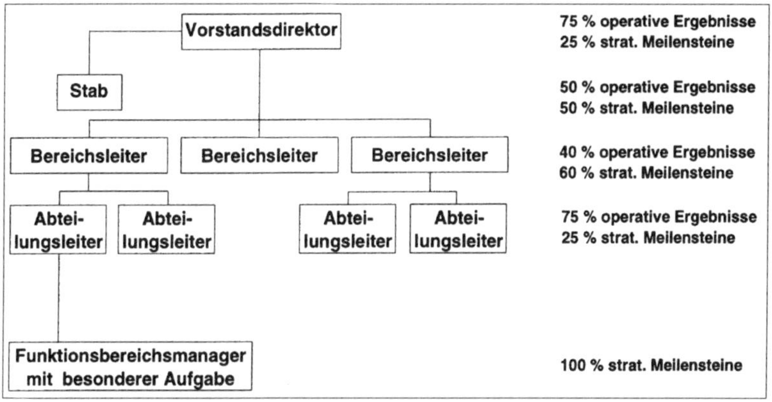

Abbildung 4: Gewichtung der Ergebnisse in den hierarchischen Ebenen

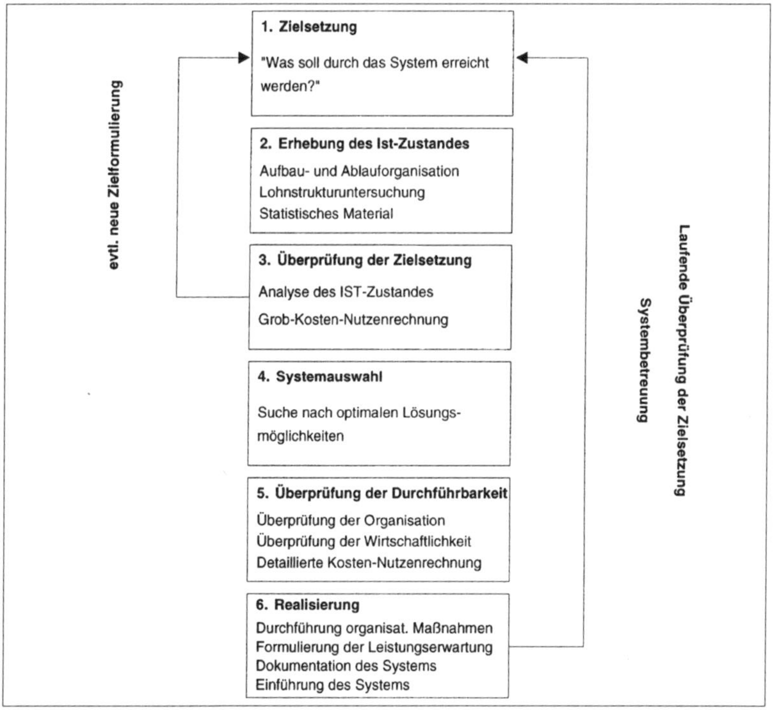

Abbildung 5: Ablaufschritte zur Einführung eines leistungsorientierten Entlohnungssystems

Typisch auftretende Fehler bei leistungsorientierten Entlohnungssystemen

- Die Leistungserwartung stand im Gegensatz zur Leistungsfähigkeit von Organisation und Mitarbeitern.
- Die Leistungserwartung war nicht klar genug definiert. Nicht jeder Mitarbeiter hatte „seine“ schriftliche Vereinbarung bzw. die seiner Gruppe.
- Das Gehaltsmodell war zu kompliziert (‘juristische“ Berücksichtigung aller Eventualitäten) und damit nicht für jeden Mitarbeiter nachvollziehbar.
- Das System wurde eingeführt, ohne daß die Zielsetzung vorher klar definiert sowie Vor- und Nachteile gegeneinander abgewogen wurden.
- Ohne Änderung der Organisationsstruktur bzw. der Rolle der Vorgesetzten konnte der Einzelne das Ergebnis kaum beeinflussen.
- Mangelhafte Betreuung des Systems führte schleichend zu Überalterung und Unaktualität.

Die Folge: Kostenerhöhungen und Leistungsverfall

Modellskizze aus der Praxis

Das Wettbewerbsumfeld der Banken stellt – zunehmend beeinflußt aus dem anglo-amerikanischen Raum – mehr und mehr das Einzelinteresse des Mitarbeiters vor Gruppeninteressen: Egoismus versus Solidarität, Leistungsbezahlung versus Sozialleistungen. Der Unternehmensidentität der zentraleuropäischen Banken erscheint es jedoch nicht förderlich – auch wenn der solidarische Sozialgedanke in der Vergangenheit oftmals zu weit getrieben wurde – das Pendel nun total ins Gegenteil umschlagen zu lassen.

Bewußt wird daher hier ein Beispiel modellhaft skizziert, welchem auch der Teamgedanke zugrunde liegt. Es wurde in einer der größten österreichischen Banken Anfang der 90er Jahre eingeführt. Als Testbereiche waren „Wertpapier“ und „Treasury“ ausgewählt worden.

Das Profit-Center Bonus-Malusmodell – Grundüberlegungen

- Da es auch in dieser Bank nicht möglich ist, die Mitarbeiter am Kapital zu beteiligen, wird der Weg der Gewinn- oder Deckungsbeitragsbeteiligung als „indirektes“ Mitarbeiterbeteiligungsmodell gewählt. Gegenüber individueller Leistungsentlohnung wird das Team hier zu einer zentralen Leistungseinheit zusammengeschmiedet.

- Um dem „Bonustopf“ eine angemessene Basisfüllung ohne zusätzliche Belastung des Personalbudgets zu ermöglichen, wurden die für Bilanzremunerationen und sonstige freiwillige Sonderzahlungen dieser Bereiche vorgesehenen Beträge „kassiert“. Die am Modell teilnehmenden Mitarbeiter erkannten den Wegfall all dieser zwar offiziell freiwilligen, mehr oder minder aber doch üblichen und regelmäßigen Leistungen an. Damit war der erste Schritt in Richtung eines „Bonus-Malus Systems“ gesetzt, mußte doch bei einem schlechten Bereichsergebnis mit einer realen Einkommensminderung gerechnet werden.
- Um kurzfristiges Denken zu verhindern, ging das Modell von der banküblichen Einjahresbetrachtung ab.

8. Rahmenbedingungen

- Ziele:
  - Weiterentwicklung der Leistungsfähigkeit von Mitarbeitern und Führungskräften
  - Beteiligungen dieses Personenkreises am Erfolg ihres Bereiches
- Teilnahmekreis:
  - alle Bereichsmitarbeiter als Gruppe auf freiwilliger Basis (nach langen Diskussionen, die zum geforderten einstimmigen Beschluß führten – natürlich unter Einbeziehung der Mitarbeitervertretung)
- „Bonus-Malus“:
  - für diesen Personenkreis lückenloser Wegfall aller über die gesetzliche Anzahl von 14 Gehältern hinausgehenden Zahlungen (Bilanzremunerationen, Sonderzahlungen, Prämien etc.)
    Die Mitarbeiter nehmen im ungünstigen Fall eine Reduktion ihres Jahresgehaltes von rund 5 % in Kauf.
- Gesamtbonushöhe:
  - Basis: von der OE Controlling festgestelltes summiertes wirtschaftliches Ergebnis (Profit-Center-Rechnung unter Berücksichtigung von Abschreibungen und stillen Reserven) des Gesamtbereichs
  - Beobachtungszeitraum: die letzten zwei zurückliegenden sowie das bevorstehende Jahr (Prognose)

- Einzelbonushöhe:
  - Obergrenze 50 % des Jahresbruttobezuges

- OE-interne Aufteilung:
  - durch den Bereichsleiter auf alle OE des Bereichs
  - durch die jeweiligen Abteilungsleiter auf die Mitarbeiter ihrer OE. Diese interne Aufteilung nur auf Basis des „Mitarbeitergesprächs“ – ohne zahlenmäßige Meßsysteme im „back-office“ – stellte für viele Mitarbeiter das größte Hemmnis zur Zustimmung dar. Ungerechtfertigte subjektive Bevorzungen seitens der Führungskräfte wurden befürchtet. Zur Unterstützung der Vertrauensbildung wurde der Aufteilungsschlüssel
    - nach OE allen Mitarbeitern des Bereichs
    - innerhalb jeder OE allen Mitarbeitern derselben bekanntgegeben.

- Fälligkeit:
  - nach Feststellung des Jahresabschlusses

- Berechnungsbasis:
  - zu 50 % das im zu Ende gegangenen Jahr erzielte,
  - zu 25 % das im vorhergehenden Jahr erzielte und
  - zu 25 % das für das zukünftige Jahr prognostizierte

  summierte wirtschaftliche Ergebnis des Bereichs

- Berechnungsformel:
  - 1 % (Treasury) bzw. 8 % (Wertpapier) der Berechnungsbasis

- Einflüsse auf das Berechnungsergebnis:
  - keine Bonusberechnung bei Ergebnis unter 70 % Zielerreichung
  - ab einer Zielüberschreitung um 80 % kein darüber hinaus gehender Bonus (um außerhalb des Einflußbereiches der MitarbeiterInnen liegende, das Ergebnis stark verbessernde Einflüsse nicht überzubewerten)
  - Kürzung des Bereichsbonus bei Nichterreichen des Gesamtbankjahresergebnisses (GBE vor Risikokosten) wie folgt:
    - GBE zwischen 80 und 90 % Plan: – 10 %
    - GBE zwischen 70 und 80 % Plan: – 20 %
    - GBE unter 70 % Plan: – 30 %

- Bonus für Führungskräfte
  - Die Höhe des Bonus für Abteilungsleiter und Bereichsleiter basiert neben dem operativen Ergebnis auch auf strategischen Kriterien, die in der jeweiligen persönlichen Zielvereinbarung festgehalten wurden.

Mit diesem richtungsweisenden Modell gelang es, das unternehmerische Engagement der jeweiligen Bereichsmitarbeiter durch Verstärkung ihrer ergebnis- und leistungsorientierten Bezugstangenten zu erhöhen.

Ein Zustandekommen war allerdings nur nach intensiven und einen Zeitraum von sechs Monaten in Anspruch nehmenden offenen und transparenten Diskussionen zwischen Vorstand, Personalbereich, Linienvorgesetzten, Mitarbeitern und Mitarbeitervertretung möglich. Letztere können sich ja erfahrungsgemäß mit leistungsorientierten Entgeltmodellen nur schwer anfreunden, läuft doch die angepeilte Leistungsdifferenzierung ihren Nivellierungsbestrebungen zuwider. In unserem Beispiel ließ zusätzlich das „Malusrisiko“ die Zustimmung der Mitarbeitervertreter wahrlich nicht zur Selbstverständlichkeit werden. Die Definition einer Testphase bot dann doch auch diesem skeptischen Funktionärskreis die goldene Brücke zu neuen Wegen in der Entlohnungsstrategie.

Jürgen Stübner

Was kommt nach Lean Management?

Versuch eines Ausblicks

Was kommt nach Lean Management? Versuch eines Ausblicks

1. Lean Management – die Unternehmen sind gefordert

Führungskräfte und Mitarbeiter sind in der heutigen Zeit immer stärker gefordert. Unternehmen reagieren in immer kürzeren Zyklen auf Anforderungen aus dem Umfeld. Neue Managementansätze werden in immer kürzeren Zeiten als Lösungsansätze angeboten und in den Unternehmen umgesetzt. Die Rezession zwingt zu schnellem Reagieren. Teilweise radikale Veränderungen rufen Unsicherheiten im Management und Belegschaft hervor.

Führungskräfte und Mitarbeiter empfinden die Veränderung in den meisten Fällen als unangenehmes, notwendiges Übel. Bisher waren die Veränderungen vielfach nur zeitlich und inhaltlich determiniert. Neue Technologien (Datenverarbeitung), neue Organisationskonzepte (Teamarbeit), neue Unternehmensstrategien (Qualität, Kundenorientierung) wurden eingeführt, der angestrebte Zustand wurde erreicht und auf dem erreichten Niveau wurde weiter gearbeitet.Veränderung wurde von allen Beteiligten vor allem in Form von Wellen bzw. Kampagnen erlebt, nach denen eine gewisse Phase der Ruhe eintrat. Der kontinuierliche Verbesserungsprozeß hat als eine der wenigen Ausnahmen permanenten Charakter. Lean Management als eine der aktuellsten, drängendsten und tiefgreifendsten Veränderungen ist im Moment ein zentrales Thema in vielen Unternehmen. Gleichzeitig erhebt sich aus den oben genannten Ansätzen in vielen Unternehmen die Frage:

„Was kommt nach Lean Management?“

Die Frage läßt sich nur im Kontext des Unternehmens und seines Umfeldes beantworten. Abbildung 1 gibt einen Überblick über die Veränderungsdynamik, der das Unternehmen und natürlich auch seine Organisation ausgesetzt sind. Komplexität, Flexibilität, Temporärität der Anforderungen zwingen uns immer schneller zu reagieren. Die Veränderungslandschaft wird zunehmend durch Dynamik, Unschärfe, teilweise gegenläufige Tendenzen, Unsicherheit bis zu chaotischen Zügen geprägt. Veränderung als kontinuierlichen Prozeß anzuerkennen und danach zu handeln ist eine wesentliche Forderung der Zukunft.

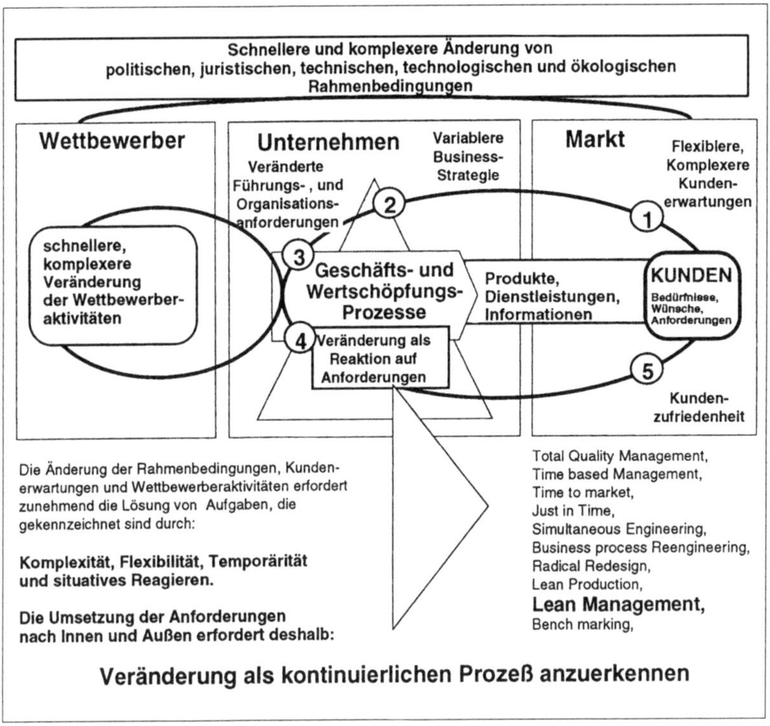

Abbildung 1: Veränderungsdynamik aus dem Unternehmensumfeld

2. Vom Problem zum Erfolg

Lean Management, Lean Organisation, Lean Society, Lean Banking, Lean-Prozess-Management, Lean Production, Lean Company ein babylonisches Sprach- und Begriffsgewirr mit unterschiedlichsten Inhalten.[1] Es ist schon schwierig sich in diesem Sprach - und Begriffgewirr zurechtzufinden. Wenn noch solche Begriffe wie Total Quality Management, Time based Management, Just in Time, Kaizen, Business Process Reengineering und andere dazukommen, wird es fast aussichtslos. Es erheben sich solche Fragen wie:

- Was ist es genau?
- Was ist wichtig?

1 Vgl. Diederich, 1993.

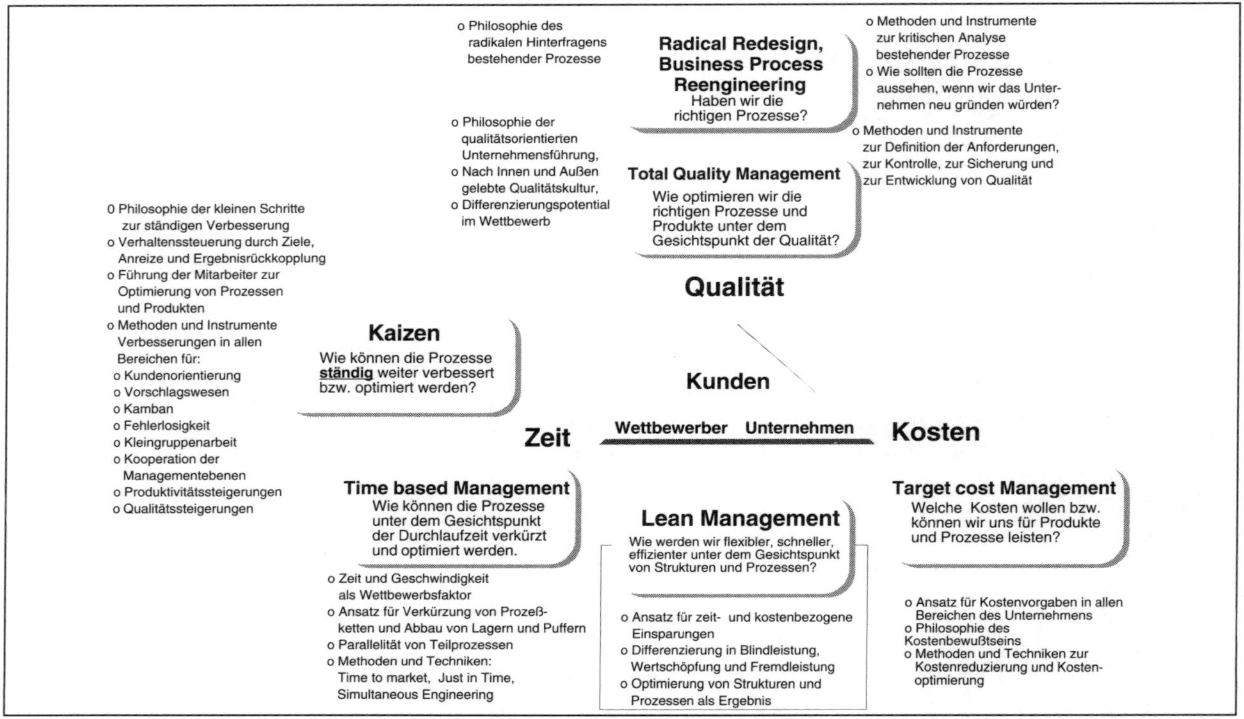

Abbildung 2: Zusammenhang zwischen Total QualityManagement – Kaizen und Lean Management (vgl. Töpfer, 1994 und Masaaki, 1993)

- Wie hängt das alles zusammen?
- Was ist das Ziel?
- Wie mache ich es?

Manchmal taucht auch die Frage nach dem alten Wein in neuen Schläuchen auf. Diese Frage wird sicher auch in einigen Fällen zu recht gestellt. Neue, verwirrende Begriffe schaffen noch keine neuen Inhalte.

Abbildung 2 gibt eine Übersicht über Inhalte und Zusammenhänge gegenwärtig aktueller Managementsysteme.

2.1 Was verstehen wir unter Lean Management?

- Konzentration auf Kernkompetenzen
- „Outsourcing“
- „Empowerment“ von Mitarbeitern
- Teamarbeit
- kontinuierliche Verbesserungen
- Vernetzung mit Kunden und Lieferanten[2]

„Verschlankung“ des Unternehmens unter den Gesichtspunkten der Flexibilität, Hierarchie und Effizienz ist das Ziel. Lean Management wird in diesem Zusammenhang als Managementsystem verstanden, welches schon bekannte, aber auch neue Bausteine in sich integriert. Gleichzeitig ist Lean Management aber auch eine Philosophie und eine Strategie. Sohn[3] sagt in diesem Zusammenhang:

„Die von den Lean-Entscheidungen ausgehenden Wirkungen sind dauerhaft. Man kann die Organisation von Unternehmungen nicht ständig, und vor allem nicht in zu kurzen Abständen, ändern.
Insofern wird mit der Entscheidung für schlanke Strukturen eine Strategie festgelegt.“

Diese sollte nicht so verstanden werden, daß das schlanke Unternehmen Hauptziel des Lean Management-Prozesses ist. Vielmehr sollte das Unternehmen im Ergebnis des Lean Management- Prozesses schlank sein. In einigen Unternehmen wird Lean Management als Synonym für Kostenreduzierung und Stellenabbau verstanden. Dies macht das Unternehmen zwar „schlank“, hat aber mit dem Grundgedanken des Lean Management wenig

2 Vgl. Gareis, 1993.
3 Vgl. Sohn, 1993.

zu tun. Ein weiterer Aspekt ist die Endlichkeit des Prozesses (wir haben jetzt Lean Management eingeführt).

Hier wird in den Äußerungen die kampagnenartige Betrachtung von Veränderungsprozessen deutlich. Dahinter steckt auch ein berechtigter Wunsch nach Ruhe, Stabilität und Kontinuität. Das genannte Zitat unterstreicht das.

Die Frage ist nur, wie lange gestatten wir uns selbst bzw. andere diese Stabilität und Kontinuität.

2.2 Was zwingt uns darüber nachzudenken, was nach Lean Management kommt?

Zur Beantwortung der Frage sind die möglichen Ursachen für Veränderungsbedarf oder Notwendigkeit zu ergründen und zu definieren. Aus Unternehmenssicht sind zwei Betrachtungsebenen für mögliche Ursachen relevant. Diese lassen sich in zwei Fragestellungen fassen:

Wo müssen, wollen wir reagieren?
(externe und interne Reaktionsfelder)

Wo wollen, müssen wir agieren?
(Interne und externe Aktionsfelder).

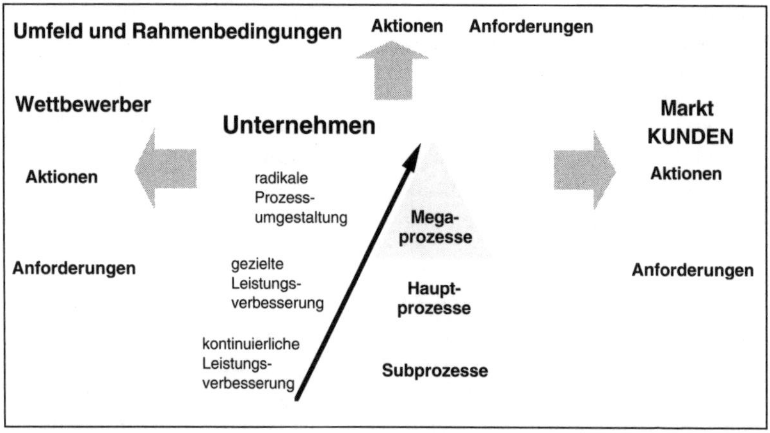

Abbildung 3: Anforderungen und Auswirkungen auf die Prozeßhierarchie[4]

4 Vgl. Dangel, 1994

Die erste der beiden Fragen richtet sich in erster Linie nach dem Erhalt der Wettbewerbsfähigkeit im Kundeninteresse. Eine Reaktion auf die Anforderungen ist gefordert. Im Abbildung 3 sind die Reaktionen auf unterschiedlichste Anforderungen dargestellt.

Der Anforderungs – Reaktionsprozeß in den Unternehmen läuft im allgemeinen nach dem im Abbildung 3 beschriebenen Algorithmus ab. Die Unterscheidung in die drei Prozeßebenen hilft, Prioritäten in diesem Kontext zu setzen.

Die Reaktion auf Anforderungen aus dem Unternehmensumfeld führt im allgemeinen zu Veränderungen in der dargestellten Prozeßhierarchie. Megaprozesse sind u. a. dabei:

- die Entwicklung und Einführung neuer Produkte,
- die Abwicklung von Aufträgen,
- die Akquisition von neuen Aufträgen.

Gleichzeitig werden Felder der aktiven Einflußnahme durch das Management definiert. Hier werden aktiv Veränderungen nach Innen und Außen angestrebt. Die Häufigkeit und die Priorität der Anforderungen auf die Unternehmen steigen rasant. Die verbleibenden Reaktionszeiten verkürzen sich dramatisch.

Daraus ergibt sich die Frage, inwieweit das Lean Management als Managementsystem, als Philosophie und als Strategie in der Lage ist, diese Systemanforderungen zu erfüllen. Die Reaktion auf Veränderungen und die Zeit für eigene Aktionen werden neben den Innovationen die höchste Priorität in der Zukunft haben. Dabei sind grundsätzlich die Unternehmen im Vorteil, die agieren und nicht nur reagieren. Der Anteil der Selbstbestimmtheit und der Identifikation mit den Aktionen ist ungleich größer. Die Motivation steigt dabei natürlich sehr stark durch den Übergang vom „Müssen“ zum „Wollen“.

In der hohen Dynamik der Veränderungen wird die Kontinuität der Zukunft liegen.

2.3 Auf welche Entwicklungstrends müssen sich Unternehmen in der Zukunft einstellen?

Die Übersicht „Veränderungstrends“ zeigt eine Auswahl möglicher Entwicklungen, von denen einige sich schon klar abzeichnen.

Veränderungstrends

1 Vom Lean Management zur Lean Company

Der Lean Ansatz wird von einem Unternehmen auf Zulieferer und Dienstleister erweitert. Intern entwickeln sich aus einzelnen Unternehmensbereichen selbständige Lean-Einheiten. Fraktale Organisation und virtuelle Fabrik geben als Begriffe Hinweise.[5]

2 Von der Struktur zur Prozeßorientierung

Der strukturierte Ansatz intern und extern macht einer Prozeßorientierung Platz. Die Unternehmensstruktur paßt sich zunehmend und schneller werdend den Prozessen bzw. den Prozeßketten an. Auch für den Kunden werden die angebotenen Produkte und Dienstleistungen in den Kontext seiner Prozeßabläufe gestellt.[6]

3 Von der Prozeßkettenbetrachtung zu Prozeßkreisläufen

Produkt- und Verpackungsrücknahme-Verordnung zwingen in Produkt- und Dienstleistungskreisläufen zu Denken und zu Handeln. Recycling und Entsorgung werden Bestandteil des Produkt-Lebens-Zyklus.[7]

4 Von der Ökologie zur Ökologie-und Rohstoffressourcen-Erhaltung

Die ökologisch verträgliche Produktion wird in Zukunft nicht mehr aussreichen. Die Betrachtung der Endlichkeit der meisten unserer Rohstoffe wird ebenso zu berücksichtigen sein. Nachwachsende Rohstoffe werden an Bedeutung gewinnen.[8]

5 Von der Problemlösung zur Systemlösung

Im Rahmen der Prozeßorientierung werden aus Kundensicht immer weniger einzelne Lösungen gefragt. Zunehmend sind prozeßkompatible Systemlösungen gefragt. Die Entwicklung bei den Zulieferern in der Automobilindustrie ist ein gutes Beispiel.

6 Von der Informationsflut zur zweckgerichteten Informationsverarbeitung

Mit der technischen und technologischen Entwicklung im Kommunikationsbereich werden die Informationsmöglichkeiten und der Informationsdruck enorm steigen. Die Frage: „Wer erreicht als erster die relevanten Informationen als Grundlage für eine Entscheidungsfindung?“, wird ein entscheidender Wettbewerbsfaktor.

7 Vom parallelen Ablauf der Veränderungsprozesse zur Integration

Die Einbettung von Veränderungsprozessen in die Veränderungslandschaft des Unternehmens ist Voraussetzung für die Nutzung von Synergie und die Vermeidung von Mehraufwand bei der Umsetzung. (Ein Beispiel ist der Fahrradeffekt: An mehreren Stellen im Unternehmen werden gleiche Themen entwickelt und umgesetzt.)

8 Von der zeitlich, inhaltlich determinierten zur permanenten Veränderung

Während bisher Veränderungen (z. B. Reorganisationen) determiniert als das Normale angesehen wurden, wird die permanente Veränderung zur Norm. Veränderungsmanagement als Hauptaufgabe.

Von den aufgezeigten Veränderungstrends werden die letzten drei eine herausragende Bedeutung erlangen. Die Informationsgesellschaft wird, heute schon beginnend, das Abbild der Zukunft prägen. Folgen wir der Theorie der Kondratieff-Zyklen, so beeinflussen Basisinnovationen, die etwa alle 50 Jahre auftraten den wirtschaftlichen und gesellschaftlichen Strukturwandel fundamental. Nach den bisherigen Basisinnovationen seit etwa 1800:

- Dampfmaschine und Textilindustrie,
- Eisenbahn und Stahl,
- Elektrotechnik und Chemie,
- Petrochemie und Automobile.

Der heutige, fünfte Kondratieffzyklus, ausgelöst durch die Informationstechnik, ist durch eine Besonderheit gekennzeichnet. Wachstum wird zum ersten Mal in der Geschichte nicht durch Energie-Input sondern durch Information erzeugt.[9]

Die aktuellen Entwicklungen in der Gesellschaft bestätigen, daß wir schon mitten in diesem Zyklus sind. Gerade im Banken- und Börsengeschäft sind die Faktoren Informationsmenge und -strukur sowie Zeit wettbewerbsrelevant. Begriffe wie Information Highway, Multimedia, Cyberspace, Internet zeigen die Richtung an.

Damit ergeben sich völlig neue Dimensionen für die Unternehmen. Die durchschnittlichen Zeiten für Innovationschübe liegen jetzt schon unter einem Jahr in diesem Bereich. Die Produktlebenszyklen unter 3 Jahren. Die Dynamik des Reagierens und des Agierens nimmt in diesem Bereich dramatisch zu.

Ein Vergleich mit der Automobilindustrie zeigt den Abstand, welche einige Branchen und Bereiche schon haben. Womack, Jones, Roos sprachen 1990 in der weltweiten Studie des Massachusetts Institute of Technologie von der zweiten Revolution in der Automobilindustrie. Sie war einer der Auslöser für das Lean Produktion und später das Lean Management Konzept.

---

5 Vgl. Kämpf/Wilhelm, 1994; Womack/Jones, 1994; Groothius, 1993 und Watermann, 1994.
6 Vgl. Müri, 1994.
7 Vgl. Stübner, 1994.
8 Vgl. Stübner, 1994.
9 Vgl. Nefiodow, 1994.

In den Unternehmen hat sich wirklich eine Menge geändert. Die durchschnittlichen Reorganisationszyklen haben sich auf zwei Jahre verkürzt. Es ist etwas in Bewegung geraten. Die Innovationen in den Produkten sind jedoch in dieser Zeit relativ bescheiden geblieben im Gegensatz zur informationserzeugenden und verarbeitenden Branche.

Der Zwang, auf Veränderung zu reagieren, nimmt in allen Branchen mit unterschiedlicher Dynamik und Härte zu. Gleichzeitig wachsen aber auch die Möglichkeiten, durch Agieren aus den Unternehmen heraus, Veränderungen im Markt zu erreichen. (Diese sind im Informations- und Kommunikationsbereich gegenüber traditionellen Branchen durch die kürzeren Innovationszyklen, die höhere Dynamik und die geringeren Investitionen deutlich größer.)

Es ist schon einigermaßen kurios, daß von den meisten Autoren die Notwendigkeit des Lean Management Konzeptes als Reaktion auf Anforderungen aus Markt-, Kunden- oder Wettbewerbersicht abgeleitet wird. Damit wird Veränderung als Notwendigkeit definiert. Permanente Veränderung als Philosophie, um im Markt zu agieren, finden wir zumindest in der deutschen Industrie nur selten. Hewlett Packard, ABB und auch BMW sind einige Beispiele für Ausnahmen.

Diese Unternehmen zeigen, daß aktive Veränderung zur Unternehmensphilosophie gehört. Damit verbunden ist die Hinterfragung der Prozesse, auch oder besser gerade in Zeiten der wirtschaftlichen Prosperität. Der wirtschaftliche Erfolg, auch in der Rezession, gibt ihnen recht.

Gerade an der gegenwärtigen Situation in der deutschen Industrie wird ein Dilemma der abendländischen Kultur deutlich. Wir wollen langfristige Strategien und Sicherheit. Jede Veränderung, ob als Anforderung oder als gewollte Absicht, wird als angstmachend angesehen. Dies führt zu Widerständen gegenüber Veränderungen und damit in den meisten Fällen zu einem zu langen Verharren im Status quo. Dies ist in der Mehrzahl der Fälle kein rationales, es ist eher ein psychologisches Problem.

Das Modell zur Persönlichkeitsstruktur von Riemann[10] gibt eine Erklärung zu diesem Phänomen. Er leitet die Persönlichkeitstruktur der Menschen aus den Grundformen menschlicher Angst ab. Damit liefert es eine eine Erklärung dafür, warum in technikorientierten Unternehmen sowie in Unternehmen mit relativ festen Strukturen das Beharrungsvermögen so groß ist.

---

10 Vgl. Riemann, 1991.

Im Dienstleistungsbereich, gerade im Bereich der Kommunikationsbranche (Werbung, Media, Direktmarketing u. a.) und im künstlerischen Bereich haben wir eine deutlich aufgeschlossenere Haltung gegenüber Veränderungen.

Der „natürliche" Widerstand von Organisationen wird durch das „Beharrungsvermögen" und die „Trägheitskräfte", welche in der Größe der Organisationseinheiten liegen, noch verstärkt. Dies führt sehr oft in Krisensituationen zu einer Paralyse des Systems.

Mit den skizzierten Veränderungstrends müssen wir uns diesem Phänomen stellen. Über die Heranführung der Organisationen an – und die Vorbereitung auf Veränderungen ist es möglich, die Organisationen auf radikale Veränderungen in der Weise vorzubereiten, daß diese keine lähmende Bedrohung darstellen. Die Organisationen müssen lernen mit Veränderungen konstruktiv und positiv umzugehen. Dieser Lenrprozeß wird durch die gegenwärtige schwierige, manchmal dramatische Situation in den deutschen Unternehmen sehr stark, manchmal leidvoll vorangetrieben.

Dieser Lernprozeß ist ein positiver Aspekt der gegenwärtigen Situation in der deutschen Wirtschaft. Der in vielen Bereichen oft dramatische Personalabbau ist ein negatives Ergebnis des zu langen Verharrens im Status quo. Insofern tragen die Unternehmen und hier speziell das Management einen Teil der Verantwortung für die entstandene Situation.

Es gibt Standpunkte, welche davon ausgehen, daß der Lerneffekt für die Organisationen nicht ausreichend schmerzhaft genug ist, um bis in die Zukunft zu wirken. Der Aufschwung kommt zu früh. Vor diesem Hintergrund ist auch der Standpunkt des Vorstandsvorsitztenden der BMW AG zu verstehen, der jüngst in einem Interview diese Auffassung im Zusammenhang mit dem sich vollziehenden Aufschwung in der Wirtschaft vertrat.

Die Tiefe des Lernens aus der gegenwärtigen Situation erscheint nicht ausreichend. Durch die Behandlung der Symptome konnte in einigen Bereichen die Krise gemeistert werden. Auf die Behandlung der Ursachen brauchte man nicht eingehen. Das kann den Blick in zukünftige Entwicklungen trüben. (Wir haben es wieder einmal mit bewährten Mitteln geschafft. Wozu Experimente?)

Gleichzeitig hob Dr. Pischetsrieder die Bedeutung des aktiven Handelns im Markt hervor. Gerade die BMW AG hat in der Vergangenheit als relativ kleiner Automibilhersteller sich ständig Anforderungen und Veränderungen stellen müssen. Insofern ist der Umgang mit Veränderungen immanenter Bestandteil der Unternehmensphilosophie.

„Spielmacherqualitäten" haben einen höheren Stellenwert als „Verteidigerqualitäten" im Unternehmen.

3. Anforderungen an zukünftige Management-Konzepte

Zukünftige Management-Konzepte sollten folgende Anforderungen erfüllen:

- einen längerfristigen Orientierungskorridor, gestützt auf eine Vision ermöglichen,
- Veränderung als Kernstück in der Philosophie beinhalten,
- Veränderung als etwas Selbstverständliches, Erstrebenswertes betrachten,
- Veränderungsbedarf rechtzeitig erfassen,
- Veränderungsprozesse nach einem offenen Algorithmus definieren, initiieren und implementieren,
- ganzheitlich die Mehrzahl der einzelnen Veränderungsprozesse integrieren,
- sich selbst permanent in Frage stellen und keinen Anspruch auf Vollständigkeit und Absolutheit haben,
- einfache, klare und verständliche Termini, Methoden und Techniken haben.

Diese Management-Konzepte müssen Veränderungen sowohl auf der Ebene des:

- technisch-organisatorischen,
- der sozialen
- und des kulturellen Systems einer Organisation integrieren.

Diese Ebenen spielen im Zusammenhang eine wichtige Rolle bei Veränderungen. Sie können nicht isoliert von einander betrachtet werden.

Abbildung 4 gibt einen Überblick über die Veränderungszyklen.[11]

Glasl liefert hier einen geeigneten Ansatz. Er spiegelt die Notwendigkeit einer integrierten Betrachtung von Veränderungsprozessen sehr gut wider. Er ist auch geeignet, Lernprozesse in Unternehmen zu beschreiben.

---

11 Vgl. Hasper/Glasl, 1988.

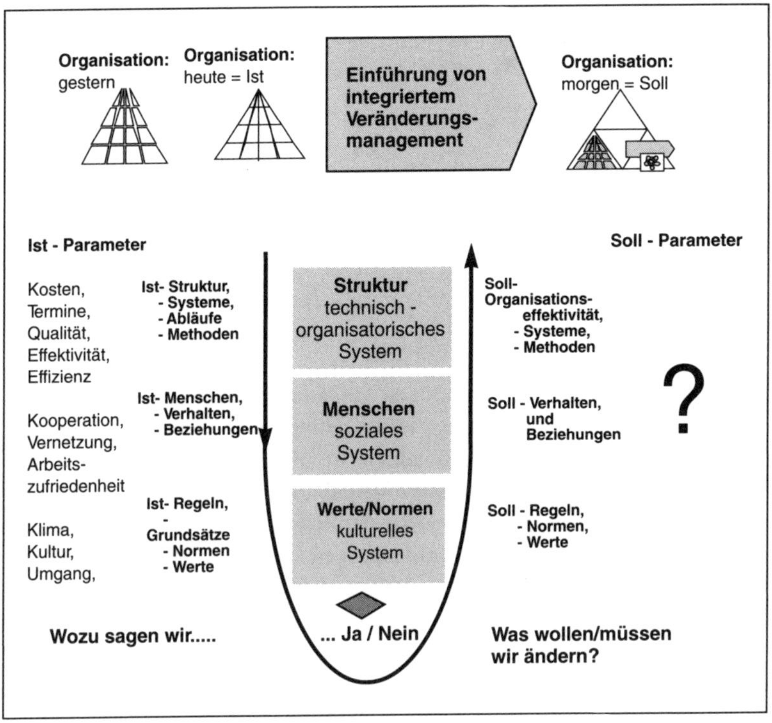

Abbildung 4: Veränderungszyklus[13]

Neuere Untersuchungen zum Thema Veränderungsprozesse, besonders unter dem Gesichtspunkt des Lernens in Unternehmen, beziehen das Individuum als eine wesentliche Ebene in die Betrachtung mit ein. Raske/Dierkes[12] betrachten als wesentliche Bausteine bzw. Ebenen in lernernden Organisationen:

- **Das Individuum** mit seiner Motivation und Lernfähigkeit.
- **Die Struktur** als Organisationsform der Hierarchie (zentral, dezentral) mit der Zuweisung von Aufgaben, Konsequenzen und Verantwortung.
- **Die Kultur** als Summe der im Unternehmen gewachsenen Wertvorstellungen.

12 Vgl. Raske/Dierkes, 1994.

13 Vgl. Hasper/Glasl, 1988.

Eine kombinierte Betrachtung beider Ansätze ist sicherlich sinnvoll. Sie können die Anforderungen an zukünftige Management-Konzepte integriert erfüllen.

4. Integriertes Veränderungsmanagement – ein möglicher Ansatz

Projektorientierte Unternehmen sind aus heutiger Sicht am besten geeignet, schnell auf notwendige Veränderungen zu reagieren.

Abbildung 5 verdeutlicht diesen Ansatz.

Wenn wir davon ausgehen, daß jede Veränderung als Prozeß abläuft, mit Zielfindung, Vorgehensplanung, Realisierung, Steuerung und Abschluß, dann ergeben sich Gemeinsamkeiten in allen Veränderungsprozessen. Damit gibt es eine allgemeingültige Vorgehensweise für Veränderungsprozesse. Projektmanagement in der skizzierten Form ist in der Lage einen allgemein gültigen Rahmen für Veränderungen zu bilden, welcher die spezifischen Inhalte der konkreten Veränderung nicht beeinflußt.

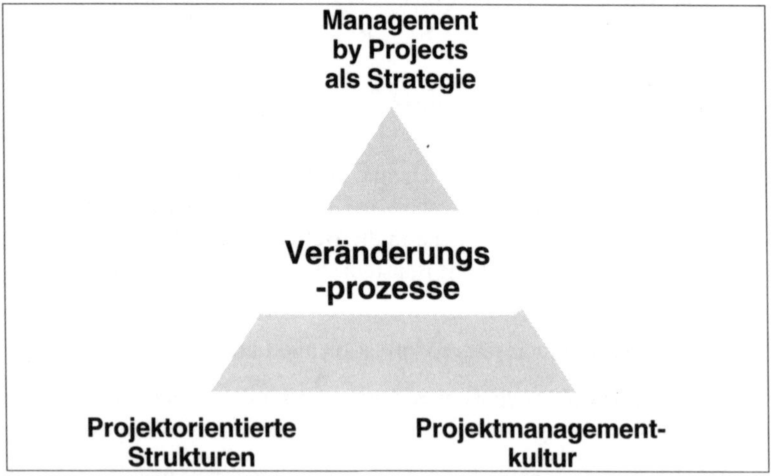

Abbildung 5: Zusammenhang zwischen Strategie, Struktur und Kultur als Voraussetzung für integriertes Veränderungsmanagement[14]

14 Vgl. Gareis, 1993.

So ist die Anwendung von Projektmanagement- Methoden aus Forschung und Entwicklung sowie Produktion sehr wohl in Marketing-Abteilungen möglich.

Die erfolgreiche Implementierung des Projektmanagement in die Marketing- Abteilung eines großen Automobilherstellers zeigt das. Der Implementierungsprozeß hat aber auch gezeigt, daß Management by Projects nur voll wirksam werden kann, wenn alle Bereiche die gleiche „Sprache" sprechen, das gleiche „Verständnis" haben und von gleicher „Kultur" geprägt sind. Wie wichtig diese Voraussetzungen sind, zeigte sich in den Irritationen, welche auftraten, als ein unternehmensweiter Prozeß zum Thema Unternehmensqualität initiiert und durchgeführt wurde. Unterschiedliche Instrumente, Begriffe und Philosophien führten zu starken Reibungen und Spannungen. Folgende Fragen standen im Mittelpunkt der Diskussion und Auseinandersetzung:

- Warum zwei Veränderungsprozesse (Projektmanagement und Unternehmensqualität) gleichzeitig?
- Wo liegen die grundlegenden Unterschiede?
- Warum für inhaltlich gleiche Elemente unterschiedliche Begriffe?
- Wie paßt beides zusammen?
- Wie setzen wir beides um und ein?

Trotzdem wird heute von den Beteiligten eingeschätzt, daß das Instrumentarium des Projektmanagements gut geeignet ist, schnell auf Veränderungsbedarf zu reagieren und bereichsübergreifend Veränderungsprojekte zu realisieren.

Abbildung 6 zeigt den Zusammenhang zwischen spezifischen Veränderungsinhalten und integrierten Veränderungsmanagement als kontinuierlicher Prozeß.

5. Voraussetzungen für das integrierte Veränderungsmanagement

Als Voraussetzungen können neben den Anforderungen an zukünftige Managementsysteme genannt werden:

- Gemeinsame Willensbildung und Konsens im Unternehmen über ein koordiniertes Vorgehen bei Veränderungsprozessen und bei der Imple-

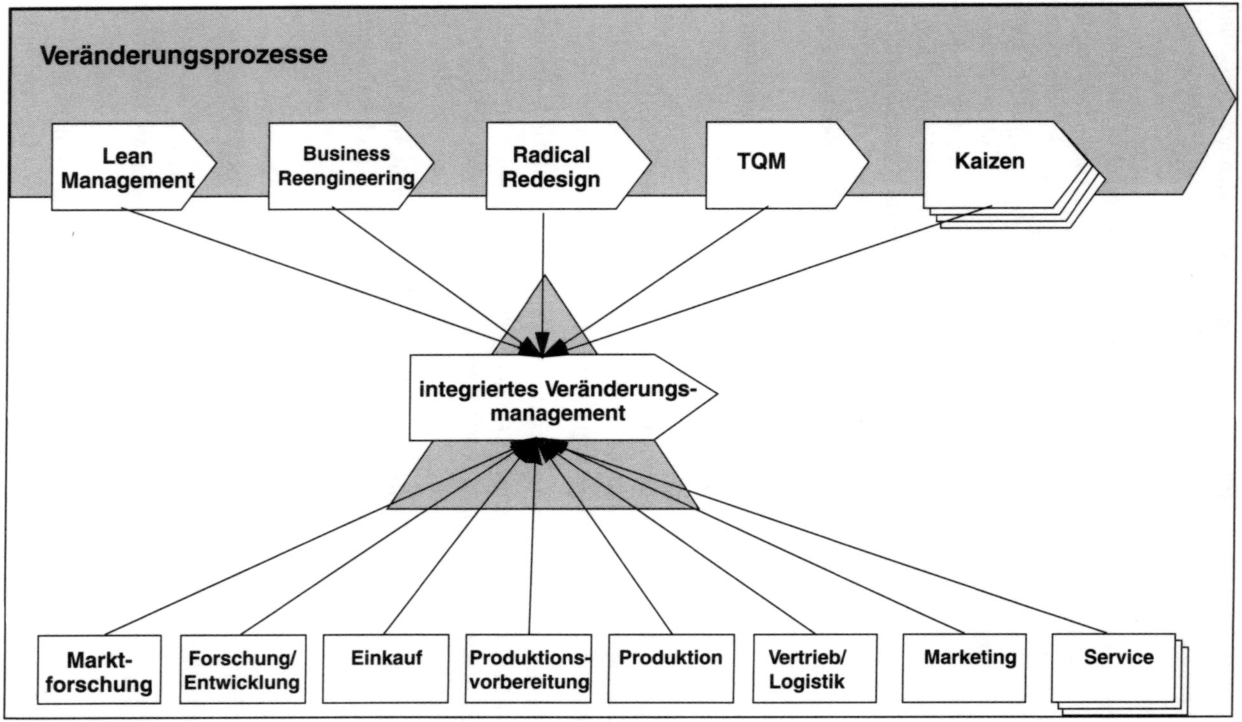

Abbildung 6: Integriertes Veränderungsmanagement im Rahmen von Unternehmen

mentierung des integrierten Veränderungsmanagementes. Verankerung des Konsens in den Unternehmensgrundsätzen.

- Das Denken, Fühlen und Handeln in Prozeßkategorien ist eine Grundvoraussetzung für das integrierte Veränderungsmanagement
- Die Betrachtungsebenen für Veränderungsprozesse im Unternehmen müssen einheitlich definiert werden. Neben der vertikalen, divisionalen Betrachtung gewinnt die horizontale Betrachtung von Veränderungen im Unternehmen zunehmend an Bedeutung. Der Übergang vom bereichsspezifischen Projektmangement zum prozeßbezogenen Projektmanagement ist hier ein aktuelles Beispiel. Die Ausrichtung des Projektmanagement am Geschäftsprozeß bzw. am Produktlebenszyklus reduziert die Schnittstellenproblematik und fördert die Philosophie des „gleichen Verständnisses“ und der „gleichen Sprache“ über die Bereichsgrenzen hinaus.
- Gleiche Philosophie, gleiches Verständnis und gleiche Sprache für die Führung und Ausführung von Veränderungsprozessen.
- Ein allgemeingültiges, verständliches Instrumentarium für die Führung, die Implementierung und die Steuerung von Veränderungen (Projekten). Dieses muß von den Beteiligten als nutzbringend anerkannt werden.
- Umfassende Übersicht über die Veränderungslandschaft im Unternehmen in den einzelnen Prozeßebenen. Sie ist Voraussetzung für das Setzen von Schwerpunkten und die Harmonisierung der Aktivitäten.

6. Konsequenzen in der Entwicklung der Handlungskompetenz

Die Einführung des integrierten Veränderungsmanagementes führt zu Konsequenzen in folgenden Bereichen:

- Organisationsentwicklung
- Teamentwicklung
- Personalentwicklung

Mit der starken Orientierung auf Veränderung gewinnen neue Aspekte der Organisationsentwicklung an Bedeutung.

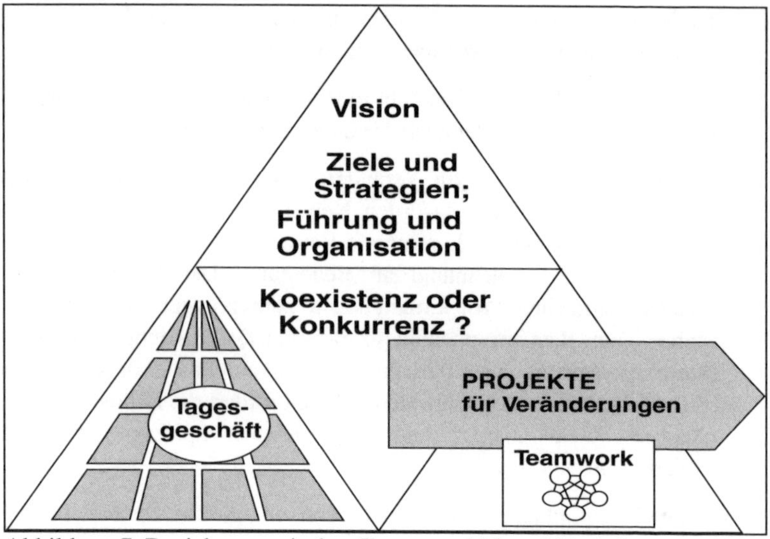

Abbildung 7: Beziehung zwischen Tagesgeschäft und Veränderungsarbeit

Zu den bisherigen Zielen:

- die Leistungsfähigkeit und Effektivität der Organisation erhöhen,
- die Zusammenarbeit der Mitarbeiter und das Arbeitsklima zu verbessern,
- die Selbsthilfefähigkeit und Lernfähigkeit der Organisationseinheiten zu stärken,
- die Qualität des Arbeitslebens zu fördern,

müssen weitere definiert werden.

Aus heutiger Sicht ist die stärkere Einbindung der Veränderung in die Entwicklungsziele eine Konsequenz. Das Verhältnis von Routinearbeit (Tagesgeschäft) und Veränderungsarbeit (Projektgeschäft, „Schnellschüsse") muß neu definiert werden. (siehe Abbildung 7)

Der Wert von Routinearbeit und Projektarbeit muß neu bestimmt werden. Mit zunehmender Orientierung auf die Veränderungsarbeit wird die Organisationseinheit als soziale Heimat für Führungskräfte und Mitarbeiter ihre Bedeutung verlieren.

Der soziale Schutz und die Sicherheit, den eine Organisationseinheit bietet, wird deutlich weniger. Die Zeiträume, in denen Organisationseinheiten unverändert bestehen bleiben, verkürzen sich. Heute ist es schon so, daß Organisationsentwicklungsprozesse in den Einheiten durch notwendige Reorganisationen überholt werden. Dies trifft vor allem auf Zentralbereiche zu.

Damit ist eine stärkere Ausrichtung der Organisationsentwicklung auf die Gesamtorganisation, das Unternehmen, verbunden. Es erfolgt eine Verschiebung von der Ebene des sozialen auf die des kulturellen Systems. (siehe Abbildung 4)

Gleichzeitig werden Organisationsentwicklungsprozesse immer offener, die Endlichkeit im Sinne der Erreichung eines angestrebten Zustandes nimmt ab. In der Teamentwicklung ist ein Aspekt die Entwicklung der Offenheit in der Aufnahme neuer Mitglieder. Ihnen zu helfen, schnell Anschluß zu gewinnen, ist wichtig für eine schnelle Arbeitsfähigkeit.

Aus der Dynamik der Veränderungen heraus kann das „Stammspieler-Modell" Bedeutung erlangen. Das heißt, daß bestimmte Bereiche in Unternehmen mit einem Stamm von Mitarbeitern besetzt werden. Diese Bereiche werden dann für spezifische, temporär begrenzte Aufgaben mit „Auswechselspielern" aufgestockt. Das schnelle Einstellen der „Stamm- und Auswechselspieler" aufeinander sollte gefördert werden.

In der Personalentwicklung finden wir die wesentlichsten Konsequenzen. Die Vorbereitung von Mitarbeitern und Führungskräften auf Veränderungen ist ein Feld der Arbeit. Hinsichtlich der Handlungskompetenz der einzelnen Personen können wir drei Bereiche unterscheiden:

- fachliche Kompetenz
- methodische Kompetenz
- psycho-soziale Kompetenz

Im Bereich der methodischen Kompetenz ist die Anlagerung von methodischem Rüstzeug zur Initiierung, Führung, Steuerung und Ausführung von Veränderungsprozessen relevant. Das Projektmanagement-Instrumentarium ist hier ein gutes Beispiel. Im Bereich der psycho-sozialen Kompetenz sind folgende Konsequenzen deutlich stärker zu berücksichtigen und zu entwickeln:

- Anerkennung von Veränderung als „Wert"
- Abbau von Angst und Unsicherheit gegenüber Veränderungen
- „Spielmacherqualitäten"
- Teamfähigkeit
- Kommunikations- und Kooperationsfähigkeit

- unternehmerisches Handeln
- Übergang vom Führen zum Coachen

Diese Fähigkeiten sind auch schon bei der Personalauswahl zu berücksichtigen.

Mit der Anerkennung von Veränderung als „Wert“ ist auch die Entwicklung der Fähigkeiten zur schnellen Einarbeitung in neue Themen und die schnelle Integration in neue Arbeitsteams verbunden. Teamfähigkeit gewinnt in der Zukunft weiter an Bedeutung. Unternehmerisches Denken und Handeln heißt, permanent in der Veränderung zu leben, das eigene Handeln vorausschauend zu bewerten und die persönliche Verantwortung für die Konsequenzen voll zu übernehmen. Hier haben Freiberufler und Selbständige im allgemeinen Vorteile gegenüber festangestellten Mitarbeitern und Führungskräften.

Aus diesem Grunde ist es überlegenswert, inwieweit Freiberufler in Unternehmen der Zukunft, über den Rahmen der Beratung und des Trainings hinaus, eine Rolle spielen können. Mit der Einführung von integriertem Veränderungsmanagement ist auch die Verlagerung von Entscheidungskompetenz und Verantwortung nach unten verbunden.

Lean Management hat hier schon Erfahrungen gebracht. Die Delegierung von der Führungskraft an den Mitarbeiter ist in vielen Fällen mit dem Problem des „Loslassens“ verbunden. Die Angst vor Autoritäts- und Machtverlust sowie das Mißtrauen in die Fähigkeiten der Mitarbeiter stehen dahinter.

Auf der anderen Seite finden wir beim Mitarbeiter das Problem des „Aufnehmens“. Mangelndes Vertrauen in die eigenen Fähigkeiten sowie die Angst und Unsicherheit vor der Übernahme von Verantwortung sind hier oft Ursachen. Hier ist in der Zukunft ein wichtiges Feld der Personalentwicklung.

Insgesamt werden wir immer stärker mit Veränderungen leben müssen. Unsicherheit besser ertragen zu lernen und konstruktiv darauf zu reagieren ist das Ziel, um für die Zukunft gerüstet zu sein.

7. Zusammenfassung

Aus der zunehmenden Dynamik von Veränderungsprozessen und aktuellen Themenstellungen in der Wirtschaft ergibt sich die Frage: „Was kommt nach Lean Management?“ Aus der Analyse möglicher Entwicklungstrends werden Anforderungen an Managementsysteme der Zukunft abgeleitet. Die permanente Reaktion und das zunehmende Agieren auf den Märkten im Kundeninteresse wird als zentrale Aufgabe der Zukunft definiert.

Das integrierte Veränderungsmanagement wird als eine Altermative aufgezeigt. Gleichzeitig werden die Konsequenzen aus der Einführung des integrierten Veränderungsmanagementes in Bezug auf die Handlungskompetenz der Führungskräfte sowie der Mitarbeiter dargestellt.

Literaturverzeichnis

Dirk Bösenberg/Heinz Metzen, Lean Management, Vorsprung durch schlanke Konzepte, mi Verlag moderne Industrie 1992.

Jürg W. Dangel, Business Process Reengineering:, radikale Umgestaltung von Geschäftsprozessen, io Management Zeitschrift 63, Nr. 5, 1994.

Peter Diederich, Babylonische Sprachverwirrung, TopBusiness, Juli 1993.

Roland Gareis, Lean Management und Projekte, Projektmanagement Nr. 2 / 1993.

Ulrich Groothuis, Wie eine Zitrone, Serie Unternehmen 2000, Wirtschafts-Woche Nr. 51 / 17.12.1993.

Michael Hammer/James Champy, Business Reengineering, Die Radikalkur für das Unternehmen, Campus 1994.

Willem J.J. Hasper/Friedrich Glasl, Von kooperativer Marktstrategie zur Unternehmensentwicklung, Verlag Paul Haupt Bern, Verlag Freies Geistesleben, Stuttgart 1988.

Rainer Kämpf/Beate Wilhelm, Vom fraktalen Unternehmen zum kooperativen Standortverbund, io Management Zeitschrift 63, Nr. 6, 1994.

Imai Masaaki, Kaizen: Der Schlüssel zum Erfolg der Japaner im Wettbewerb, Ullsteinverlag 1993.

D. Quinn Mills, Marketing in der Organisation der Zukunft, absatzwirtschaft 6/1993.

Peter Müri, Prozeßorientierung – der Schlüssel zum neuen Management, io Management Zeitschrift 63, Nr. 5, 1994.

Leo Nefiodow, Der fünfte Kondratieff-Zyklus lebt vom Geist, nicht von Materie., Handelsblatt, 8./9.7.1994.

Birte Raske/Meinholf Dierkes, Blick zurück nach vorn, manager magazin 7/1994.

Fritz Riemann, Grundformen der Angst, eine tiefenpsychologische Studie, Ernst Reinhardt Verlag München Basel, 1991.

Heinz Schelle, QFD, TQM, SE, FMEA, PKR and all that, Projektmanagement 4/1993.

Heiner Sieger, Radikalkur statt Nulldiät, Focus 43/1993.

Karl Heinz Sohn, Lean Management, Die Antwort der Unternehmer auf gesellschaftliche Herausforderungen, ECON Verlag, 1993.

Jürgen Stübner, Outsourcing im Vertrieb, Horizont Nr. 14 / 29.4.1994(a).

Jürgen Stübner, Marketingstrategien für nachwachsende Rohstoffe, Vortrag im Rahmen EG – Programm, COMETT; Neustrelitz 24. – 27.5.1994(b).

Armin Töpfer, TQM-LEAN-KAIZEN im Dreiklang, Vortrag EUROFORUM Konferenz, „Wie Sie TQM-LEAN-KAIZEN erfolgreich umsetzen“, 4. – 5. Mai 1994 Düsseldorf.

Robert Waterman, „In der Pyramide begraben“Wie sich R. Waterman Spitzenfirmen des 21. Jahrhunderts vorstellt, WirtschaftsWoche Nr. 17 / 22.4.1994.

James P. Womack/Daniel T. Jones, Das schlanke Unternehmen: Ein Kosmos leistungsstarker Firmen, Havard Business manager, Theorie und Praxis des Managements, 16. Jahrgang, III/1994.

TEIL IV

Die Bank als
lernende Organisation

Peter Seibold

Noch Platz für Organisatoren in der lernenden Bank?

Noch Platz für Organisatoren in der lernenden Bank?

1. Die lernende Bank im Lichte der dynamischen Umwelt

Die zunehmende Dynamisierung der Umwelt und die damit verbundenen Auswirkungen auf die Unternehmen ist mittlerweile schon zum Allgemeinplatz geworden. Daß diese Entwicklung auch vor den Banken nicht halt macht, läßt sich schnell anhand der geänderten Rahmenbedingungen für das Bankgewerbe erkennen:

- Wandel im Bankrecht und der Bankenaufsicht durch EG-rechtliche Harmonisierung der Kreditwirtschaft und die damit verbundene Deregulierung für die deutsche Kreditwirtschaft.
- Wandel der Kundenanforderungen, wobei vermögende Privatpersonen immer anspruchsvollere Serviceleistungen und eine höhere Beratungsqualität erwarten. Dies gilt ebenso für institutionelle Anleger. Aber auch die Unternehmen mit ihren zunehmend stärkeren internationalen Verflechtungen fragen nach neuen Bankprodukten und wünschen sich eine stärkere Präsenz ihrer Bank im Ausland.
- Steigender Wettbewerb zwingt die Banken, ihre Produkte und Dienstleistungen günstiger anzubieten. Durch die Niederlassungsfreiheit drängen zunehmend ausländische Banken und vor allem Nicht-Banken mit bankähnlichen Produkten auf den Markt der BRD. Diesen steigenden Konkurrenzkampf im Inland können deutsche Banken im Ausland nur bedingt kompensieren (vgl. Neuber, S. 35 ff).

Damit die Banken in dieser dynamischen Umwelt mit ihren geänderten Rahmenbedingungen überleben oder sogar einen Fortschritt erreichen können, ist die Lernfähigkeit neben der Verantwortung gegenüber den Bedürfnissen der Betroffenen und der Handlungsfähigkeit zur Bedürfnisbefriedigung eine essentielle Voraussetzung (vgl. Sattelberger, S. 13).

Eine Bank kann nur überleben, wenn ihre Lernfähigkeit größer oder gleich der Änderungsrate der Umwelt ist (vgl. Sattelberger, S. 12). Lernen bedeutet in diesem Zusammenhang, Kenntnisse über sich und die Umwelt zu ermitteln und mit entsprechenden Veränderungen (im Rahmen dieses

Beitrags organisatorische Änderungen) einen Fortschritt in der Zufriedenheit der Beteiligten zu erreichen.

2. Die heutige Rolle des Organisators – Konservateur oder Entrepreneur

In vielen Dienstleistungsunternehmen ist der Organisator über die Jahre „zu einem Bewahrer und Pfleger bürokratischer Regelungen und zum Zubringer beim Einsatz der Datenverarbeitung und Bürokommunikation geworden" (vgl. Bleicher, S. 913).

Dies trifft speziell für Banken zu, für die ja aufgrund der vom Bundesaufsichtsamt für Kreditwesen geforderten Dokumentation der „Schriftlich fixierten Ordnung" Bürokratie verpflichtender Bestandteil geworden ist. Der Organisator verwaltet hier lediglich noch das Organisationshandbuch, zur aktiven Organisationsgestaltung wird er aber kaum noch herangezogen.

Gelegentliche Aufträge aus dem Management sind meist Rationalisierungsaufträge in kleinerem Umfang. Diese tragen natürlich nicht gerade zur Verbesserung des Images der Organisatoren bei. Manchmal dienen diese Aufträge auch als Arena für politische Konflikte des Managements. Der Organisator gibt dabei einen hervorragenden Spielball ab.

Ein anderes Spektrum, in dem sich technisch orientierte Organisationen gerne tummeln bzw. getummelt haben, ist die Datenverarbeitung (DV). Speziell bei den ersten großen Anwendungen konnten noch Erfolge eingefahren werden. Als aber die Systeme komplexer wurden und die Organisation zunehmend „nicht nur die Konzeption, sondern auch die Realisierung der DV-unterstützenden Prozesse an sich zog, oft den Realisierungsumfang unterschätzte und ihre eigene Potenz überschätzte, wurde sie in den Augen der Anwender und des Managements in den Fachbereichen vom Helfer zum Leidensverursacher" (vgl. Schwetz, S. 314).

In diesem Dilemma zwischen Bürokrat, Rationalisierer und Leidensverursacher trifft der Organisator auch noch auf einen zunehmend organisatorisch mündigeren Fachbereich, für den der Umgang mit der DV kein Buch mit sieben Siegeln mehr darstellt. Darüberhinaus bauen sich die Fachbereiche eigene kleine Stäbe auf, um ihre organisatorischen Forderungen schneller und praxisgerechter in die Wege zu leiten, da man auf die langwierigen

Gesamtbankentwicklungen unter dem Druck der Markterfordernisse nicht warten kann.

Zu guter Letzt werden Strukturfragen von strategischem Zuschnitt meist von Führungskräften selbst in die Hand genommen, obwohl ihnen zum Teil die Voraussetzungen zur Handhabung schwieriger Umstrukturierungsprozesse fehlen. Der Organisator wird hier zum Organisationsmittelbeschaffer und Büroraumgestalter degradiert (vgl. Bleicher, S. 917).

Diese sicherlich pauschalierten und auch nicht für alle Banken zutreffenden Thesen zeigen aber doch recht deutlich, wo sich der Großteil der Organisatoren heute befindet. Ihre Rolle ist sicher weit mehr die eines Konservateurs.

Aber gerade die heutige Situation vieler Banken bietet dem Organisator die Möglichkeit, sich aus seinem Dilemma zu befreien und zum Entrepreneur in strategischen Organisationsaufgaben zu werden.

3. Welchen Beitrag kann der Organisator zur lernenden Bank leisten?

Vom Organisator können im gesamten Unternehmensprozeß viele und vielfältige Beiträge zum Lernen der und in der Bank geleistet werden.

Das Spektrum erstreckt sich dabei von der Strategieentwicklung über deren Auswirkungen auf die entsprechende Organisationsplanung bis hin zur Umsetzung konkreter Maßnahmen und der Betreuung laufender Organisationsverbesserungen.

3.1 Der Organisator im Prozeß der Strategieentwicklung

Wenn Organisatoren in Zukunft einen Beitrag zum Fortschritt, zum Lernen der Bank und in der Bank leisten wollen, werden sie eine aktive Rolle im Unternehmensgeschehen spielen müssen. Die Organisatoren der Zukunft werden zum Initiator des strategischen Veränderungsprozesses.

Hierzu sind zwei Voraussetzungen nötig:

- Der Organisator muß selber lernen, um seiner Initiativfunktion gerecht werden zu können.

- Der Organisator muß als wesentlicher Bestandteil der Strategieentwicklung von der Führungsebene anerkannt und herangezogen werden.

Ihrer Initiativfunktion und damit ihrem Lernen als auch dem Lernen der Bank können Organisatoren u. a. auch dadurch gerecht werden, daß sie ihr Umfeld beobachten.

Das kann zum einen durch Literaturstudium im weitesten Sinne erfolgen. Praktisch jede Bank, die eine Umorganisation hinter sich hat, berichtet in mehreren Artikeln über Ziele, Vorgehen und Ergebnis. Auch sind die organisatorische Einbettung neuer Produkte oder Dienstleistungen bzw. ein internationaler Vergleich solcher Dinge immer wieder beliebte Themen von Diplomarbeiten oder Dissertationen, woraus viele Ergebnisse für das eigene Haus abgeleitet bzw. gelernt werden können. Zum anderen besteht die Möglichkeit des Austausches mit Organisatoren anderer Banken, um von deren Erfahrungen zu lernen.

Neben diesem Lernen von außen müssen die Organisatoren auch in der Bank Kenntnisse dazugewinnen. Sie können das Vorhandene nicht länger als gegeben hinnehmen. Sie müssen die vorhandenen Strukturen und Abläufe kritisch durchleuchten und daraus Rückschlüsse für Gestaltungsmöglichkeiten gewinnen.

Durch die Kombination des in- und externen Lernens kann der Organisator eine aktive Vorreiterrolle zur Unternehmensgestaltung spielen. Seine Kenntnisse über organisatorische Veränderungen in der Bankenlandschaft werden ebenso zu einem Bestandteil der Strategieentwicklung werden, wie es z. B. Kenntnisse des Marketings über Veränderungen des Kundenverhaltens schon lange sind. Diese Initiatorrolle wird unausgesprochen in vielen Häusern von den Organisatoren erwartet, wenngleich sie aus der Historie und dem derzeitigen Status vieler Organisationsbereiche heraus nur schwer, oder gar nicht erfüllt werden kann.

3.2 Organisationsplanung – Ein Aufgabenschwerpunkt des Organisators in der lernenden Bank

Als Ergebnis des Lernens des Organisators und seiner Initiative bei der Strategieentwicklung muß ein Organisationsplan stehen, von dem ein wesentlicher Beitrag zur langfristigen Unternehmensentwicklung ausgeht. „Aus dieser Sicht bedeutet Organisationsplanung einen an den obersten Unternehmenszielen ausgerichteten Prozeß der organisatorischen Gestaltung über alle Unternehmensbereiche. Ergebnis dieses Prozesses ist das organisatorische Sollkonzept, mit dessen Hilfe die zukünftigen Ziele und Aufgaben des Unternehmens bestmöglich bewältigt werden können" (vgl. Eiff, S. 119).

Derzeit wird die Organisationsplanung mit den Begriffen des Lean Managements bzw. Lean Bankings und den Schlagworten wie Dezentralisierung, Outsourcing, Kundenorientierung, Minimierung der Schnittstellen und flache Unternehmenspyramide konfrontiert (vgl. Uhle, S. 6 ff.).

Dieser Trend, mit dem für viele Unternehmen ein Wandel, ja ein Aufbruch einhergeht, macht auch vor der lernenden Bank nicht halt und wird somit ein wesentlicher Baustein für die Entwicklung in den nächsten Jahren sein.

Bei dieser Entwicklung wird ein wesentlicher Beitrag von den Organisatoren zu leisten sein. Hier gilt es, alternative Konzepte zu erstellen, deren Auswirkungen darzustellen sowie Vor- und Nachteile für die Bank zu diskutieren.

Eine zentral ausgerichtete Bank ist sicher gut beraten, wenn sie dem Trend der Dezentralisierung folgt. Aber welche Ausprägung die Dezentralisierung haben soll, hierzu sind vom Organisator unter Berücksichtigung der gegebenen Rahmenbedingungen wie Größe, Mitarbeiter-Know-how, usw. entsprechende Vorschläge zu unterbreiten. Soll die Dezentralisierung mit letzter Konsequenz durchgezogen werden, oder gibt es Teilgebiete, die trotzdem besser zentral verbleiben sollen?

Ebenso ist es mit dem Thema des Outsourcing zu sehen. Hier ist der Organisator auch als Betriebswirt gefragt, da nicht nur organisatorische Auswirkungen zu berücksichtigen, sondern auch Kosten-Nutzenrelationen zu betrachten sind. Daß ein Outsourcing um jeden Preis ohne Würdigung aller Belange nicht immer zielführend ist, zeigt sich darin, daß bereits manche Unternehmen den Prozeß schon wieder rückgängig machen.

Auch eine Verringerung der Hierarchieebenen muß durch den Organisator geplant und vorbereitet werden. Welche Auswirkungen hat dies auf die Informations- und Kommunikationssysteme? Wie können diese effizienter gestaltet werden? Wie werden die Aufgaben, Kompetenzen und Verantwortlichkeiten neu geregelt? Ohne entsprechende Organisationsplanung wird spätestens bei der Umsetzung ein gewisses Chaos ausbrechen, das die

Widerstände der Mitarbeiter schnell anwachsen läßt und somit zum Stolperstein für jede Umstrukturierung werden kann.

Kundenorientierung ist heute in vielen Banken ein gern benutztes Schlagwort, aber was wurde wirklich getan, um sie in die Tat umzusetzen? Wurde die Struktur entsprechend angepaßt? Wurde dabei berücksichtigt, wie sich die Schnittstellen verändern? Wurden zusätzliche geschaffen? Oder ist das Ergebnis gar eine nicht gewollte Matrixorganisation?

Ein Hauptaugenmerk der Organisation im Rahmen der Organisationsplanung wird in den nächsten Jahren die Prozeßorientierung oder „besser" das „Business Reengineering" sein. „Beim Business Reengineering spielen alte Titel und tradierte Organisationsstrukturen – Abteilungen, Geschäftsbereiche, Gruppen etc. – keine Rolle mehr" (vgl. Hammer/Champy, S. 13).

Wenn diese Richtung nicht nur halbherzig eingeschlagen wird, und viele Banken werden diesen Weg einschlagen müssen, wird auf die Organisatoren eine Menge Arbeit zukommen. Wer sonst als sie, sollte ein Prozeßmodell für die Bank entwickeln, deren enorme Auswirkung auf die Struktur der Häuser aufzeigen und die dadurch nötigen neuen Informations-, Kommunikations- und Führungssysteme konzipieren? Alte Schnittstellen sind zu minimieren, neue zu kreieren, job-enlargement und -enrichment sind zu forcieren.

Speziell diese Aufgabe zeigt, was auf die lernende und damit fortschrittsfähige Bank in den nächsten Jahren zukommt, welche tiefgreifenden Veränderungen sich im Bereich der Organisation abspielen werden. Dieser Wandel kann nicht mehr eben am grünen Tisch eingeleitet werden, hierzu bedarf es umfangreicher Vorarbeiten, Überlegungen und Konzeptionen, die dann in einen Organisationsplan münden und als Vorgabe für die Umsetzung dienen.

Dem Organisator kommt dabei eine tragende Rolle zu. Mit seinem Wissen, mit seiner Kreativität leistet er einen wesentlichen Beitrag zur lernenden Bank, da sich das Unternehmen ausführlich mit sich selbst, seiner Umwelt und den sich daraus ergebenden Zielen beschäftigen muß, um die richtigen Weichenstellungen zu treffen. Die Bank lernt sich und ihre Umwelt kennen, um ihre Zukunft zu gestalten.

3.3 Der Umsetzungsprozeß braucht den Organisator als Coach

Allzu oft werden oben beschriebene Veränderungsprozesse nur halbherzig angepackt, nach einer kurzen Wegstrecke abgebrochen oder sie verlaufen im Sande. Hier kommt dem Organisator die Rolle des Katalysators zu. Er muß dafür sorgen, daß das Rad in Schwung bleibt bzw. beginnt, sich schneller zu drehen, um die gewünschten strategischen Ziele zu erreichen. Zudem muß der Organisator die Betroffenen zu Beteiligten machen.

Damit ist der Organisator in zweierlei Hinsicht gefordert:

- Er muß den Prozeßbeteiligten die Strategie, den Sinn und Zweck der Veränderung erläutern, um ihre natürliche Abwehrhaltung gegenüber Neuem aufzubrechen und sie dadurch für eine aktive Mitarbeit in der Umsetzung zu gewinnen. Hierzu ist es nötig, sie in ihrem Lernprozeß aktiv zu unterstützen, gegebenenfalls auch durch Einleitung entsprechender Schulungsmaßnahmen.
- Er muß den Veränderungsprozeß forcieren, d. h. Widerstände rechtzeitig erkennen und geeignete Maßnahmen ergreifen. Das Vorgehen ist vom Organisator entsprechend zu strukturieren.

In dieser Rolle des Katalysators muß der Organisator aber auch selbst noch lernen. Der Organisator von heute übt seine Autorität meist per Anweisung aus. Ein Katalysator oder Coach braucht aber in nicht unerheblichem Umfang zur Erfüllung seiner Aufgaben psychologische Fähigkeiten, Persönlichkeit und Teamfähigkeit.

Eine weitere, nicht zu unterschätzende Rolle in diesem Zusammenhang spielt der Organisator als Multiplikator, und zwar als Know-how-Multiplikator. Sein Fachwissen ist nötig, um junge Nachwuchskräfte schnell und effizient als Organisatoren auszubilden. Die One-man-show eines Profi-Organisators ist vorbei. Nur ein Team kann die vielfältigen Herausforderungen für Organisatoren in dieser dynamischen Umwelt bewerkstelligen.

Ebenso kann aber auch Organisationswissen im Rahmen von Veränderungsprozessen in die Fachbereiche transportiert werden, um dort das Denken neben dem Fachwissen auch auf organisatorische Belange des eigenen Arbeitsplatzes und den dortigen Verbesserungsmöglichkeiten zu lenken. Der Organisator ist nicht mehr alleine für alle kleinen organisatorischen

Veränderungen zuständig, die Mitarbeiter vielmehr müssen lernen, sich selbst und ihren Arbeitsplatz besser zu organisieren.

3.4 Der Organisator als Ausgangspunkt zur stetigen Organisationsanpassung

Einmal geänderte Strukturen und Prozesse dürfen in der lernenden Bank nicht von Dauer sein, sondern im Rahmen des Lernens werden immer wieder neue, je nach der Dynamik des Wandels, mehr oder weniger tiefgreifende Veränderungen notwendig sein.

Bei grundlegenden Veränderungsprozessen spielt der Organisator die oben beschriebenen Rollen. Aber auch auf der Ebene der Arbeitsplätze und Arbeitsschritte kann der Organisator tätig sein.

Der Organisator kann z. B. Quality Circle für die verschiedensten Bereiche der Bank ins Leben rufen, in denen von den Mitarbeitern der Bereiche unter Moderation des Organisators Ideen zur Verbesserung entwickelt werden.

Andererseits können vom Organisator im Rahmen von Veränderungsprozessen autonome oder teilautonome Arbeitsgruppen eingeführt werden, die z. B. Teilprozesse eigenverantwortlich steuern und organisieren. Der Organisator hilft nur auf Wunsch der Gruppe, vermittelt sein Know-how oder moderiert Workshops zur Organisationsanpassung.

In diesem Gesamtzusammenhang des Lernens wird auch dem Betrieblichen Vorschlagswesen (BVW) in Zukunft wieder mehr Bedeutung zukommen. Die Organisatoren müssen dem BVW wieder neues Leben einhauchen, um für die mündigen, lernfähigen Mitarbeiter eine Arena zu schaffen, in der sie einen Beitrag zum Fortschritt der Bank leisten können.

4. Der Organisator – Zukunftsperspektive in der lernenden Bank

Die Organisatoren, die weiter die Rolle des Bewahrers wahrnehmen und „nicht selbst die Rolle der Entbürokratisierung in die Hand nehmen, können leicht zur Zielscheibe und zum Opfer gerade dieser Bewegung werden" (vgl. Bleicher, S. 914).

Bei der derzeitigen Situation in vielen Banken, in der tiefgreifenden Veränderungen zum Überleben in einer immer dynamischeren Umwelt nötig werden, wird es zur Renaissance des Organisators kommen. Er muß ein aktiver Bestandteil im Wandel der Bankorganisation werden. „Der Erfolg von Wettbewerbern wird in Zukunft, in der das Wachstum nicht mehr genügen dürfte, um alle Strukturschwächen zudecken zu können, zu einem guten Teil vom Wirken kenntnisreicher Organisatoren abhängen" (vgl. Bleicher, S. 917).

Dazu muß natürlich der Organisator bereit sein, selbst ein hohes Maß Lernfähigkeit zu beweisen. Althergebrachte Ausbildungsgänge genügen bei weitem nicht, um den Anforderungen an Organisatoren im oben beschriebenen Sinne gerecht zu werden.

Andererseits muß aber auch in den Führungsebenen ein Umdenkungsprozeß stattfinden. Hier muß erkannt werden, daß bei der heutigen Komplexität der Banken „in zunehmendem Maße intelligente Konzepte für ein vernetztes Zusammenwirken der begrenzten Unternehmensressourcen" (vgl. Eiff, S. 192) durch einen kompetenten Organisator geregelt werden müssen.

Der Organisator der Zukunft zeigt sich für die „Entwicklung, Einführung und Pflege eines (heute weitgehend fehlenden) integrativen Systemkonzepts für Einführung und Organisation" (vgl. Bleicher, S. 918) verantwortlich.

„Wäre es nicht an der Zeit, darüber nachzudenken, ob der Bedeutungszuwachs, der beispielsweise von der Betriebsbuchhaltung zum Controller als Vorstands- oder Direktoriumsmitglied geführt hat, auch für Organisatoren eine Parallele finden sollte? Wäre es nicht an der Zeit, in der Leitungsspitze einen „Systemverantwortlichen" zu ernennen, dem die umfassende, kenntnisreiche Gestaltung

- des Managements (des formalen Ablaufs der Zielvereinbarung, Planung und Kontrolle sowie der grundsätzlichen Ausrichtung des Führungsverhaltens, Anreiz-, Belohnungs- und Personalbeurteilungssysteme) und
- der Organisations- und Informationssysteme obliegt?" (vgl. Bleicher, S. 918).

Eine wahrhaft glänzende Zukunftsperspektive für den Organisator in der lernenden Bank.

Literaturverzeichnis

Bleicher, K., Organisation, Wiesbaden 1991.

Eiff, von W., Die Rolle des Organisators im Prozeß einer strategiegerechten Unternehmensentwicklung, in: W. von Eiff (Hrsg.), Organisation, Landsberg 1991.

Hammer, M. Champy, J., Business Reengineering, Frankfurt/New York 1994.

Neuber, F., Die Europastrategie der Westdeutschen Landesbank, in: Dr. B. Lüthje (Hrsg:), Bankstrategie 2000, Verband Öffentlicher Banken, Bonn 1993 (Berichte und Analysen Bd. 15).

Sattelberger, T., Die lernende Organisation im Spannungsfeld von Strategie, Struktur und Kultur, in: T. Sattelberger (Hrsg.), Die lernende Organisation, Wiesbaden 1994.

Schwetz, R., Wandel in der Organisationsarbeit - Der Organisator wird nicht überflüssig, in: H. Scharfenberg (Hrsg.), Strukturwandel im Management und Organisation, Baden-Baden 1993.

Uhle, C., Lean Banking, Köln 1993.

Otto S. Wilkening

Steuerung und Selbststeuerung wertschöpfender Bank-Teams

Steuerung und Selbststeuerung wertschöpfender Bank-Teams

1. Spitzenteams und deren Blockierer

Bei congena-Organisationsanalysen in Banken und der Einführung von Förderungsprogrammen für Teamarbeit stoßen wir immer wieder auf die gleichen Ursachen von Leistungsblockaden: Die Bank selbst. So sind sofort Modeerscheinungen der Vergangenheit deutlich auszumachen, wie isolierte Qualitäts- und Bankzirkel-Versuche, ein sich anhängen an aufgebauschte neue Bewegungen, wie Lean Banking und mißverstandene Servicequalität, Kaizen-und TQM-Ansätze. Es herrschen bei vielen Finanzdienstleistern halbherzige Teamansätze vor, die eher als Mißbrauch von Qualitäts- und Teamkonzepten zu bezeichnen sind: Vorzeigeprojekte für aufgeschlossene Vorstände und Personalentwickler, versteckte Effizienzansätze und verdeckte Kostensenkungsprogramme werden unter dem Mantel lernender Banken und Teamorganisation letztlich als zentralisierte me-too-Projekte aufgezogen und bleiben so in ihren Ansätzen stecken.

Die Teammitglieder werden für neue Teamaufgaben fast immer noch nach Abkömmlichkeit und vorherrschendem Fachwissen rekrutiert. Auf der Seite der Teamführungskräfte und Teamleiter finden wir gerade in den Zeiten schlanker werdender Bankorganisationen frustrierte Linienführungskräfte, die sich dort mit reinen Linienerfahrungen austoben und noch nicht gelernt haben, mit den neuen Erfordernissen künftiger Team- und Projektorganisationen umzugehen. Trotz vielfältiger Fehler der Vergangenheit finden wir inzwischen erste Finanzdienstleister, die Betriebsvereinbarungen zur Teamentwicklung getroffen haben, um sich auf den schwierigen Weg

Abgrenzung eines Teams

- aktive Gruppe von Menschen, die
- sich gemeinsamen Zielen verpflichtet haben,
- harmonisch zusammenarbeiten wollen,
- auf Freude an den Aufgaben achten und
- überdurchschnittliche Arbeits-Leistungen erbringen.

zur lernenden Teamorganisation zu begeben und Banken, die es gelernt haben, zwischen der Gruppenarbeit von Fachleuten und der Leistung von synergetischen Teams zu unterscheiden, um so bisher ungenutzte Potentiale von echten Spitzenteams im Vertrieb gezielt zu nutzen.

Bankführungskräfte beschneiden die Lernpotenz der Teams

Um es auf den Punkt zu bringen: die Hauptstolpersteine im Umgang mit echter Teamarbeit in Banken sind nicht die organisatorischen Rahmenbedingungen oder die mangelnde Qualifikation der Teammitglieder. Es sind die Führungskräfte, die mit Führungsverhalten und Steuerungsinstrumenten der Vergangenheit, entlehnt aus der klassischen Linienorganisation und dort gemachten Führungserfahrungen heute versuchen, Hochleistungs-Teams zu steuern.

Die folgenden häufigen Stolpersteine der Teamarbeit zeigen, was wir in Bankteams bei unseren Analysen oft vorfinden:

Hauptleistungs-Verhinderer: Führungskraft und Teamleiter

- Leitungsfehler des Teamleiters verhindern gleichmäßiges Einbringen von einzelnen Facherfahrungen der Teammitglieder. Dominanzstreben und Beharren auf Einfluß und massive Detailsteuerung durch Teamleiter blockieren die Teamarbeit, es kommt zur Bevorzugung einzelner Fachleute.
- Verunsicherte Führungskräfte der Linie neigen dazu, unklare Zuständigkeiten und mißverständliche Zielvorgaben zuzulassen.
- Demotivierte Führungskräfte geben nur widerwillig ihre übergreifenden Kenntnisse und ihr Hintergrund-Know-how in Arbeitsgruppen und Teams ein: Überkommenes Bereichsdenken und Profilierungsbedürfnisse wirken hemmend.
- Ein stärker werdendes Absicherungsbedürfnis bei Führungskräften und Angst vor Verantwortung führen zu Verschleppung und Flucht vor Entscheidungen.
- Störende Rahmenbedingungen, Unterbrechungen, Ausleihen von Mitarbeitern und auch nur die vorübergehende Mitgliedschaft in Teams und Projektgruppen bremsen das Engagement und die Motivation der Teamarbeit.

- Zu enge Handlungsspielräume für das Gesamtteam und die Teammitglieder und massive Detailsteuerung durch den Teamleiter schränken ein.

Leistungs-Verhinderer: Team-Mitglied

- Auch Teammitglieder haben es gelernt, Informationen zum eigenen Nutzen und zum Nachteil des Teams zurückzuhalten, scheuen oft die offene Kommunikation; gerade beim Lernen aus eigenen Fehlern.
- Corpsgeist und echte Identifikation mit Zielen und Aufgaben des Teams sind in der Regel ebensowenig vorhanden wie gegenseitiges Vertrauen gegenüber den anderen Teamkollegen.
- Minderheitsmeinungen von einzelnen Fachleuten im Team und konstruktive Bedenken werden oft als Vorwand angesehen, bzw. durch mangelnde Kooperationsbereitschaft unterdrückt.
- Die Teammitarbeiter haben es selten gelernt, in einem systematischen Problemlösungsvorgehen gemeinsame Ziele abzugrenzen, zu formulieren und zu erreichen: Es fehlen die methodischen Erfahrungen.
- Lernphasen werden regelmäßig übergangen und fast gar nicht als Manöver- und Selbstkritik im Team genutzt. Verbesserungswürdige Schwachstellen der Teamarbeit werden dadurch kaum durch geplantes Erfahrungslernen ausgeglichen.
- Den einzelnen Teammitgliedern sind bereichsübergreifendes und strategisches Denken überwiegend noch fremd.
- Offenheit bei Detailinformationen wird immer noch durch Ressortdenken überdeckt.
- Jüngere Teammitglieder wirken verunsichert und lassen sich durch „alte Erfahrungsträger" der Linie bei kreativen Lösungsvorgehensweisen einschüchtern und zurückdrängen.
- Projektstartsitzungen und regelmäßige Reviews gehen in vermeindlicher Hektik und Zeitdruck von Außen unter und kommen bereits zu Beginn zu kurz.

Leistungs-Verhinderer: Bankorganisationen

- Zum Teamstart sind oft ungenügende Zielabgrenzungsphasen, das Fehlen der notwendigen organisatorischen Teamvoraussetzungen, unklare Kompetenzen und mangelnde Möglichkeiten der Aufgabendelegation festzustellen.
- Da von der Linie die Teamziele nicht ausreichend spezifiziert werden, die Teams in Zeiten organisatorischer Veränderungen verunsichert sind, ist oft statt tragfähiger Konsenslösungen bei Meinungsverschiedenheiten und -dissenz lediglich der Minimalnenner festzustellen: potente Teams werden so entmachtet.
- Durch unklare Rollendefinitionen beim Teamleiter werden Konflikte zwischen Team und Teamleiter, Kompetenzstreitigkeiten, Aufgabenumverteilungen und verschiedenartige Gruppenkonflikte in das Team hineingetragen und blockieren als Zeitfresser und Engagementbremse.
- Teams und Projektgruppen leiden unter zusätzlicher Irritation durch mangelnde Perspektiven nach dem Ende der jeweiligen Teamarbeit: Teammitglieder werden kaum mit längerfristigen persönlichen Perspektiven geführt und suchen selbst nach Anschlußperspektiven.

2. Anforderungen an die Besten

Erkenntnisse der Teampsychologie nutzen

Der Leistungsvorteil von echten Teams ist inzwischen unbestritten. Durch die größere Kontaktintensität im Team kommt es schnell zu einer gegenseitigen motivierenden Wirkung, zu gegenseitiger Anregung und Wissensweitergabe. So findet nicht nur eine bessere Nutzung des einzelnen Spezial- und Expertenwissens der Teammitglieder statt, sondern der gesamte Willensbildungs- und Problemlösungsprozeß im Team wird versachlicht angegangen, Informationslücken und Fehler werden durch einen Irrtumsausgleichsmechanismus selbstregulierend gesteuert und das gesamte Informationsniveau in kürzerer Zeit angehoben.

Die Leistungsvorteile von Teams stellt nachfolgende Übersicht dar. So kann man zusammenfassen, daß es durch die größere Kontaktdichte im Team zu einer stärkeren motivierenden Arbeitsleistung kommt, flexiblere Problemlösungsverfahren genutzt werden und das Innovationspotential der

Leistungsvorteile von Gruppen statt Teamarbeit?

- **Gruppe weiß mehr**
  (Team-Lernen und Horizonterweiterung)
- **Gruppe gleicht Fehler aus**
  (Fehler erkennen, Verbesserung individueller Leistung)
- **Gruppe regt an**
  (Stimulierende Wirkung und kreative Denkanstöße)
- **Gruppe gleicht emotional aus**
  (Entlastung bei Streß, Entspannung bei Konfliktanlässen)

Gruppe sich vervielfacht. Als Nebeneffekt sind festzuhalten, daß sich die einzelnen Teammitglieder stärker mit den Zielen der Gesamtorganisation identifizieren.

Dem steht aber gegenüber, daß echte Teams eine größere Anlaufzeit benötigen und ein gewisser Konformitätsdruck zur Übernahme von Normen und Verhaltensmustern und dem Zurückdrängen von Einzelpersönlichkeiten führt.

Überflüssige Teams verschwenden Bankressourcen

Benötigen wir überhaupt Teams oder genügt nicht oftmals die Kooperation von Fachleuten innerhalb einer Gruppe?

Die grundlegende Frage, der wir uns künftig stellen müssen, wird sein, verschwenden wir nicht Personal-Ressourcen in den Banken durch die Fixierung bei vielen Arbeitsaufgaben auf Teamlösungen? Normalerweise genügt es, in Banken und Sparkassen maximal bei einem Viertel der Arbeitsaufgaben echte Teams heranzuziehen. Die restliche Arbeit wird über die klassische Linienaufgabe oder als Kooperation in Gruppen stattfinden.

Die folgende Darstellung zeigt, daß bei Aufgabenklarheit Einzelarbeit innerhalb der Organisation nach wie vor den besten Weg darstellt. Hier, genauso wie bei der Kooperation von Fachleuten in Arbeitsgruppen, dominiert die Linie und eine Führungskraft sorgt für die entsprechende Aufgabentransparenz. Nur da, wo wirklich eine erhebliche Zielunsicherheit besteht, kommt es zu notwendigen echten synergetischen Teamstrukturen,

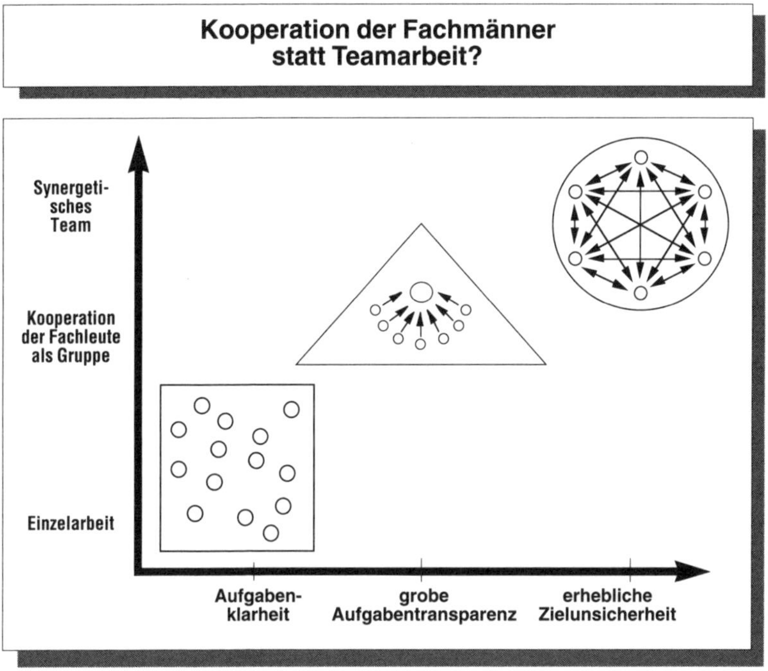

Abbildung 1: Zusammenarbeit im Spannungsfeld von Aufgabe und Arbeitsweise

bei denen eine normale Führerrolle durch den Koordinator – ohne besondere Macht- und Sanktionsbefugnisse – ersetzt wird. Hier arbeitet das Team auf einer partnerschaftlichen Ebene aller Fachleute bei sehr weitem Handlungsspielraum zusammen. Selbst eine Zielreformulierung ist so möglich. Nach unseren Schätzungen wird auch weiterhin für die Einzelarbeit etwa 30 % für die Kooperation in Arbeitsgruppen etwa 45 % und maximal 25 % der Aufgabenstellungen mit echter Teamarbeit erforderlich sein.[1]

Schlüsselqualifikationen Selbstlernender Bankteams

Bei synergetischen Bankteams, d. h. Teams, die es gewohnt sind, selbst zu lernen und sich gegenseitig weiter zu entwickeln, stoßen wir sehr schnell auf Verhaltensabsprachen, die den einzelnen Teammitgliedern Orientierung

1 Vgl. zum Begriff synergetische Teams Peter Molzberger, in congena Texte Personalentwicklung von Gruppen.

Arbeitsmaximen für selbststeuernde Bankteams

- Abgesprochene, abgegrenzte Aufgaben-Pakete
- Eigenverantwortung für Teilarbeitsschritte
- Kunden- und Abnehmer-Orientierung
- Wertschöpfungs-Orientierung
- Vorausschau: Künftige Fehlervermeidung und Lernen
- Standardisierung von Arbeitsschritten
- Störungen haben Vorrang
- Prinzip des permanenten Lernens
- Arbeitsschritte mit Intensiv-Rückmeldung
- Resultatorientierte Anreize
- Delegation und Outsourcing
- Vertrauen und Sicherheit durch Team
- Zusammenarbeit mit Außenstehenden
- Informationsoffenes Arbeiten im Team
- Teilung von Teamergebnis und -freude

geben und Arbeitsenergie freisetzen. Wir stellen eine erhöhte Lernfähigkeit mit deutlich mehr Selbstorganisation, weniger Fehlern bei gleichzeitig besserer Qualität und gegenseitiger Selbstqualifizierung während des Teamarbeitsprozesses fest und finden eine echte gegenseitige Unterstützung und Entlastung zwischen den Teammitgliedern. Es kommt zu weniger Widerständen und mehr Akzeptanz von äußeren Gegebenheiten und vorgegebenen Bankentscheidungen. Synergetische Teams erreichen eine überdurchschnittlich hohe, gemeinsame Arbeitsfreude und -spaß durch abgegrenzte und vereinbarte Aufgaben. Diese stimulieren zusätzlich die individuelle Teamleistung.[2]

2 Vgl. Helmut Schneider, Team- und Teamarbeit, Heider Verlag 1991, S. 44 ff.

3. Selbststeuernde Bankteams leiten: Team-Chef oder Mit-Arbeiter?

Leiten ist in Teams ein Widerspruch in sich. Besser wäre der Begriff koordinieren und unterstützen; denn die klassische Führungsaufgabe der Linie fällt fort. Selbststeuernde Bankteams, die als synergetische Teams alle Leistungsvorteile von Teams für sich und die Bank nutzen, können auf einen Führer verzichten. Die eigentliche Führungsrolle wird auf die Rolle eines integrierten gleichrangingen Teamkoordinators reduziert.

3.1 Maximen zur Koordination von selbststeuernden Bankteams

Wenn wir uns in Banken interne Projektgruppen mit Service-Charakter anschauen oder analysieren, wo selbständige Vertriebsteams in Marktbereichen besondere Erfolge haben, so lassen sich folgende Punkte festhalten und gestützt auf die Erkenntnisse der Teampsychologie festschreiben:

Selbststeuernde Bankteams achten bei den einzelnen Arbeitsschritten auch bei Zwischenergebnissen auf intensives Feedback an alle Teammitglieder, damit dem Einzelnen eine große Chance bleibt, selbst nachzujustieren und die eigene Arbeitsleistung anzupassen. Lernanreize in derartigen Hochleistungsteams werden nur resultatorientiert vereinbart. D. h., es kommt zur Teambewertung und -beurteilung. Dies geschieht sowohl im Verhaltensbereich als auch über eine gemeinsame Teamvergütung, die innerhalb des Teams nach abgesprochenen Kriterien verteilt wird. Diese Teams praktizieren das Subsidiaritätsprinzip und verteilen Verantwortung und Kompetenz nach den vorhandenen Qualifikationsniveaus im Team. Spitzen-Teams nutzen ebenfalls intensiv Delegation und Outsourcing von Teilen ihrer Leistungen in die Bankorganisation.

Dort wo hohe Teameffizienz vorliegt, wird immer versucht, durch Standardisierung organisatorischer, verhaltensmäßiger oder auch in technischer Hinsicht ein überdurchschnittliches Leistungsniveau festzuschreiben und auszubauen. Gruppen- und Teamdiskussionen ranken sich um die Simulation der künftigen Arbeitsschritte und das gemeinsame Durchdenken von Problemlösungen. Hier wird aber nicht Energie in negative, sich verzettelnde Beziehungsdiskussionen investiert, sondern eine konstruktive Vorausschau und künftige Fehlervermeidung angestrebt. Diese Teams haben für sich das Prinzip des permanenten Lernens, durch strukturierte Arbeitsphasen, Teilprojekte und gegenseitige Unterstützung erkannt. Grundsätzlich haben Arbeitsstörungen Vorrang und werden direkt und ursächlich abgestellt. Durch diese Verhaltensabsprachen werden Einzelne immer wieder integriert und haben Spaß an der gemeinsamen Teamarbeit. Es kommt zu Vertrauen und Sicherheit im Umgang miteinander, welches zu einem offenen und fairen Klima und einer Absicherung im gesamten Team beiträgt.

Informationen werden so strukturiert und bereitgehalten, daß der aktuelle Datenzugriff im Team für alle Mitglieder über vernetzte Systeme möglich ist. Informationsoffenes Arbeiten schließt passwort-geschützten Datenzugriff nur für Einzelne aus. Da sich Arbeitsergebnisse nach Anspruchsinteressen und Qualifikation in diesen multifunktionalen Teams verteilen, werden Teamergebnisse und Teamarbeit in einem lockeren Gruppenklima erreicht.[3]

Daß eine Wertschöpfungsorientierung als oberste Zielsetzung vorgeht, ist selbstverständlich. Gesamt-Resultat geht vor Effizienz des gemeinsamen Arbeitsablaufes. Wir finden bei den Top-Teams abgegrenzte Aufgabenpakete, die für den Einzelnen überschaubar und motivierend sind. Bankweites Denken und Handeln wird so möglich.

Grundvoraussetzung ist bei der Teamzusammenstellung eine gleichwertige Akzeptanz der Teammitglieder untereinander, da nur so faire Arbeitsteilung und gegenseitige Unterstützung in dieser Leistungskultur voranschreiten kann. Gleiches Fachwissen und gleiche Erfahrungen scheinen nicht notwendig zu sein.

Hier setzt die Leistung der Führungskräfte der Linie ein, um zu Projektbeginn bzw. beim Teamstart den Handlungsspielraum und die Zielabsprachen sauber zu klären. Für die einzelnen Arbeitsschritte besteht volle Eigenverantwortung des Team. Das Team entscheidet selbständig über Ablaufprioritäten und die notwendigen einzelnen Arbeitsschritte. Priorität hat auch hier die dominierende Abnehmerorientierung. Kundenwünsche, Nutzerinteressen gehen vor! Um sich selbst weiter zu stärken, wird eine Kooperation mit Dritten, ein ständiger Erfahrungsaustausch, synergetische Anregungen, Lernen von Abnehmern und Kunden, Zuarbeitern und dem Wettbewerb

---

3 Vgl. Brassel, Multifunktionale Beratungsgruppen, congena Texte Personalentwicklung von Gruppen.

angestrebt. Diese Grundmaximen sich selbststeuernder Bankteams fallen in den Aufgabenbereich des Teamkoordinators: Er muß gewährleisten, daß diese Rahmenvoraussetzungen möglich werden. Die vorhergehende Übersicht zeigt die Arbeitsmaximen für selbststeuernde Bankteams.

Der Teamkoordinator hat im Grunde genommen als Steuermann zwei Aufgaben: einmal die Arbeitsfreude und Einsatzbereitschaft hochzuhalten und gleichzeitig dafür zu sorgen, daß die Teamaufgaben effizient angegangen werden. Nur so kommt es zu einer Resultatsorientierung und zu dieser hohen effektiven Teamleistung der sich selbst organisierenden Bankteams.

3.2 Der Sinn-Zyklus

Da eine wesentliche Voraussetzung für echte Bankteams die freiwillige Mitarbeit in einem Arbeitsteam darstellt, decken sich die Interessen und die Motive der Einzelnen mit der jeweiligen Arbeitsaufgabe. Nur so können die Stärken und Fähigkeiten auch in multifunktionalen Teams sich gegenseitig stützen und in einem vertrauensvollen Klima auch zu einer gegenseitigen Qualifizierung, Unterstützung und Reifung führen, die letztlich das überdurchschnittlich hohe Engagement solcher Teams erklären.

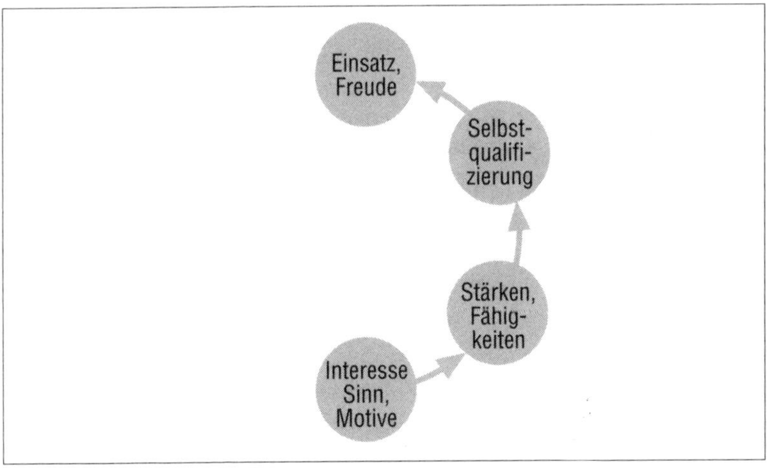

3.3 Der Effizienz-Zyklus

Der Teamkoordinator hat auf der Aufgabenseite dafür zu sorgen, daß der gesamte sachliche Arbeitsprozeß in vier Schritten sauber strukturiert wird. Gerade bei hochkomplexen Aufgabenstellungen, wo Zielabsprachen und Vorgaben nicht von vornherein sauber abgegrenzt sind, besteht seine Aufgabe darin, daß sein Team sich die Zeit nimmt, den Zweck und den eigenen Handlungsspielraum genau zu definieren und mit der Linienorganisation zu vereinbaren. Erst dann ist es möglich, Arbeitsprioritäten zu setzen und im Team eine Vorgehensweise zur Problemlösung zu erarbeiten, mit Hilfe von effizienzsteigernden Organisationsmethoden, über Lernphasen, Besprechungen, Teilarbeitspakete und eine unmittelbare Rückmeldung über erreichte Leistungsergebnisse an die Teammitglieder, gute Arbeitseffizienz sicherzustellen. In eingespielten Teams werden sogar von einzelnen Teammitgliedern diese Aufgaben übernommen und selbständig angegangen.

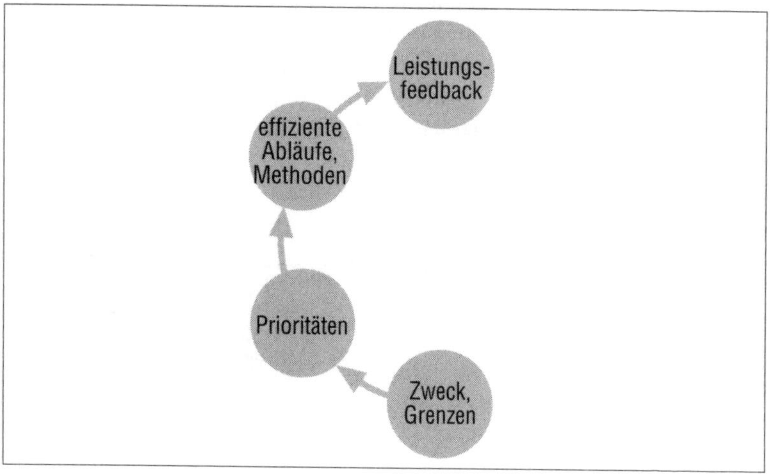

4. Der Werkzeugkoffer des Teamleiters

Wenn wir schon Teamleiten als Koordinatorenaufgabe verstehen, dann besteht die wesentliche Aufgabe des Teamkoordinators darin, verhaltensmäßige Arbeitsprozesse zu organisieren und zu unterstützen. Die Übersicht auf S. 220 zeigt die zehn wesentlichen Kennzeichen für selbststeuernde Bankteams, die der Teamkoordinator im Auge haben muß. Hier wird qualitative Führungsleistung erforderlich.

Um Leistungssteigerung solcher Teams zu erreichen (festzustellen sind ungenutzte Synergiepotentiale mit dem Faktor 30!), hat sich der Teamkoordinator an folgenden Grundregeln zu orientieren:

Spitzenteams setzen sich hohe Leistungs- und Qualitätsziele.

Auf die eigenen Ansprüche kommt es an: Die Meßlatte von synergetischen Teams liegt überdurchschnittlich hoch! Der Teamkoordinator bringt sein Team dazu, ständig eigene Leistungsgrenzen mutig zu überschreiten und fördert Vertrauen in die eigene Leistungsfähigkeit. Er läßt erkennen, daß hohe Verkaufs- oder Beratungsqualität erreichbare, machbare Ziele für das Gesamtteam darstellen und verstärkt den erreichten Erfolg durch schnelles, unmittelbares, positives Feedback. So erscheinen den sich selbst steuernden Teams die gemeinsamen Ziele wichtiger, als das Durchsetzen von eigenen Individualinteressen. Der Sand im Getriebe wird herausgenommen.

Die Teammitglieder finden eine hohe Befriedigung in ihren Arbeitsinhalten.

Arbeitsfreude entsteht daraus, daß anspruchsvolle Aufgaben nach Qualifikation abgesprochen werden und zwar in der Art, daß die persönlichen Interessen aller Teammitglieder abgedeckt werden. Der Teamkoordinator hat hier die Aufgabe, den Sinn-Zyklus mit dem Effizienz-Zyklus in Einklang zu bringen.

Voraussetzung hierfür ist, daß die Zugehörigkeit zum Team freiwillig von den Teammitgliedern entschieden werden kann, damit im Vorwege schon ein Interessensabgleich stattfindet. Eine hohe Selbstmotivation zeigt sich in Engagement und Begeisterung an der Aufgabe. Die Teamarbeit wird als interessante Herausforderung verstanden.

Teamkoordinatoren von selbststeuernden Spitzenteams haben eine Vorbildrolle.

Da Teamkoordinatoren keine großen Sanktions- und Einflußmöglichkeiten auf die Teammitglieder haben, wirken sie in der Regel vorbildlich und durch Glaubwürdigkeit: man kann sich auf sie verlassen, sie unterstützen und halten, was sie versprechen.

In Spitzenteams übernimmt ein informeller Teamkoordinator eine Schlüsselposition.

Wer sorgt für die Infrastruktur? Wer verteilt die Informationen? Wer achtet moderierend darauf, daß die Interessen aller Teammitglieder und ihrer Erfahrung und ihr Fach-Know-how ausreichend zum Tragen kommen? Der Teamkoordinator achtet auf Arbeitsfreude und Leistungserreichung!

Lernende Teams arbeiten multifunktional.

Erfolgreiche Spitzenteams stellen schnell ein Gleichgewicht aller für die Teamaufgabe notwendigen Teamrollen her. Sie wissen, wie das Potential und die Rolleninteressen zu analysieren sind, gleichen Qualifikationsdefizite aus und nutzen Vorlieben und Stärken der einzelnen Teammitglieder für ihr Arbeitsziel.

Hoher Handlungsspielraum für den Einzelnen.

Die erfolgreichsten selbststeuernden Teams achten darauf, daß die einzelnen Mitglieder im abgesteckten Zielrahmen viel Spielraum für ihre Aufgaben nutzen können, um sich selbst zu organisieren und ihre Arbeitsschritte optimal zu gestalten. Hier wird auch der abgesprochene überdurchschnittlich hohe Autonomiegrad (im Vergleich zu anderen Gruppen innerhalb der Organisation) voll mitgenutzt.

Selbststeuernde Bankteams lernen schnell aus Fehlern.

Spitzenteams organisieren ständig den gemeinsamen Erfahrungsaustausch und eigene Lernphasen: Manöverkritik ist ein Arbeitsinstrument, um die eigene Leistungsfähigkeit ständig weiter zu optimieren. Offenheit für sachlich begründete Kritik erleichtert so einen Wissens- und Erfahrungsaustausch, und durch die Bereitschaft zur gegenseitigen Anerkennung wird eine individuelle Förderung der Person, ungewöhnlicher Ideen, neuartiger Erfahrungen sowie kreativer Problemlösungen erleichtert.

Kundenorientierung hat Vorrang.

Da komplexe Aufgabenstellungen normalerweise eine saubere Zielabgrenzung erfordern, stellen selbststeuernde Teams sofort fest, wer ihre Auftraggeber sind, welche Interessen diese Auftraggeber verfolgen, wo der Kundennutzen steckt und unter welchen Voraussetzungen deren Bedürfnisse zu erfüllen sind.

Zielsetzung ist es, Zufriedenheit beim Abnehmer der Teamleistung zu erreichen.

Bankteams als Problemlöser.

Daß Besprechungen und Sitzungen zielorientiert verlaufen, ist eine Selbstverständlichkeit. Der Teamkoordinator oder ein rotierender Moderator achtet auf problemlösungsorientierte Steuerung und gleichzeitige Leistungsüberprüfung und Rückmeldung. So wird vermieden, daß sich einzelne Teammitglieder persönlich zu stark profilieren und Minderheits-Know-how unterdrückt wird.

Die Zusammenarbeit der Teammitglieder ist auf Förderung ausgelegt.

Selbstlernende Bankteams zeichnen sich durch einen starken gemeinsamen Teamgeist aus und unterstützen sich. Da, wo dieses noch nicht der Fall ist, geht der Teamkoordinator den Gründen nach und versucht, Vorschläge zur Verbesserung der Teamkooperation anzubieten. Konsens im Team wird angestrebt und rücksichtsvolles Verhalten erleichtert das Lernen der einzelnen Teammitglieder.

Man erkennt derartige Spitzenteams oft daran, daß neben der lockeren Arbeitsatmosphäre sich ein spielerischer und oft auch symbolischer Umgang mit abgesprochenen Regeln und Ritualen erkennen läßt, und die Teamidentität durch gemeinsame Feiern und Aktivitäten unterstützt wird. Für den einzelnen gibt das einen Orientierungsrahmen bei gleichzeitig gut entwickeltem Selbstkontrollsystem.

10 Kennzeichen von selbststeuernden Bankteams

1. Spitzenteams setzen sich herausfordernde, hohe Leistungs- und Qualitätsziele.
2. Spitzenteams zeigen Interesse und Engagement an der Aufgabe und streben nach persönlicher Arbeitszufriedenheit.
3. Team-Koordinatoren handeln als respektierte Vorbilder.
4. Eine informelle Schlüsselposition wird von einem gleichrangigem Steuermann erfüllt.
5. Spitzenteam-Mitglieder decken mit ihren Fähigkeiten ausgewogen alle erforderlichen Team-Rollen ab.
6. Handlungsspielraum zur Selbstorganisation ist überdurchschnittlich vorhanden und wird genutzt.
7. Spitzenteams organisieren regelmäßig das Team-Lernen.
8. Spitzenteams orientieren sich an den Bedürfnissen ihrer Abnehmer / Auftraggeber / Kunden.
9. Spitzenteams planen und organisieren sich sach- und problemlösungsorientiert mit Leistungsrückmeldung.
10. Spitzenteams kooperieren, unterstützen sich gegenseitig und haben einen starken Teamgeist.

5. Die Jobs der Vorstände

Spitzenleistung erfordert ganz besondere Rahmenbedingungen: Hier sind die Top-Führungskräfte der Linie gefragt. Die wesentlichen Aufgaben der Bankvorstände sind, organisatorische Rahmenbedingungen zu gestalten, sich Zeit für Zielvereinbarung und Zielabgrenzung zu nehmen und eine unmittelbare Leistungsrückmeldung zu organisieren. Bei der Gestaltung des Organisationsrahmens für sich selbststeuernde Bankteams haben Vorstände auf folgendes zu achten:

Es muß nicht nur Zeit für eine längere Zielorientierungsphase für solche Spitzenteams eingeplant werden, sondern es müssen auch die Hintergrundinformationen über den Gesamtauftrag und die Schnittstellen zur gesamten Bankzielsetzung deutlich werden. Nur so können derartige Spitzen-Teams überdurchschnittliche Leistung erreichen. Da der Zielvereinbarungsprozeß durch die komplexere Aufgabenstellung in der Regel eine höhere Verantwortung der Teamkoordinatoren und Eigenverantwortung der Mitarbeiter erfordert, ist hier bereits zu Beginn eines Teamstarts eine zusätzliche Verhandlungsphase zu erwarten. Idealerweise sollte bei der Teamzusammensetzung mehr die Persönlichkeit der einzelnen Teammitglieder und deren Rollenverständnis vor dem Erfahrungsschatz ausschlaggebend sein. Grundsätzlich ist darauf zu achten, daß nur das Gesamtteamergebnis bewertet wird, um Einzelbewertungen und Profilierung zu vermeiden. Ein Teambeurteilungssystem ist Voraussetzung.

Zu den Rahmenbedingungen gehört es auch, ein integriertes Informationssystem allen Teammitgliedern zur Verfügung zu stellen bzw. zu gewährleisten, daß diese Information im Team über den Teamkoordinator gleichmäßig verteilt werden können. Künftig wird die Nutzung von Tele-Arbeitsplätzen, die eine besondere Steuerungsleistung bei virtuellen Arbeitsgruppen bedeutet, zusätzliche Anforderungen an Teamkoordinatoren stellen. So bekommt seine Rolle und das zugrundegelegte Informationssystem (work-group-Systeme), die der Linie den Arbeitsstatus verdeutlichen helfen, noch größere Bedeutung. Teams werden immer weniger leibhaftig zusammen sitzen! Der Vorstand hat auf Freiwilligkeit bei der Teamzusammensetzung zu achten.

Spitzenteams steuern sich selbst: Es kommt zu einer Entmachtung der Linie! Die Aufgabe des Vorstands ist es, darauf zu achten, ob wirklich für anstehende Aufgaben ein echtes synergetisches Team gebraucht wird. Nur hochkomplexe Teamaufgaben und -projekte erfordern selbststeuernde Teams. Lernende Bank-Teams bedeuten auch Zeitinvestition beim Vorstand: Zwischenergebnisse werden komprimiert direkt präsentiert! Nicht für alle Problemlösungen benötigen Banken hochkomplexe Teamstrukturen, oft genügt normale Gruppenarbeit bzw. die Führung von Fachleuten über die Linie.

Eckhard Miketta

Unternehmensentwicklung und Strategisches Lernen

Unternehmensentwicklung und Strategisches Lernen

1. Aktuelle Herausforderungen

Kenner der deutschen Seele hatten es richtig prophezeit: die Lage würde die Stimmung bald eingeholt haben. Das war zwar für den Abschwung gedacht, bewahrheitet sich aber anscheinend und glücklicherweise auch für die bevorstehende Erholungsphase. Das Schreckgespenst, zur technologischen Kolonie Japans zu werden, wird nicht mehr gar so ernst genommen. Während im industriellen Bereich die Zahl der ihren Namen verdienenden Lean-Management-Projekte Legion ist, kämpft der Bankensektor eher auf dem Imagesektor, bangt um den Ruf seiner Management-Qualifikation und hat Mühe, seine glänzenden Jahresabschlüsse zu rechtfertigen. Die Produktivität japanischer Banken gilt zwar als doppelt so hoch, aber Japan ist weit. Während in vielen Industriebetrieben in der Krisenzeit Hardliner das Ruder ergriffen und das Schiff gerettet haben, indem sie Teile der Mannschaft über Bord gehen ließen („bei schwerer See muß man sich von Ballast trennen"), denkt man im Bankensektor mit Sorge an die Zukunft – und läßt sich Zeit mit dem Lean Banking. Aber unabhängig von der Branche hat die Rezession auch Einstellungsänderungen auf breiter Front sichtbar werden lassen.Viele Mitarbeiter und Führungskräfte fühlen sich in ihrer Skepsis bestätigt, daß die vielgepriesenen „soft factors", der real gestiegene Bedarf nach Reflexion von Sinn und Werten, nach Partizipation und persönlicher Weiterentwicklung schon in der ersten Krisensituation der Kostenschere zum Opfer fallen werden. Deutlich sichtbar wurde dies z.B. bei der drastischen Kürzung von Weiterbildungsetats und der Aufschiebung von längerfristig angelegten Organisationsentwicklungsprojekten.

Aber auch positive Effekte wurden sichtbar. Der Nutzen von Planungen und Maßnahmen im strategischen, organisatorischen und personellen Bereich wurde weit mehr als bis dahin schon üblich äußerst kritisch hinterfragt, so daß Spreu und Weizen konsequent getrennt werden konnten. Berater und Trainer mußten sich zunehmend schon im Entscheidungsvorfeld in ihrer Nützlichkeit legitimieren. Und sie mußten und müssen Neues bieten. Deshalb beherrschen neue Schlagworte, Rezepturen und Philosophien die Szene. „Lean Management" ist zwar noch nicht out, aber die Trendumkehr zum „fat management" ist schon angesagt.

Die Autoren von „Business-Reengeneering-“„Lean-“, „KAIZEN-“ und „TQM“-Büchern ringen um die Vorherrschaft ihres Themas und ordnen sich die jeweils anderen Themen begrifflich und bedeutungsmäßig unter.

Unstreitig sind sehr viele Unternehmen beachtlich schlanker geworden, haben unter dem äußeren Druck über die Schmerzgrenze hinaus abgespeckt und dabei die Kosten auch leidlich in den Griff bekommen. Aber wie bei allen einschlägigen Schlankheitskuren besteht auch hier die reale Gefahr, daß die Ergebnisse sehr vergänglich sind, und der alte Zustand sich bald, vielleicht sogar in verschärftem Zustand, wieder herstellt, wenn äußerer Druck und damit die Änderungsbereitschaft wieder nachlassen. Das kann sich für all die Firmen gefährlich erweisen, die nicht nur eine konjunkturell schwierige Situation, sondern einen strukturellen Einbruch zu überwinden haben. Auch wenn Japan nicht verschont geblieben ist – ein intensiverer Blick könnte sich lohnen.

Die Produktivitätsdifferenz zwischen Japan und Deutschland hat beängstigende Ausmaße angenommen. Das gilt für den industriellen ebenso wie für den Bankenbereich. Einfache Erklärungsmodelle greifen zu kurz: weder die Arbeitszeit, die Arbeitsmoral noch das MITI können den Unterschied hinreichend begründen.

Die Kernfrage heißt also, was konkret hat zum japanischen Vorsprung geführt, und wie kann ein eigener, kultur- und situationsspezifischer Weg aussehen?

Vieles ist anders in Japan: die Philosophie, das Konzept, die Rezepturen für die Weiterentwicklung in allen Bereichen: Produkt und Prozeß, Mensch und Umfeld, Technik und Organisation. Während europäische und nordamerikanische Firmen eher durch Entwicklungssprünge in Form technisch-organisatorischer Innovationen gekennzeichnet sind, vollzieht sich die Entwicklung in Japan vorzugsweise in kleinen permanenten Schritten.

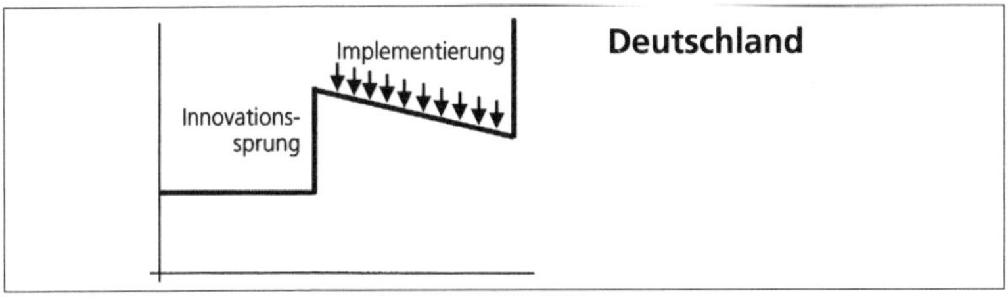

Abbildung 1: Effizienzverluste durch fehlende Standardsicherung

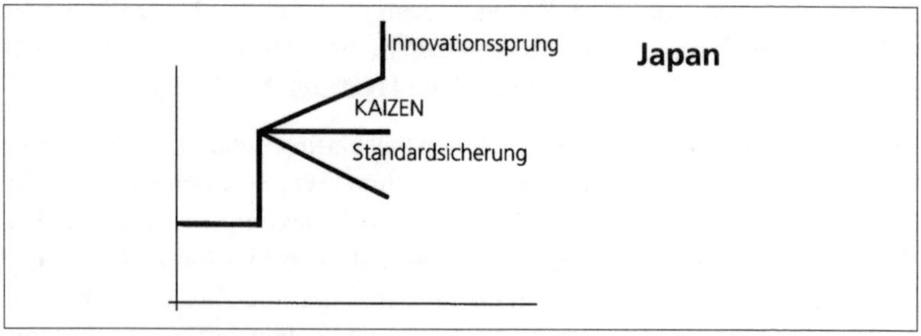

Abbildung 2: Permanente Effizienzsteigerung durch Standardsicherung plus KAIZEN.

Während hier dem großen Innovationssprung nach vorn wieder kleine Rückschritte bei der Implementierung folgen, ist dort die Aufrechterhaltung einmal gefundener Standards, die laufende Verbesserung und schließlich der Innovationssprung der Garant für eine ununterbrochene Aufwärtsentwicklung – zumindest theoretisch, da auch in Fernost bekanntlich Rückschläge nicht ausbleiben.

Ein weiterer Unterschied ist die Realisierung einer sehr ausgeprägten Prozeßorientierung. Gedankengut, das theoretisch lange bekannt und zu nicht geringen Teilen importiert wurde, konnte in japanischen Unternehmen konsequent umgesetzt werden.

Sowohl die Betrachtung als auch die Belohnung sind nicht nur am Arbeitsergebnis – wie vielfach ausschließlich in deutschen Firmen – sondern am Zustandekommen des Ergebnisses orientiert. Kurzfristige Erfolgsorientierung hat einen relativ geringen Stellenwert.

Japanischen Unternehmen wird zunehmend das Prädikat „lernende Organisation" verliehen, da sie es anscheinend besser verstehen, ihren Wissenszuwachs zu organisieren und für die Dynamik der Organisation einzusetzen. Auch wenn immer wieder die beschränkte Übertragbarkeit derartiger Gedanken in deutsche Realitäten betont wird, bleibt unbestritten, daß die konkrete Bedrohung, die in dieser Herausforderung liegt, zunehmen wird und daß es derzeit noch wenige befriedigende und kaum einfache Antworten gibt.

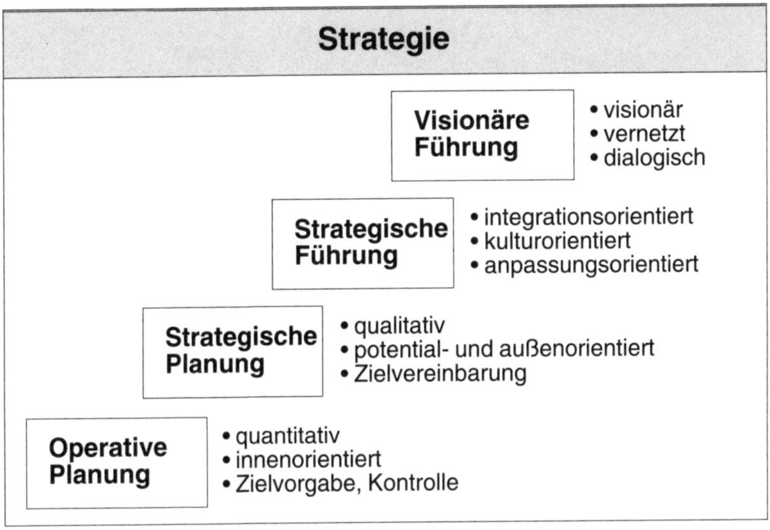

Abbildung 3: Entwicklungsstufen der Planungs- und Führungsphilosophie

2. Entwicklungslinien strategischen, organisatorischen und individuellen Lernens

Eine Möglichkeit, bisher gefundene Antworten zu klassifizieren, ist die Nachzeichnung der Entwicklungslinien auf den Gebieten der Strategieplanung, der Organisationsgestaltung und der Entwicklung des individuellen Lernens.

Die in den folgenden drei Abbildungen dargestellten Entwicklungsstufen stellen keine streng zeitlich abgrenzbaren Phasen dar, sondern sind eher Hinweise auf unterschiedliche Blickwinkel, Schwerpunkte und für wichtig gehaltene Dimensionen, aus denen heraus Unternehmens- und Individualentwicklung betrieben worden ist.

3. Angebote der Unternehmensentwickler

Die schlichten Ablaufprogramme zur Strategieentwicklung, bestehend aus Unternehmensphilosophie, Markt-Produkt-Zielen, Potential- und Umfeldanalysen, Strategie- und Maßnahmenplänen sind in viele Richtungen erwei-

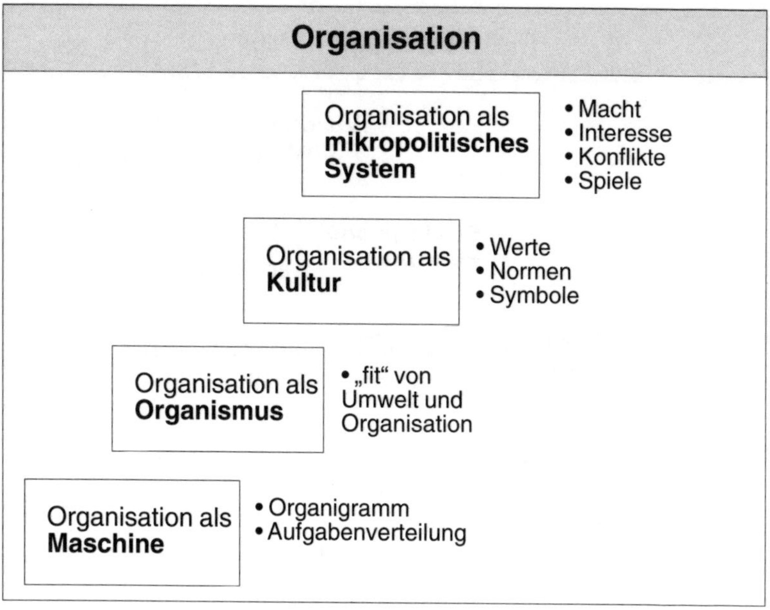

Abbildung 4: Entwicklungsstufen der Organisationsphilosophie

tert worden: zur gesellschaftlichen, ökologischen, sozialen Legitimation, zur Verfeinerung der Instrumente in diversen Portfolio-Modellen, Szenariotechniken, Frühwarnsystemen der 3. Generation, zum Aufbau strategischer Kompetenz und strategischer Organisationsentwicklung sowie zur Abwendung von der Strategie-Expertise kundenferner Stäbler und Berater hin zum moderierten Strategieentwicklungsprozeß der Entscheidungsträger. Dennoch erschöpft sich strategisches Denken und Handeln bei vielen Unternehmen in zu engem Rahmen von Einzelaktionen und Projekten.

Für die Krise der Strategischen Planung, das Scheitern von Strategieentwicklungsprojekten und die Tatsache allzu weniger Erfolgsbeispiele strategischer und visionärer Führung lassen sich als wichtige Ursachen orten:

1. Strategische Planung ist häufig viel zu bürokratisiert, formalisiert und kompliziert.
2. Die Erstellung der Planungsdokumente (Ergebnis) dominiert den Planungsprozeß.
3. Anwendung von Instrumenten und Methoden erstickt echte Innovationen und den Auf- und Ausbau von Erfolgspotentialen.

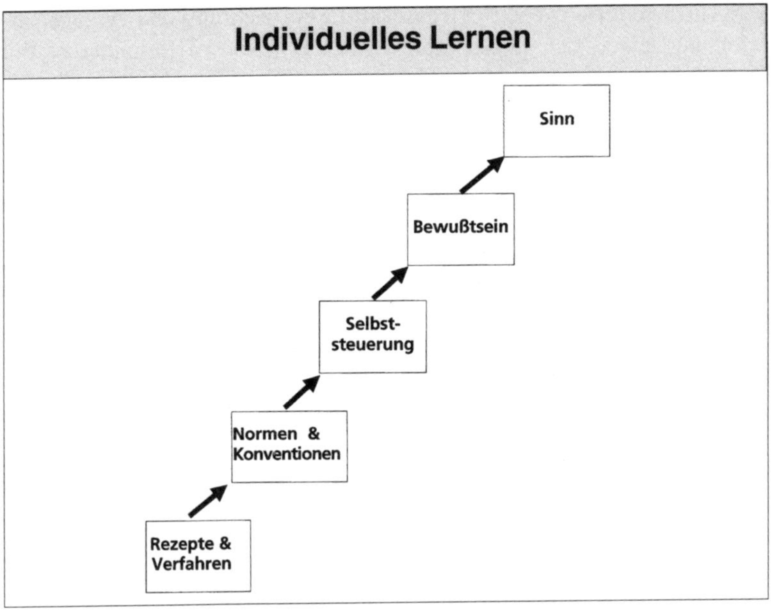

Abbildung 5: Entwicklungsstufen der Lernphilosophie

4. Der Planungsprozeß verbraucht Energie – statt sie zu erzeugen.
5. Strategische Planung wird als Machtinstrument (Zielknebelung) mißbraucht.
6. Führungskräfte werden zeitlich zu stark beansprucht, als Informationslieferanten mißbraucht, als Mitentscheider nicht gefragt.
7. Der offene oder verdeckte Widerstand der operativen Ebene wird zu wenig wahrgenommen und berücksichtigt.
8. Die gesamte Einbindung des Tagesgeschäfts in die Gesamtstrategie ist nicht gewährleistet.
9. Strategie wird nicht geplant, sondern im Nachhinein als planvolles Vorgehen in Unternehmenserfolge hineininterpretiert.
10. Rollenverteilungen zwischen Fach-, Macht- und Prozeßmoderatoren werden zu wenig organisiert.
11. Potentielle Spannungsfelder werden nicht reflektiert, z.B.:
    - Innovation ↔ Bestandssicherung
    - Sinnorientierung ↔ Handlungsorientierung
    - Rationalität ↔ Emotionalität in Entscheidungsprozessen

Für Themenkreise wie z. B. **Organisationsentwicklung** und Personalentwicklung lassen sich in der gleichen Art Hypothesen formulieren. Ein Bedarf an grundlegender Neuorientierung scheint unabweisbar.

Auf dem Gebiet der Organisationsentwicklung herrscht zwar ebenfalls eine gewisse Ernüchterung, obwohl hier eher eine Reduzierung des – wenn auch einseitigen, aber eben doch sehr hoch gesteckten – humanistischen Anspruchs stattgefunden hat.

Zwar haben die Organisationsentwickler schon einige Jahrzehnte vor den Strategieexperten die Bedeutung von Prozeß und Dynamik einer Organisation erkannt, aber technologische, wirtschaftliche und strukturelle Prozesse im großen und ganzen vernachlässigt.

Inhaltlichen Bereicherungen, wie Einbeziehung von Machtinteressen und Konflikten, Integration von Erkenntnissen aus systemischer Beratung und Chaostheorie, steht das Eingeständnis vieler Illusionen gegenüber, wie z. B. der Glaube an die Erreichbarkeit fest definierter OE-Ziele, die Steuerbarkeit von soziotechnischen Systemen und die Vorhersagbarkeit von Interventionswirkungen. Veränderung in kleinen Schritten, Sinn für das Machbare, Nützlichkeit und Bescheidenheit sind die neuen Tugenden.

Die großen Organisationsänderungen finden derzeit vorwiegend ohne OE-Experten statt. Sie haben ein gemeinsames Merkmal – die Redimensionierung, z. B.:

- Reduktion von Hierarchieebenen,
- Abbau von Stäben,
- Integration von Service-Stellen in die Linie oder
- Outsourcing auch substantieller interner Dienstleistungen.

Natürlich dürfen auch die damit einhergehenden positiven Änderungen, wie das Denken in Prozeßketten und Netzwerkmodellen, die Verstärkung der internen Projektarbeit und der Verantwortung des Einzelnen, die Erweiterung der Arbeitsinhalte im Zusammenhang mit der Bildung teilautonomer Gruppen nicht verschwiegen werden.

Aber dennoch ist vielerorts recht unsozial und gedankenlos geholzt worden und erst wenn dem Kahlschlag die psychologische Wiederaufforstung folgen soll, sind OE-Angebote wieder gefragt. Natürlich gibt es auch TQM-,

Lean- und KAIZEN-Projekte mit Prozeßbegleitung, die die Bezeichnung OE-Projekte verdienen.

Das Gebiet der **Management-** bzw. **Personalentwicklung** ist trotz diverser Bemühungen nach wie vor recht unübersichtlich. Zwar gibt es durch die zahlreichen Handbücher und Seminarkalender eine gewisse Angebotstransparenz, aber eine Qualitätstransparenz oder einheitliche Tendenzen bei den über dreihundert Instituten und zigtausend Einzelkämpfern sind nur schwer auszumachen.

Ein gemeinsamer Mangel der Angebote auf allen drei Gebieten ist der beliebige Gebrauch von Begriffen und deren qualitative Inflationierung. Kaum ein Thema in der Unternehmensentwicklung, das sich nicht mit dem Prädikat „strategisch" adeln ließe.

Von der Technologie über den Einkauf bis zur Entsorgung – alles ist von strategischer Bedeutung und mithin Anlaß, die oberste Führungsebene als Gesprächspartner in Anspruch zu nehmen. Auch jedwede Form der Organisationsänderung, sei es die neue Form der DB-Rechnung oder der Bezug des neuen Verwaltungsgebäudes, ist nicht gefeit vor der Etikettierung als OE-Projekt.

Auf dem Personalentwicklungssektor besteht ebenso wie auf dem Beratermarkt das Problem der ungeschützten Berufsbezeichnung. PE-Konzepte und Trainings werden sowohl vom erfahrenen, andragogisch versierten Berater wie vom Uni-Absolventen mit oder sogar ohne 4-Wochen-Akademie-Ausbildung angeboten.

Allen drei Professionen ist die Notwendigkeit geläufig, nach integrierten Ansätzen zu suchen und die Sackgassen einseitiger Fragestellungen zu verlassen. Am schwersten hat sich hier sicher die renommierte Gilde der Strategieberater getan, die sich erst in den späten 70er und den 80er Jahren auf die Prozeßbetrachtung einließ und anfing, ihre Berater in sozialer Kompetenz zu schulen.

Aber auch Trainer sind häufig zu einseitig festgelegt und haben zu wenig inhaltlichen Einblick. Um es pointiert auszudrücken: da ist noch lange nicht zusammengewachsen, was zusammen gehört:

- fachlich kompetente Strategieberater – mit Prozeß- und Moderations-Know-how,

- systemisch versierte Systementwickler – mit Moderations-Know-how und strategischen Grundkenntnissen,
- sozial kompetente Trainer – mit Prozeß- und Strategie-Erfahrung.

Zukünftige Anbieter sollten zusätzlich zu ihrer Ausgangsqualifikation in der Lage sein, die jeweils anderen Bereiche qualifiziert abzudecken.

4. Modelle der Vorsteuerung

Ansätze der zielorientierten Steuerung von strategischen Planungsprozessen und Organisationsentwicklungsprozessen, die auf triviale „wenn ... dann"-Instrumente zurückgreifen, haben sich als wenig wirksam erwiesen. Entweder sind sie so komplex, daß die Steuerer den Überblick verlieren (wie in Dörner: „Die Logik des Mißlingens" beschrieben), oder sie reduzieren die Komplexität so stark, daß das angestrebte Ziel nur zufällig erreicht wird.

Das Modell der Vorsteuerung ist der Versuch, unterschiedliche Ebenen der Initiierung von Änderungsprozessen als Möglichkeit deutlich zu machen.

Diese drei Themenkreise werden vielfach noch isoliert behandelt bzw. auf bestimmte Ebenen eingeschränkt. Vorsteuerung bedeutet, die Voraussetzung auf der jeweils höheren Ebene zu prüfen bzw. zu schaffen, um die Ziele auf der unteren Ebene erreichbar zu machen.

Beispiel **Strategieentwicklung:**

Ein positives Betriebsergebnis setzt auf Dauer das Bestehen und Nutzen von Erfolgspotentialen voraus.

Beispiel **Organisation:**

Eine funktionierende neue Formalorganisation hat zur Voraussetzung, daß eine bestimmte Unternehmenskultur gelebt wird.

Beispiel **Individuum:**

Bestimmte Verhaltensweisen sind nur dann brauchbar, wenn die Fähigkeit entwickelt wird, sie zum gewünschten Zeitpunkt abzurufen. Selbstverständlich kann auch der umgekehrte Weg funktionieren: das neu probierte und erfolgreiche Verhalten erzeugt einen zusätzlichen Glaubenssatz beim Individuum.

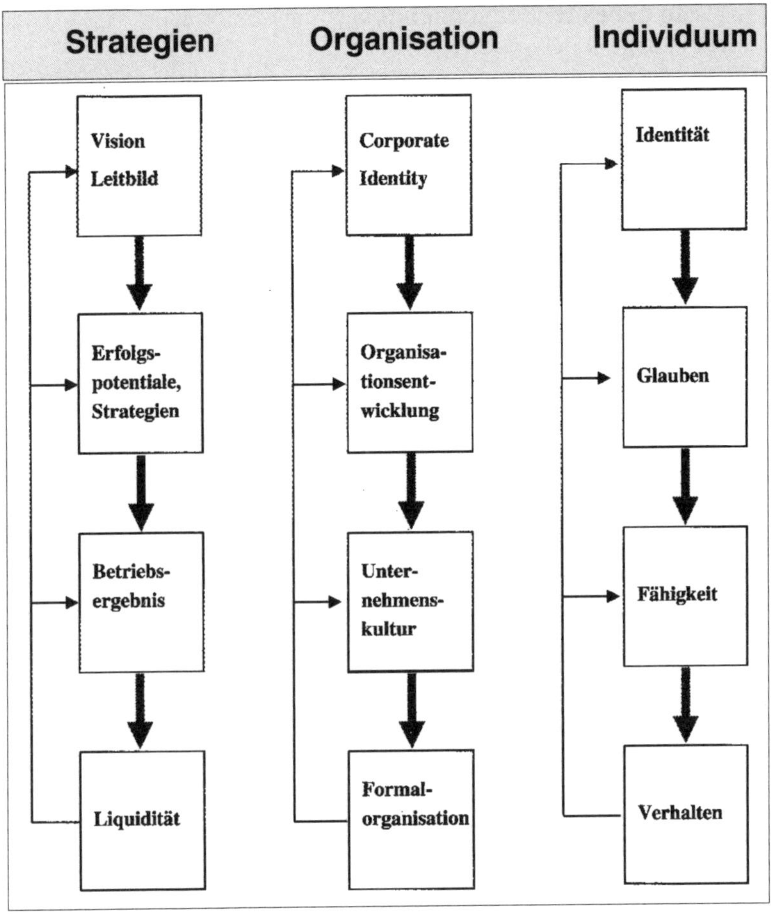

Abbildung 6: Vorsteuerung und Rückkopplung

Viele unternehmensinterne Entwicklungsprojekte kranken daran, nur für Teilaspekte Diagnostik, Konzeption und Implementierung zu leisten. Strategieberater, Organisationsentwickler und Managementtrainer sind z.T. noch isoliert operierende „Professionals".

5. Ein neues Rollenverständnis

Um mit den Herausforderungen grundsätzlich anders umzugehen, sind alle Reparaturvorschläge, die einzelne Dimensionen der Strategie-, Organisations- und Personalentwicklung betreffen, eher fragwürdig.

Gefragt ist nicht mehr der „Nur"-Strategieberater, Organisations- und Personalentwickler, sondern eine Funktionseinheit, die permanentes Lernen, Verbessern und Weiterentwickeln der gesamten Organisation sicherstellt. Ziel ist die lernende Organisation mit den Komponenten :

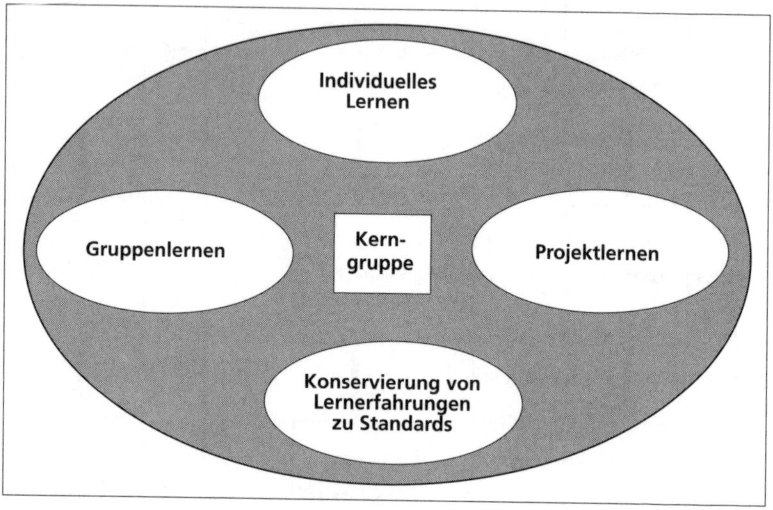

Abbildung 7: Integratives Lernmodell

Dazu bedarf es einer kleinen, flexiblen Kerngruppe, die:

- einen ständigen Prozeß von Diagnose, Konzeption und Implementierung initiiert,
- Energien z. B. für TQM, Innovation und KAIZEN mobilisiert,
- auf den Ebenen der Strategie, der Organisation, der Gruppe und des Individuums permanentes Lernen anregt,
- dafür ständig Interventionen setzt und mit einem

Der Klassiker

kompetent, schnell und präzise

GABLER

Taunusstr. 54, 65183 Wiesbaden

Werbeantwort

Postkarte

Bitte mit Postkartenporto freimachen, falls Briefmarke zur Hand

GABLER Verlag
Leser-Service
Taunusstraße 54

65183 Wiesbaden

GABLER

itte informieren Sie mich egelmäßig über die achfolgenden Bereiche:

- Buchprogramm
- Zeitschriftenprogramm
- Fernkurse
- Management-Seminare
- Computerunterstützte Lernprogramme
- Software
- CD-ROM

Ieine Interessensgebiete:

- Betriebswirtschaftslehre 12
- Volkswirtschaftslehre 13
- Recht 14
- Steuern 15
- Management/Unternehmensführung 16
- Planung 17
- Mathematik/Statistik/OR 19
- Organisation/EDV 22
- Controlling/Rechnungswesen 23
- Finanzwirtschaft 24
- Fertigung/Materialwirtschaft 25
- Absatzwirtschaft/Marketing 26
- Personalwirtschaft 27

Vir speichern Ihre Adresse, Ihr Interessenebiet und beachten das Datenschutzgesetz.

h besitze bereits GABLER Bücher, und zwar

- bis 5 Exemplare
- bis 20 Exemplare
- mehr als 20 Exemplare

iese Karte entnahm ich dem Buch:

Angaben zu meiner Person:

Ich bin

- ❑ Dozent
- ❑ Lehrer
- ❑ Ausbilder 68
- ❑ Wirtschaftspraktiker
- ❑ Student

an/in

- ❑ Universität
- ❑ Fachhochschule
- ❑ Volkshochschule 69
- ❑ Fachschule 66
- ❑ Berufsschule 62
- ❑ Bank/Sparkasse 83
- ❑ Versicherung 84
- ❑ Industrie 85
- ❑ Handel 86
- ❑ Verkehr 87
- ❑ Behörde/Verband 88
- ❑ ____________

Ich wurde auf dieses Buch aufmerksam durch eine

- ❑ Buchbesprechung
- ❑ Anzeige
- ❑ Empfehlung
- ❑ Ich bekam das Buch geschenkt

Meine Anschrift

Name, Vorname

Straße/Hausnummer

PLZ/Ort

- Minimum an formalen Prozeduren und Instrumenten operiert.

Die Rolle des internen und externen Beraters/Entwicklers/Trainers wird deshalb zukünftig wesentlich umfangreicher und anspruchsvoller wahrgenommen werden müssen als bisher.

Zu den im wesentlichen schon jetzt vielfach realisierten Rollen des:

- Fachberaters der Linie,
- Fach- und Verhaltenstrainers,
- Projektsteuerers und
- Moderators

treten hinzu die Rollen des

- Coachs für einzelne Führungskräfte,
- Konflikthelfers,
- Interventionsexperten (in der systemischen Beratung),
- Experten in Strategie-, Organisations-, Personalaudits,
- Lerninitiators und -helfers für die lernende Organisation,
- Selbstlerners, der sich ständig selber fit hält.

Durch die permanente Gewinnung neuer Sichtweisen, Verhaltensmuster und Einstellungen soll die notwendige Dynamik nach innen und außen für die Organisation erzeugt werden. Hierzu gibt es eine unabdingbare Voraussetzung: sich selbst fit (lean) zu halten und das Lernen zu lernen.

Das "Endziel" ist erreicht, wenn die Organisation gelernt hat, die Qualität der Entwicklungsprozesse der human resources permanent zu verbessern und damit eine ständige Qualitätsverbesserung der Strategieentwicklung und -umsetzung sicherstellen kann.

Literaturverzeichnis

Bösenberg, Dirk und Metzen, Wolfgang. Lean Management, Landsberg 1993.

Brixle, Markus und Haag,Toralf. Strategische Früherkennung als ein Beitrag zur Erschließung neuer Märkte in: Innovations-Marketing, 1993.

Dörner, Dietrich. Die Logik des Mißlingens – Stategisches Denken in komplexen Situationen, Hamburg 1989.

Doppler,Klaus und Lauterburg,Christoph. Change Management, Frankfurt/New York 1994.

Geißler, Harald (Hrsg.). Neue Qualitäten betrieblichen Lernens, Frankfurt 1992.

Gerken, Gerd. Radar für Trends, 13/1993.

Hahn, Dieter. Entwicklungstendenzen der Strategischen Führung, in: technologie und management, 2/1992.

Harting, Detlef. Führen mit strategischen Unternehmensplänen, Stuttgart 1992.

Heidack, Clemens (Hrsg.). Lernen der Zukunft, München 1993.

Heimerl-Wagner, Peter. Strategische Organisationsentwicklung, Heidelberg 1992.

Imai, Masaaki. KAIZEN, München 1993.

Kreikebaum, Hartmut. Die Einführung strategischer Planungssysteme in der Praxis, in: Zeitschrift für Betriebswirtschaft 6/1992.

Küpper, Willi und Ortmann, Günther. Mikropolitik – Rationalität, Macht und Spiele in Organisationen, Opladen 1988.

Löhner, Michael. Unternehmen heißt lernen, Düsseldorf 1991.

Metzen, Heinz. Lean-Management, in Managerie 2, Heidelberg 1993.

Miketta, Eckhard. Aspekte der Bankentwicklung, in: congena (Hrsg.) Bankentwicklung, Wiesbaden 1986.

Muthers, Helmut und Haas Heidi. Geist schlägt Kapital, Wiesbaden 1994.

Oess, Attila. Total Quality Management: Die ganzheitliche Qualitätsstrategie, Wiesbaden, Gabler 1994.

Price, Michael F. Power Bankers, Wiesbaden 1994.

Richter, Frank-Jürgen. Order through fluctuation – Das Geheimnis des japanischen Erfolgs, in Managerie 2, Heidelberg 1993.

Rieckmann, Heijo. Organisationsentwicklung – von der Euphorie Sattelberger, Thomas. zu den Grenzen, in: Thomas Sattelberger (Hrsg.) Die lernende Organisation, Wiesbaden 1991. Die lernende Organisation

im Spannungsfeld von Strategie, Struktur und Kultur, in Sattelberger (Hrsg.) Die lernende Organisation, Wiesbaden 1991.
Sattelberger, Thomas. Unternehmensentwicklung als Lernprozess: Robuste Schritte zur lernenden Organisation wagen in : Managerie 2, Heidelberg 1993.
Schmitz, Gester, Heitger. Managerie 1, Heidelberg 1992.
Stürzl, Wolfgang. Lean Production in der Praxis, Paderborn 1992.
Wick, Calhoun W. The Learning Edge, New York 1993.

MANAGEMENT-LITERATUR im Gabler Verlag

Heinz Benölken / Heinz Wings
Lean Banking – Wege zur Marktführerschaft
1994, 368 Seiten,
gebunden, 98,– DM
ISBN 3-409-14752-7

Helmut Muthers / Heidi Haas
Geist schlägt Kapital
Quantensprung im Bankmanagement
1994, 215 Seiten,
gebunden, 78,– DM
ISBN 3-409-14827-2

Michael F. Price
Power Bankers
Vertriebsstrategien erfolgreicher Banken
1994, 246 Seiten,
gebunden, 78,– DM
ISBN 3-409-14826-4

Herbert Müller / Susanne Guigas
Total Quality Banking
Von der Idee zum dauerhaften Erfolg
1994, 196 Seiten,
gebunden, 89,– DM

Ray Grubbs / Eric Reidenbach
Clienting für Banker
Kundenservice als strategischer Erfolgsfaktor in Banken
1995, ca. 240 Seiten,
gebunden, ca. 78,– DM
ISBN 3-409-14068-9

Heinz Benölken / Peter Greipel
Dienstleistungsmanagement
Service als strategische Erfolgsposition
2. Auflage 1994, 248 Seiten,
gebunden, 78,– DM
ISBN 3-409-29130-5

Robert Becker
Besser miteinander umgehen
Die Kunst des interaktiven Managements
1994, 284 Seiten, gebunden, 78,– DM
ISBN 3-409-19184-4

Dennis C. Kinlaw
Spitzenteams
Spitzenleistungen durch effizientes Teamwork
1993, 220 Seiten, gebunden, 68,– DM
ISBN 3-409-19616-1

Hirzel Leder & Partner (Hrsg.)
Synergiemanagement
Komplexität beherrschen, Verbundvorteile erzielen
1993, 272 Seiten, 89,– DM
ISBN 3-409-19098-8

Dana Schuppert (Hrsg.)
Kompetenz zur Führung
Was Führungspersönlichkeiten auszeichnet
1993, 248 Seiten, gebunden, 68,– DM
ISBN 3-409-18768-5

Zu beziehen über den Buchhandel oder den Verlag.
Stand der Angaben und Preise: 1.2.1995
Änderungen vorbehalten.

GABLER

BETRIEBSWIRTSCHAFTLICHER VERLAG DR. TH. GABLER, TAUNUSSTRASSE 52-54, 65183 WIESBADEN

GABLER
Management Institut
Starnberg • Wiesbaden • Berlin

Und jetzt . . .

. . . will ich das Gelesene in der Diskussion vertiefen,
. . . will ich mich mit Menschen austauschen, die gleiche Wünsche, gleiche Ziele und gleiche Erfahrungen haben
. . . möchte ich persönliches Feedback erhalten, jetzt will ich ein Seminar!

Es gibt nichts Gutes,

außer man tut es!

Fordern Sie unsere Seminar- und Konferenzübersicht an:
Gabler Management Institut, Sonja Buch, Taunusstraße 54,
65005 Wiesbaden, Fax 06 11 / 53 44 01, Tel. 06 11 / 53 42 91

Gabler Management Institut: Seminare • Beratung • Konferenzen